El Nuevo Modelo de Ventas

JERRY ACUFF
JEREMY MINER

El Nuevo Modelo de Ventas

*Venderle a una generación
a la que es imposible venderle algo*

EDICIONES OBELISCO

Colección Éxito
EL NUEVO MODELO DE VENTAS
Jerry Acuff
Jeremy Miner

Título original: *The New Model of Selling.
Selling to an Unsellable Generation*

1.ª edición: febrero de 2024

Traducción: *David George*
Maquetación: *Juan Bejarano*
Corrección: *Sara Moreno*
Diseño de cubierta: *Enrique Iborra*

© 2023, Jerry Acuff, Jeremy Miner
(Reservados todos los derechos)
Libro publicado por acuerdo con Waterside Productions,
a través de International Editors & Yáñez Co'S.L.
© 2024, Ediciones Obelisco, S. L.
(Reservados los derechos para la presente edición)

Edita: Ediciones Obelisco, S. L.
Collita, 23-25. Pol. Ind. Molí de la Bastida
08191 Rubí - Barcelona - España
Tel. 93 309 85 25
E-mail: info@edicionesobelisco.com

ISBN: 978-84-1172-105-9
DL B 1243-2024

Impreso en los talleres gráficos de Romanyà/Valls S. A.
Verdaguer, 1 - 08786 Capellades - Barcelona

Printed in Spain

Este libro está dedicado a los innumerables profesionales y líderes de las ventas que no han tenido más opción que aprender, adoptar y aplicar técnicas de venta tradicionales concebidas en la prehistoria de las ventas.

Este perjuicio ha hecho que los ingresos se estancaran, los ánimos se agotaran y el arte de las ventas se redujera a poco más que un juego de cifras repleto de rechazos en el que sólo sobreviven los más fuertes y triunfan muy pocos.

Introducción

«El simple hecho de que algo funcione no significa que no pueda mejorarse».

SHURI, *Pantera negra*

Aquéllos de nosotros que trabajamos en ventas en la actualidad nos encontramos en un universo alternativo que no es tan maravilloso. Piensa en ello: nuestra base de clientes de la vieja escuela a los que se llamaba en frío fue erradicada hace años por la misma tecnología en la que nos basamos en la actualidad para sobrevivir. Lo único que la tecnología no ha reemplazado todavía, a Dios gracias, es el papel higiénico, que, todavía hoy en día, sigue siendo una venta fácil. Sin embargo, nosotros, los vendedores, no podemos ser eliminados, y aunque poseemos las mismas herramientas que construyeron el primer coche, nos encontramos mirando hacia un mundo de Teslas autónomos e intentando averiguar cómo estar a la altura.

Shuri, la princesa de Wakanda, la mítica gurú de la tecnología del universo Marvel, no estaba bromeando ni tampoco fue nombrada el personaje más inteligente del universo cinematográfico de Marvel por algunos zopencos seguidores de los superhéroes por nada. No obstante, al fin y al cabo, especialmente en este tiempo y época, no todos son tan afortunados y ficticios como Shuri, y no disponen de un cóctel explosivo de genialidad y vibranio para que les ayude a ascender al trono de cualquier reino que estén intentando conquistar. Para aquéllos de nosotros en el sector de las ventas, frecuentemente puede parecer como si fuéramos Super Ratón en blanco y negro luchando contra un titán en tecnicolor de la cámara a la nube con calidad 8K RED como el Capitán América.

El mundo se ha trasformado en algo que sólo parece sostenible en un universo de Marvel con nosotros, y donde nosotros, los vendedores, nos quedamos canalizando a nuestro superhéroe interior; luchando para venderle a una generación a la que es imposible venderle algo, que confía para…, bueno…, para todo… en las poderosas redes que se transforman, como Spiderman abriéndose su propio camino a través de una ciudad oscura y siniestra.

Los compradores actuales son escépticos y no confían en nosotros (ni en nadie) como solían hacerlo. Como disponen de una cantidad excesiva de información al instante, desconfían más de los llamados expertos. De hecho, algunos de ellos puede que incluso se consideren graduados por la Universidad de Google y también unos expertos. Quién sabe. Quizás lo sean, o puede que no lo sean, pero parafraseando a The Notorious B.I.G.: «Más Google, más problemas»; como ese molesto muro de pago que te niegas a romper con una suscripción pagada: la barrera está ahí incluso antes de que puedas pronunciar una palabra.

Mucho de lo que nos han enseñado sobre las ventas no es, simplemente, el «De acuerdo, vejestorio» de nuestro sector (una técnica desfasada que intenta averiguar cómo programar una videograbadora), sino que también supone un muro infranqueable entre nosotros y nuestros clientes. Estos métodos de la vieja escuela pueden ser encantadores de la misma forma en que lo es una fotografía en blanco y negro, pero actúan como un repelente para los resultados positivos. Son material para memes: del «Cómo empezó» al «Cómo está yendo», las viejas batallitas explicadas una y otra vez por los veteranos de las ventas de antaño. No es que pase nada malo con eso a no ser que, por supuesto, tu objetivo sea hacer la venta en lugar de tomarte algunos tragos en bares como el de la canción de Billy Joel *(Piano man)* para luego regresar a casa con las manos vacías.

Mira, la nostalgia y la historia son geniales, pero no son lo suficientemente buenas para ser usadas como munición en la primera línea del panorama actual de las ventas. Éste no es el equipo de ventas de nuestro padre y, ciertamente, tampoco es el de nuestro abuelo. Siguiendo el ejemplo de *Star Trek,* nuestra misión como vendedores es ir más allá de lo que antaño se pensaba que era la frontera final «para explorar nuevos mundos desconocidos. Buscar nueva vida y nuevas civilizaciones. Ir con valentía a donde el hombre no ha llegado antes».

Los que busquen un éxito importante en las ventas deben abrirse camino por el nuevo terreno con ideas, enfoques y técnicas nuevas. Actúa como una plañidera exasperada después de que su gerente se haya negado verla y echarás por tierra casi todo lo que te hayan enseñado sobre las ventas hasta ahora. Usar métodos de ventas anticuados en este preciso momento hará que, probablemente, seas suspendido en este campo.

Sí, sí, probablemente te haya ido bien con los métodos pasados de moda. Te las has apañado, pero eso es todo: te las has apañado. No lo has dominado porque no puedes ver un vídeo de TikTok en un Walkman Sony y eso te está volviendo loco. No importa cuánto te esfuerces por reproducir ese vídeo con todas las técnicas que has aprendido hasta el momento en tu trayectoria profesional: simplemente no se reproducirán bien hoy, si es que se reproducen. Y necesitas ver de qué va el asunto; pero para estar a la altura de la generación «bajo demanda», necesitas verlo rápidamente.

No creemos en perder el tiempo. Hay muchas formas de hacer eso (véase TikTok, mencionado anteriormente). Este libro es la antítesis de la pérdida de tiempo, dejándote valiosas horas y minutos para destacar con respecto al resto de los profesionales de los negocios y las ventas. Pero aquí está el asunto: no queremos simplemente transformar tus cifras, sino también la forma en la que tú y el mundo veis las ventas.

Esta psicodélica transformación llevará el «pensar como un cliente» a un nivel completamente nuevo: a un nivel humano. Nada de robots, ni máquinas, ni Siri, ni Alexa: simplemente tú y el cliente (a no ser que su nombre resulte ser Siri, o Alexa, por supuesto). Si vas a convertirte en un vendedor estelar, debes definir las ventas de la forma correcta e implementar habilidades avanzadas que estén en sintonía con el comportamiento humano. Esto es absolutamente crucial.

Tal y como canta tan sabiamente la pequeña cantante islandesa Björk en su tema tan acertadamente titulado *Human behavior (Comportamiento humano)* y parafraseándola, relacionarse con la gente es muy satisfactorio. No es sólo satisfactorio, sino que es nuestro *modus operandi,* la piedra angular de lo que creemos y la forma en la que nosotros dos hemos obtenido unos resultados extraordinarios durante décadas. Porque el secreto aquí es que no hay ninguna «generación a la que sea imposible venderle algo», sino sólo una generación incompatible. Es tu tarea adaptarte a ello de la forma en que lo hicimos nosotros.

Lo que vamos a mostrarte funcionará para cualquier producto o servicio, independientemente del sector. Independientemente de si eres el propietario de una empresa, un profesional de las ventas, un *coach,* un gerente de ventas, un político, un ejecutivo de ventas o un líder, este libro te ayudará a ti y a tu equipo para atraer a más gente. Como resultado de ello, conseguirás más ventas y te será más fácil obtenerlas.

El Nuevo Modelo de Ventas: Venderle a una generación a la que es imposible venderle algo no es, simplemente, otro libro con un puñado de grandes consejos para las ventas que leerás y olvidarás dentro de un mes. Este libro tiene que ver con redefinir cómo defines las ventas y descubrir cómo ayudar a que el cliente piense por sí mismo. Revolucionario, ¿verdad? El Nuevo Modelo de Ventas proporciona a los clientes una gran experiencia, ya que les estás ayudando a dar con sus problemas y resolverlos. Esto ayuda a transformarte de un vendedor neurótico a una estrella del rock neuroemocional persuasiva.

Los clientes creen que les estás haciendo un favor, y te pagan dinero por ello. Antes, para ellos, eras probablemente el típico vendedor ruin, el monstruo de ojos verdes en busca de un buen fajo de su dinero. Con nuestro modelo eres un experto, una autoridad de confianza, un amigo, un asesor y alguien a quien buscan y con el que comparten memes divertidos. Bueno, puede que esto último no, ¿pero no estaría bien, para variar, que los clientes graviten hacia ti?

Este libro no es para todo el mundo. Este libro no es para las personas que quieren picar mucha piedra y trabajar de forma monótona y rutinaria para conseguir una venta. ¿Cuán agotador es eso? No es para la persona que quiere permanecer en el *statu quo,* esperando y rezando para que, de algún modo, venda más haciendo lo mismo. No es para la persona enamorada de su ego, que cree que lo sabe todo sobre las ventas y teme adaptarse para vender más.

Este libro es para la persona que quiere dejar de perseguir las ventas y hacer que sus clientes potenciales empiecen a perseguirle a él, para variar. Es para aquellos que quieren superar unos resultados mediocres descubriendo nuevas ideas que se ha demostrado que funcionan. Los grandes vendedores tienen una mentalidad de crecimiento y siempre están buscando nuevas ideas que los impulsen hacia un éxito extraordinario.

Ciertamente, puedes ganarte la vida decentemente vendiendo al viejo estilo, recorriendo el asfalto y trabajando duro, ¿pero por qué no aprender habilidades avanzadas, empezar a trabajar menos, pero ganar mucho más dinero? ¿Por qué no seguir el camino de dos leyendas de las ventas para llegar hasta donde quieres estar? ¿Por qué pasar por la frustración de jugar al juego de las cifras sólo para seguir alcanzando unos resultados inferiores? Todo tiene que ver con trabajar más inteligentemente, y no más duro: tiene que ver con llevar a cabo el trabajo fundamental de reconfigurar todo lo que pensabas que sabías.

Como has adquirido este libro, es evidente que quieres mejorar en tu oficio porque te dedicas a la excelencia. Las ventas son un llano traicionero, pero a veces, lo que te retiene más es tu propio proceso de pensamiento, porque no sabes lo que no sabes y, sinceramente, las habilidades que te enseñaron no funcionan bien en la actualidad.

Para cuando hayas llegado al último capítulo, dispondrás de un mejor conocimiento de por qué los métodos anticuados no son tan eficaces como lo eran, dispondrás de las herramientas para mejorar tus habilidades y podrás maximizar tus ingresos. No consigues esto siendo persuasivo por derecho propio, sino alcanzando la posibilidad de que los clientes potenciales se persuadan a sí mismos.

Eso es. *Este libro te mostrará cómo interaccionar con tus clientes potenciales de una forma que les permita persuadirse a sí mismos.*

En el libro *The power of consistency,* Weldon Long, el ninja de la neurociencia de las ventas, escribe: «No puedes obtener resultados nuevos con hábitos viejos. No puedes conseguir resultados nuevos con las mismas acciones que llevas a cabo. Debes hacer algo diferente».

Permítenos mostrarte exactamente qué hacer de forma distinta y seguro que alcanzarás un éxito inimaginable. La forma más eficaz de vender algo a alguien en 2022 es ser alguien que encuentra problemas y los soluciona, y no un vendedor de un producto sin más.

Tal y como decía Ramonda en *Pantera negra:* «Tu padre te enseñó todas esas tonterías de guerrero, pero también te enseñó a pensar». Añade nuestro enfoque cerebral del siguiente nivel a las ventas y te convertirás en un guerrero de las ventas que triunfe de una forma en la que sólo puede hacerlo un superhéroe de categoría.

¿QUIÉNES SOMOS?

Jerry Acuff

Soy Jerry Acuff, director general de Delta Point, Inc., una empresa con sede en Arizona que transforma a los equipos de ventas mediocres en titanes de las ventas, y llevo asesorando y dando conferencias sobre las ventas y asuntos de excelencia en el *marketing* desde hace más de treinta años. Nombrado uno de los diez mejores expertos en ventas por Global Gurus durante seis años seguidos, mi objetivo es estimular a los demás y proporcionarles a mis clientes los secretos sobre las ventas que tuve que descubrir por mi cuenta. Sé qué es ser una persona frustrada que está empezando en las ventas. Sé cómo es trabajar con el viejo método. La mayoría de la gente no sabe esto, pero me despidieron de mis dos primeros trabajos en ventas porque era incapaz de vender. ¡No de uno, sino de dos! Mi segundo empleo en ventas fue en Lipton Tea. Tenía tal reticencia a las ventas que me quedaba, literalmente, sentado en mi coche durante entre treinta y cuarenta minutos para conseguir el coraje para encontrarme, cara a cara, con un cliente.

La ansiedad era brutal. Llegué a la conclusión de que las ventas no eran para mí. Entonces pasé a la enseñanza y el entrenamiento con la esperanza de convertirme en un entrenado universitario de fútbol americano. Incluso intenté ser ayudante del entrenador en una universidad en la que el entrenador que había tenido en mi instituto era el entrenador jefe. Eso tampoco funcionó. Acepté un trabajo de ventas después de que me rechazaran en la escuela de posgrado, ya que no había sido muy buen estudiante en la universidad.

Mi nota media en la Universidad había sido de 2,18 (sobre un máximo de 4,00), y eso no impresionaba a nadie; aunque, pensándolo bien, tampoco lo hizo el 2,65 de Steve Jobs en el instituto. No todo el mundo puede ser Bill Gates y tener un 4,00. Al final averigüé cómo sobresalir en las ventas porque me di cuenta rápidamente de que mi sustento dependía de ello. Tuve que dar con una forma de destacar o estaría condenado a una vida de mediocridad. Así pues, estudié libros escritos por expertos y aprendí de los que brillaban.

Averigüé las claves del éxito, y *nunca* he dejado de buscar nuevas ideas que me ayuden a ser incluso mejor. Ahora tengo la suerte de dedicar mi tiempo a ayudar a miles de otras personas a conseguir la victoria. Así pues, todo lo que digo es que si yo puedo hacerlo, cualquiera puede hacerlo.

He hecho equipo con Jeremy Miner, mi compañero y maestro Jedi de las ventas, para mostrarte que los genios de las ventas no sólo venden, sino que ayudan a los clientes a comprar *pensando como un comprador* en lugar de actuar como un vendedor. Verás que no sólo es exitoso, sino que, de hecho, es divertido.

Jeremy Miner

Soy Jeremy Miner. Fundé 7th Level, una empresa de formación en ventas mundialmente reconocida, y su metodología ha ayudado, hasta la fecha, a más de 143 000 vendedores en 37 países a alcanzar unos resultados excepcionales.

No nací siendo un vendedor superestrella. Nací en Arkansas y crecí en una ciudad en el centro de Misuri con menos de ochocientos habitantes. Lo que supuso la diferencia para mí fue que desarrollé y dominé habilidades de persuasión que funcionan *a favor* del comportamiento humano, y no en contra de él.

Hace más de diecisiete años, como estudiante universitario arruinado, en aprietos y quemado, apenas me ganaba la vida con las ventas puerta a puerta. La empresa nos llevaba en una furgoneta, nos dejaba en algunos barrios sórdidos y nos decía: «Id a hacer algunas ventas y os recogeremos cuando anochezca». Mi pensamiento inicial era que iba a ser fácil porque eso es lo que me había dicho el encargado de la selección de personal. Nos proporcionaron un guion y algunos libros escritos por «gurús», y así empezamos.

Después de alrededor de entre seis y ocho semanas, como me cerraban todas las puertas en las narices y apenas vendía nada, llegué a un punto en el que pensé que quizás las ventas no fueran para mí. Al mismo tiempo, estaba estudiando Ciencias del Comportamiento y Psicología Humana en la Utah Valley University. Allí me especialicé en Neurociencia, o el estudio del cerebro, en cómo los humanos tomamos decisiones y la compleja danza de la persuasión.

Justo cuando estaba a punto de abandonar, un día estaba conduciendo por la carretera con el gerente de ventas y puso un CD de Tony Robbins, y Tony dio algo así como: «La mayoría de la gente fracasa por la sencilla razón de que no aprende las habilidades necesarias para triunfar».

De repente se me encendió la bombilla: quizás, y simplemente quizás, lo que estuviera aprendiendo de mi compañía y de las leyendas de las ventas a los que llamaba «viejos gurús de las ventas» no fueran las habilidades adecuadas. Puede que, sencillamente, hubieran quedado obsoletas. No hay edadismo en mis palabras: es sólo que las habilidades que se hacían circular eran viejas y estaban caducadas.

Con todas estas cuestiones empezando a dar vueltas en mi cabeza, también empecé a fijarme en la experiencia real en ventas de estos llamados «gurús», y pensé: «Si estos tipos saben todas estas cosas y son tan buenos vendiendo, ¿por qué no estaban ganando unos sueldos de siete cifras al año como vendedores en sus empleos antes de fundar una empresa y convertirse en supuestos gurús de las ventas?». Como mi objetivo en esa época era ganar un sueldo de siete cifras al año de algún modo, ¿por qué no conseguirlo como vendedor? ¿Y cómo podrían enseñarme ese tipo de habilidades si ellos nunca alcanzaron ese nivel como vendedores?

Así que ahí estaba yo, aprendiendo estas técnicas de venta tradicionales, pero al mismo tiempo aprendiendo, con las ciencias del comportamiento, que la forma más persuasiva de vender es hacer que los demás se persuadan a sí mismos: justo lo contrario de lo que mi empresa y todos los «gurús de las ventas» me estaban enseñando. En lugar de ceñirme a las técnicas de ventas tradicionales, decidí dar un gran salto fuera de mi zona de confort y aprender la forma más persuasiva de vender, para así lograr muchas más ventas. Y lo hice. No fue fácil, pero lo hice.

Elaboré algunas de las conocidas como preguntas de persuasión neuroemocional (PPNE) y mis ventas se doblaron; pero, pese a ello, no conocía todas las preguntas adecuadas que formular, o cuándo y cómo formularlas. No disponía de una estructura. Estaba improvisando, y sabía que seguía perdiendo ventas que debería estar consiguiendo.

Entonces me puse un poco diabólico (apúntese una risilla malvada aquí) y se me ocurrió un plan ligeramente retorcido en el que saldría y buscaría un programa de formación en ventas, porque en mi mente, ciertamente tenía que existir uno que incluyese *todos* estos aspectos de la ciencia del comportamiento, con las frases y las preguntas mágicas que necesitaba formular para hacer que mis clientes potenciales se persuadieran a sí mismos en una secuencia fácil y paso a paso.

Después de haber comprado *cada* curso de formación en ventas conocido por el hombre, asistir a cada conferencia de formación en ventas, leer cientos de libros sobre ventas y gastar decenas de miles de dólares en formación en ventas por parte de los gurús, ese curso de ensueño que había pensado que existía…, pues bueno…, simplemente no existía. Menuda decepción. Decidí, en ese mismo lugar y momento, que iba a tener que dominar esto por mí mismo.

17

Iba a incorporar todo lo que estaba aprendiendo de la ciencia del comportamiento y de la psicología humana a las ventas y crearía este curso yo mismo si tenía que hacerlo. ¡Vaya! Eso es realmente inspirador, ¿verdad? No, en realidad apestaba. Me llevó doce años de prueba, error, poner los ojos en blanco y luchar contra el deseo de arrancarme el cabello o verter alquitrán caliente en mis ojos descubrir la solución; e incluso hoy sigo aprendiendo. Pero, a lo largo de todo el proceso, creé un libro de expresiones y preguntas que dispararon mi trayectoria profesional en las ventas, y, todavía más importante, la trayectoria profesional de los vendedores a los que formaba.

Ahora, se ha convertido en mi misión y objetivo divinos compartir mis consejos para las ventas de maestro Jedi y formarte de modo que puedas aprender cómo comunicarte y vender al consumidor moderno actual.

Cómo nos conocimos

Cómo se produjo nuestra asociación en las ventas es una historia bastante interesante. Reté a mi equipo para que encontrara a cincuenta de los mejores formadores en ventas para entrevistarlos en nuestro nuevo pódcast *Closers are losers*, y, bueno…, ahí entró Jerry Acuff.

No estaba muy impresionado hasta que entrevisté a Jerry. Como la gente con la que hablaba era considerada la élite de los formadores en ventas, pensé que estarían al día con habilidades de venta actuales. Lamentablemente, al poco tiempo me di cuenta de que no lo estaban. Eran como escuchar una mala versión de una canción una y otra vez, pero con la letra equivocada.

Sus consejos no coincidían con la posibilidad actual de disponer de información al alcance de la mano. Era como un discurso de ventas soporífero. Me estaba quedando dormido. Necesitaba un Red Bull. Nadie estaba diciendo nada nuevo, hasta que llegó Jerry. Hablamos durante diez buenos minutos hasta que le hice entrar en el programa, y quedé sorprendido por sus conocimientos y su comprensión sobre cómo usar el comportamiento humano en el proceso de ventas. Fue un auténtico éxito de ventas, un bombazo, en contraposición con artistas de un solo éxito aburrido, con autotune y reproducido hasta la saciedad.

Para cuando acabó el programa, me di cuenta de que por fin había acertado. Sabía que había encontrado a alguien con quien podía sentirme identificado, alguien que sabía de dónde venía yo, alguien de quien podía aprender y con quien podía crecer, y alguien con quien podría trabajar sin que pareciera que estuviera trabajando. Así es exactamente como deberían ser *todas* tus visitas y llamadas de ventas.

Tenemos años de experiencia en el mundo de las ventas, y nos dedicamos a ayudar a otros a alcanzar el mismo nivel de éxito. Estamos vendiendo un enfoque que te garantiza la mayor probabilidad de éxito usando la capacidad actual de alguien de potenciar las habilidades y desarrollar confianza con los clientes potenciales para que les ayude a persuadirse a sí mismos.

Nuestra colaboración en este libro te proporciona el beneficio de nuestra experiencia combinada en un oficio que se lleva a cabo ampliamente en EE. UU., pero que la mayor parte de las veces no se lleva a cabo muy bien. Dar el primer paso suele ser el paso más desafiante, pero las buenas noticias son que ya te encuentras ahí. Ya has decidido que quieres aprender nuevas habilidades y estás preparado para dominar este universo emocionante y en constante evolución.

Capítulo 1

EL MAYOR PROBLEMA CON LAS VENTAS

«La gente no sabe lo que quiere hasta que se lo enseñas».

STEVE JOBS

Las ventas no son física nuclear, pero sí que *son* neurociencia, y eso es lo que algunos colegas frustrados que trabajan en este sector no captan. Las ventas son una actuación basada en las relaciones entre el comprador y el vendedor, pero con demasiada frecuencia, los vendedores representamos el papel equivocado, actuando como vendedores cuando, en realidad, deberíamos estar pensando (¡ahí está la neurociencia!) como compradores.

¿Cuáles crees que son algunos de los mayores problemas en las ventas? ¿No disponer de grandes oportunidades? ¿No ser lo suficientemente entusiasta? ¿Necesitar un mayor conocimiento del producto? ¿Aprender a cerrar una venta de forma más eficaz? ¿Aprender a retar a tus clientes? Puede que creas que se trata de algunos o todos los puntos mencionados o de algo no mentado.

Si quieres incrementar tus ventas, debes comprender que el problema no son tus oportunidades. No es tu entusiasmo. No es tu conocimiento del producto. No es que no escuches suficientes pódcast de desarrollo personal o que no estés lo suficientemente motivado. No tiene nada que ver con esas cosas en absoluto. Debes desprenderte de esas creencias. Subir de nivel en este mundo requiere de hacer borrón y cuenta nueva y que, a modo de cambio, expulses tus creencias estancadas sobre las ventas. Las creencias o convicciones no te llevarán a ningún sitio. Lo que necesitas es la verdad pura y dura. ¿Estás preparado para ella? Ponte el cinturón.

Lo cierto es que puede tus ventas no se encuentren donde desearías que estuviesen debido a varios problemas que todavía no hayas descubierto. Puede que consista en cosas que estés haciendo o, más importante todavía, en cosas que hagan que sea mucho más probable que tus clientes potenciales se den la vuelta y no compren tu solución. Después de todo, si no te compran, entonces no podrás resolver sus problemas, ¿verdad?

La premisa de lo que vamos a compartir en este libro te presentará ese momento eureka («¡Ahá!») en el que se encenderá la proverbial bombilla, pero en este caso se tratará de una bombilla de Edison *hipster* o el tipo de iluminación que esté de moda en esta época. En otras palabras, es moderno, es lo que estamos usando hoy, y es algo que, a diferencia de la ubicua bombilla de Edison *hipster,* nunca pasará de moda. Puede que tenga que adaptarse a los tiempos, pero la premisa básica tiene un propósito y es atemporal. Y no sólo eso, sino que la ansiedad que te ha estado asfixiando también se reducirá y desaparecerá, dejándote libre para que domines tu oficio de las ventas y lo transformes en un éxito colosal.

Éste es el asunto: debes canjear tus viejas técnicas de ventas, igual que cambiaste tu último *smartphone.* Está muy pasado de moda. En la actualidad, los consumidores apenas son reconocibles y han cambiado drásticamente. Han mejorado sus sistemas operativos para trabajar de forma compatible con los tiempos.

No se trata de simples filtros de Instagram que alisan las tosquedades. Aunque el estereotipo del vendedor de coches de segunda mano avasallador ha sobrevivido a las eras de las discotecas, el new wave, el punk, el pop con sintetizadores de la década de 1980, el grunge y el autotune, la forma de abordar adecuadamente y erradicar estas ideas equivocadas y esta resistencia predecible a las ventas ha cambiado.

La forma de conectar con la gente ha cambiado; y tanto si eres un niño de la década de 1960 como si eres un *millenial* devoto del grupo musical Grateful Dead que solías seguir a Phish, sabes que los tiempos también han cambiado. La confianza siempre ha tenido que ganarse, pero el consumidor actual se ha vuelto más precavido y escéptico que nunca. Sí, es agotador y a veces es exasperante, especialmente al vivir en una sociedad de expertos que no cuentan con más ayuda que Google, pero lo que es constante es que los consumidores no quieren que les hablen sin parar y les vendan algo, sino que quieren que se converse con ellos, que se les pregunte, se los escuche y, por encima de todo, se los comprenda.

El mayor problema en las ventas es el problema que no sabes que tienes. Espera… ¡¿qué?! Vuelve a leer eso, porque es destacadamente potente y cierto. También nos habla de la total necesidad de la conciencia de uno mismo. La falta de conocimiento y un billete para el metro no te llevarán muy lejos. La clave de todo crecimiento y desarrollo es la conciencia de uno mismo. Si no sabes cuál es el mayor problema que tienes, estás en un verdadero apuro, y en las ventas, ese apuro es el equivalente de que te cuelguen el teléfono durante una llamada en frío o que te cierren la puerta en las narices. Si no sabes cuál es el problema, ¿cómo puedes arreglarlo? No puedes; pero en cuanto identifiques el problema, podrás cambiar y *cambiarás* tu situación.

Nadie aspira a convertirse en un profesional al que relacionen, principalmente, con los adjetivos «ruin», «agresivo», «molesto» y «melifluo». Piensa en tus mejores profesores. Eran inspiradores, motivadores y te hacían pensar, ¿verdad? Los grandes vendedores son como tus profesores favoritos: informan, captan tu atención, te involucran y te hacen pensar. Interactúan, conectan; y con lo altamente tecnológicas que son las cosas en la actualidad, las ventas, al igual que la escuela, es algo que es mejor hacer cara a cara y no de forma virtual (aunque a veces ésta es la única oportunidad viable). Es esencial que todo vendedor esté en sintonía con la forma en que *la gente quiere que le vendan algo*. No se trata de tener el producto correcto, sino de disponer del método correcto *y* de la solución o el producto adecuado. Tal y como dice Jeffrey Gitomer, que escribe y da conferencias sobre ventas, la lealtad de los consumidores y el desarrollo personal, en su libro *21.5 unbreakable laws of selling:* «La gente odia que le vendan algo, pero le encanta comprar».

Se llama «el *negocio* de las ventas» por algo. Todos queremos que nuestros productos y servicios se vuelvan virales, pero eso no va a suceder con los enfoques de la vieja escuela. Es como tomar una cinta de vídeo Betamax (si eres un *millenial* o perteneces a la generación Z, haz una búsqueda en Google) e intentar introducirla en un reproductor de DVD o, peor todavía, intentar convertirla en un archivo MOV que se pueda transmitir en directo o en un archivo MP4. Simplemente no funciona, y mientras, de todos modos, te estás rompiendo los cuernos para hacer que funcione, tus clientes se habrán marchado hace tiempo y habrán hecho su compra en cualquier otro lugar. Es fácil acabar quemado y querer largarse. Todos nos hemos encontrado ahí en algún momento. Queremos ayudarte a evitar esto cueste lo que cueste.

Si éste es el lugar en el que te encuentras, puedes empezar a hacer algo al respecto lo antes posible. Demos pie aquí a la cita de Tony Robbins: «La mayoría de la gente fracasa en la vida porque no aprende las habilidades adecuadas para triunfar». Demasiados vendedores actuales no están empleando una estructura de ventas: un sistema paso a paso que funciona para ellos, pero que, todavía peor, no funciona para sus clientes o sus clientes potenciales.

Antes de proporcionarte el anteproyecto de la excelencia en las ventas en la era actual, debemos hablar de algunos de los mayores problemas en el sector de las ventas para comprender mejor por qué estas estrategias han quedado anticuadas y no son tan exitosas como lo fueron en su día.

PROBLEMA NÚMERO 1: LA DEFINICIÓN DE LAS VENTAS ES INCONSTANTE

Si le pides a cincuenta vendedores que te definan las ventas, probablemente recibirás cincuenta respuestas distintas; y en este caso, eso son cuarenta y nueve de más. La definición correcta de las ventas probablemente se enfoque mejor en forma de *una* definición. ¿Por qué es importante esto?: porque tus convicciones dirigen tu comportamiento. Si no dispones de la mentalidad y de la definición adecuada con respecto a las ventas, no poseerás las habilidades y las herramientas necesarias para triunfar. Puedes llevar una pelota de béisbol a un partido de fútbol americano, pero tu equipo no anotará ningún *touchdown* con ella y probablemente te expulsen.

Contrariamente a lo que puede que hayas leído en libros o visto en películas, la verdadera esencia de las ventas *no* consiste en convencer, persuadir, manipular o empujar a alguien a hacer algo que quieres que haga. Vender es más bien lo contrario. La definición de las ventas es casi como el guion de una película de Disney: consiste en creer en ti mismo y hacer que otros (en este caso el cliente) también confíe en ti; y aunque puede que esas convicciones parezcan mágicas, después de todo, o al final de la película, son, en realidad y simplemente, elementos de la naturaleza humana que dirigen el comportamiento, y no el «polvo de hada» de Campanilla.

Si fueras un concursante en un programa de la televisión estadounidense como *Jeopardy!* (un concurso de conocimientos con preguntas sobre numerosos temas), y el presentador (descanse en paz Alex Trebek), independientemente de quién decidiesen que fuese, después de todo el drama, leyera la siguiente respuesta: «Una profesión en la que el objetivo es que cierres una venta para poder ganar algo de dinero», y tú apretases el pulsador y dijeses: «¿Qué son las ventas?», habrías fallado y te habrías quedado sin dinero. La respuesta correcta hubiera sido: «¿Cuál es la definición incorrecta de "ventas"?».

Verás: tu principal objetivo en las ventas consiste en interactuar con tu cliente potencial y descubrir si, en primer lugar, hay una venta que hacer. Repitamos eso, ya que es muy importante: *Tu principal objetivo en las ventas consiste en interactuar con un cliente potencial y descubrir si hay una venta que hacer o no.*

Aunque no entraremos en gran detalle sobre los modelos antiguos, creemos que saber lo que no funciona te proporcionará la claridad que necesitas para reconocer lo que sí funciona.

Problema número 2: Los modelos antiguos han quedado obsoletos

El primer programa de formación en ventas lo creó John H. Patterson en 1884. Sus empleados memorizaban guiones, introduciendo la venta puerta a puerta en los negocios locales. Fue un concepto novedoso para su época. Recuerda que la televisión no se inventó hasta 1927, por lo que quizás la gente recibiera con buenas maneras a los desconocidos que llamaban a su puerta vendiendo nuevos productos sofisticados.

Algo más de una década después, en 1898, Elias St. Elmo Lewis creó el modelo AIDA. El nombre de su método se correspondía con las siglas de Atención, Interés, Deseo y Acción. Fue adoptado por la industria publicitaria estadounidense y se ha usado desde entonces. El modelo AIDA se usó para atraer a clientes para que adquiriesen sus productos, porque hace más de veinte años, el vendedor era el puente entre el consumidor y la empresa. La empresa enviaba al vendedor a informar al público sobre sus productos o servicios. Aparte de la radio y la televisión, ésta era la única forma en la que el consumidor podía conocer la compañía.

En la actualidad, como ya sabes, cualquiera puede aprender lo que sea clicando un botón. Los expertos de salón son tan ubicuos como Jennifer Lopez y Ben Affleck en su segundo intento en su relación. Por lo tanto, si todos tenemos acceso instantáneo a la información, ¿por qué se sigue usando ampliamente este método hoy en día? Lo cierto es que, aunque se dispone de la información, sigues teniendo que *comprenderla* para activarla. Puedes leer un artículo en WebMD (una corporación estadounidense conocida principalmente como editora en línea de noticias e información relacionada con la salud y el bienestar humanos) para diagnosticar tu padrastro, pero puede que no comprendas los términos médicos relacionados con un padrastro. Los vendedores actuales no tienen un ojo inexperto, sino un ojo formado inadecuadamente.

Las primeras eras de las ventas se crearon a partir del primer modelo de ventas y sólo tenían pequeñas modificaciones que, tal y como ha mostrado la ciencia del comportamiento, no son muy persuasivas para los compradores actuales, sofisticados y curtidos y repletos de información, que están acostumbrados a obtener lo que quieren al instante. Mientras puede que papá hubiese comprado, alegremente, un violín nuevo a un vendedor puerta a puerta en *La casa de la pradera,* los métodos de ventas anticuados pueden resultar muy desconcertantes o directamente inexplicables para los consumidores actuales, ya que la información que creen que necesitan está disponible a un clic de un ratón o con un golpecito con un dedo y deslizándolo sobre la pantalla de un *smartphone.*

Aquí tenemos algunos de los mayores éxitos de las técnicas de ventas antiguas y obsoletas:

- La venta que se da por hecha
- CST (cierra siempre los tratos)
- Siente, sentido, encontrado
- El cierre de prueba
- El cierre de muestra
- Sé implacable
- Persigue la venta
- Muestra entusiasmo por tu producto y tus soluciones
- Acepta el rechazo como parte natural de las ventas
- Y uno que se oye tanto en el sector de las ventas como el tema musical *Celebration,* de Kool and the Gang, en los *mitzvahs* y las bodas es: «Es un juego de cifras: consigue tantos "Noes" como puedas para obtener un "Sí"».

PROBLEMA NÚMERO 3: PRESIONAR A LOS CLIENTES POTENCIALES NO ES EFICAZ

Empecemos con las muy dramáticas ventas mediante el *telemarketing,* en las que presionas psicológicamente a tus clientes potenciales para que te compren, prometiéndoles cachorritos, arcoíris y unicornios. El apelar al miedo, la avaricia y el orgullo de alguien para vender tu producto o servicio es la razón por la cual los vendedores tienen mala fama. Es repugnante, y aunque puede que le funcionara brevemente a Jordan Belfort, el protagonista de *El lobo de Wall Street,* acabó arruinado y en la cárcel. Eso es la antítesis de lo que funciona.

Incluso Belfort acabó por admitirlo, diciendo: «Me volví codicioso… La avaricia no es buena. La ambición es buena, la pasión es buena. La pasión te hace prosperar» (chitón, no se lo digas a Gordon Gekko).

El brutal método del *telemarketing* de manipular y adoptar una pose está pasado de moda. Si cruzas la línea de ser persistente, excesivamente presuntivo y demasiado dominante, corres el riesgo de generar resistencia a largo plazo y de parecer desesperado e incluso poco ético, pero no apasionado. Las ventas con una presión elevada suponen acoso, y eso es historia.

En 1973, el ya fallecido Joe Girard, autor superventas, consiguió el récord Guinness por el mayor número de coches vendidos en un año. En su libro *How to sell anything to anybody,* dice que si los clientes potenciales mencionan que han estado de vacaciones hace poco en algún lugar, él les dice que también ha estado allí (incluso aunque no sea así). Lo último que hemos oído es que a eso se le llama mentir.

Girard no era auténtico ni honesto con sus clientes potenciales. Como intento para «conectar» con ellos, se falseaba a sí mismo y mentía totalmente para ganarse su favor. Hay una cosa que deberías saber sobre Girard: ¡no ha vendido un coche desde 1977! Dejó el negocio hace casi cuatro décadas para enseñar a otros cómo mentir…, esto…, vender. Sus métodos de ventas parecían funcionar a mediados de la década de 1970, pero en la actualidad quedaría completamente expuesto y seguro que humillado en las redes sociales y probablemente acumularía montones de malas reseñas en Yelp.

¿Funcionaban sus métodos en el pasado? ¡Claro que funcionaban! Pero te apuesto que, si enchufases tu *smartphone* de aproximadamente 2010 a su cargador, también hubiera funcionado. No estamos diciendo que los trucos antiguos no tengan mérito. Puede que sigan conservándolo, pero son un poco raros. No son tan eficaces, y podemos enseñarte una mejor forma.

Problema número 4: *Necesitan* quererlo

Nacidas en la década de 1970, las *ventas consultivas,* al igual que tantos miembros de la generación X, alcanzaron su éxito en la década de 1980, e implican escuchar las necesidades, deseos y objetivos de un cliente potencial del mismo modo en que lo haría un médico con su paciente. Requiere que hagas preguntas lógicas y clasificatorias para averiguar las necesidades del cliente, como, por ejemplo: «¿Cuáles son los tres mayores problemas a los que su empresa se está enfrentando en este momento?», o «¿Cuántos perros robot puede producir su impresora 3D en una hora?».

¿Cuál es el mayor problema al hacer preguntas así? Las preguntas lógicas provocan respuestas lógicas, y aunque nos encanta la lógica (¿a quién no le encanta?), ¿la gente compra lógica o emoción? Dale Carnegie, la leyenda de la formación empresarial, dijo que el 85 por 100 de nuestras decisiones son emocionales y que el 15 por 100 son lógicas. Además, a no ser que te encuentres en un concurso televisivo, a la gente tiende a no gustarle los interrogatorios y a responder a una retahíla de preguntas.

Esta forma de vender requiere que el vendedor se centre en vender la solución, y *no* el producto. Regresemos al tipo con la impresora 3D generadora de perros robot. Digamos que su problema implica al *software* y que tú vendes tinta de impresora. Tú no tenías ni idea de que él tenía un problema de *software* y de que no está necesariamente en el mercado por la tinta. ¿O sí?

No puedes dar por sentado que el cliente quiera lo que tienes para ofrecerle y simplemente entrar ahí y esperar un pedido. ¿Sabes lo que hubiera evitado la desaprobación?: la investigación. Puede que la investigación hubiese identificado una necesidad de tinta roja para los perros robot, pero no lo sabrás si no indagas.

Uno de los mayores inconvenientes de las ventas basadas en las necesidades, que es lo que encarnan las ventas consultivas, es que la persona con la que estás interactuando quizás no quiera resolver su problema. El simple hecho de que identifiques una necesidad para un cliente potencial no significa que tenga la necesidad de satisfacer esa necesidad.

Neil Rackham, el autor de *SPIN selling*, te enseña que debes hacer preguntas para averiguar las necesidades de tus clientes. ¿Qué tipo de venta crees que es ésta? Sigue tratándose de una venta basada en las necesidades que implica que los clientes potenciales conocen sus problemas al ir a hablar con ellos. Puede que la tinta roja para los perros robot ayude, de alguna forma, a aliviar ese fastidioso problema de *software*, pero primero necesitas averiguar en qué consiste ese problema.

Preguntarle a alguien qué le mantiene despierto por las noches o qué problemas está experimentando no te hará conseguir los resultados que estás buscando cuando se trate de vender, y puede que te haga acabar con demasiada información. Ciertamente, muestra que tienes interés por él o ella, pero, ¿cómo de útiles son tus preguntas? Son, indudablemente, preguntas cargadas de implicaciones que desencadenan respuestas que puede que no tengan nada que ver con lo que estás vendiendo, pero no es probable que llegues lejos si las preguntas que estás haciendo no están exponiendo los verdaderos problemas que deben abordarse. Puede, no obstante, que salgas de ahí con un *honoris causa* en terapia de pareja, crianza de los hijos o nutrición. Aunque nuestro principal objetivo consiste en obtener información pertinente para descubrir si tienen problemas que nuestros productos o servicios puedan solucionar realmente, algunas de las cosas que oímos o aprendemos pueden, de hecho, ayudar a desarrollar las relaciones, por lo que se trata de una situación en la que todos ganan.

Si es cierto que vender éxitos se da cuando tenemos a los clientes conversando por voluntad propia con nosotros, entonces debemos mantener esa pelota en juego diciendo algo que sea digno de hacer de ello un adhesivo para el coche, un meme, un retuit, o una comparación con un genio histórico; o haciendo preguntas excepcionales. Apartar el foco de ti y centrarte en el cliente potencial sólo será algo genuino si haces ambas cosas o una de las dos.

Si vomitas una lista estándar de preguntas, esto puede parecer fácilmente algo guionizado y forzado. ¿Se te enseñó a hacer estas preguntas? ¿Sigues usándolas actualmente en tu proceso de ventas? Lánzalas por la ventana. Son un cliché, superficiales y dignas de echarse una siesta.

PROBLEMA NÚMERO 5: LOS CONSUMIDORES Y LOS TIEMPOS HAN CAMBIADO

Los consumidores actuales son más inteligentes, están mejor informados, están mejor preparados, son menos pacientes y son menos dignos de confianza que nunca, y vienen armados con una sobrecarga de información que puede hacer que cualquier vendedor mal preparado quede en la irrelevancia. Gracias, Google. ¡Pero espera! No culpes a los motores de búsqueda de tu poca actividad.

Somos *mucho* más persuasivos cuando interaccionamos y descubrimos cosas los unos de los otros, razón por la cual podemos mostrarte lo que funciona *realmente* y los datos científicos que lo respaldan. La gente normalmente compra de forma emocional y defiende sus decisiones de forma lógica. Si no estás ayudando a que el consumidor se implique con sus emociones, te estás perdiendo una enorme oportunidad.

Muchísima gente que usa técnicas tradicionales de venta da por sentado que como el cliente potencial ha solicitado información, está deseoso y preparado para comprar. Algunos de vosotros puede que incluso hayáis solicitado más información sobre el perro robot impreso en 3D, ¿pero significa eso que vayáis a reemplazar al can? Difícilmente (¿verdad?).

Si todavía no lo has aprendido, *nunca* jamás des por hecho que un cliente potencial quiere comprar algo sólo porque ha solicitado algo de información. Piensa en cuántas veces te has quemado porque has respondido a lo que pensabas que era un cliente potencial a punto de caramelo, has recitado tu discurso de ventas y luego, diez minutos después, el cliente potencial dice: «Tengo que pensármelo», y nunca más vuelves a oír de él.

Los clientes actuales son más inteligentes y cautos que nunca. Pueden sentir si estás demasiado apegado a hacer la venta mientras estás hablando con ellos. Pueden ver si te preocupa demasiado la venta (lo que quiere decir que sólo te preocupa ésta y no resolver sus problemas). Esa simple idea es el paradigma del egoísmo en las ventas. Frecuentemente se ve impulsada por tu gerente y tus líderes de ventas, que todavía no han aprendido a emplear el comportamiento humano en su beneficio en el proceso de las ventas. Para ellos, todo esto no es más que un juego de cifras, y proceden mecánicamente con los clientes potenciales para conseguir unas pocas ventas.

Tus clientes potenciales pueden detectar esto muy rápidamente en ti, el vendedor. Sus mecanismos de defensa se ven desencadenados a diario por vendedores avasalladores y necesitados que intentan alimentarlos forzadamente con el equivalente, en el mundillo de las ventas, de las calorías vacías y las banalidades pobres en nutrientes o, peor todavía, con patatas fritas hechas con Olestra (búscalo en Google bajo tu responsabilidad). Si aspiras a subir hasta la cima en el sector de las ventas, debes desprenderte de este enfoque de inmediato al tratar con el consumidor/comprador actual.

Para ilustrar cómo nuestro modelo nuevo es diferente, intenta no dormirte leyendo esta transcripción entre un cliente potencial y un vendedor. En este escenario, un vendedor corriente que usa técnicas de venta tradicionales llama a alguien que ha solicitado información de una página web de un servicio de *marketing* digital.

Cliente potencial: Hola, soy Alex.

Vendedor corriente: Hola, Alex. Me llamo John Smith. Le ha pedido a mi compañía, XYZ Digital Marketing, que le envíe un paquete de información sobre las estrategias de *marketing* que ofrecemos a empresas como la suya. ¿Dispone de dos minutos para hablar ahora?

Cliente potencial: Sí... claro... [con vacilación].

¿Me sigues? ¿Piensas que el cliente potencial cree que el vendedor sólo le robará dos minutos de su tiempo? ¿Qué crees que está pensando en este momento?

Vendedor corriente: De acuerdo. Bueno, como le he dicho, me llamo John, y soy estratega digital en XYZ Digital Marketing. Ayudamos a muchas compañías como la suya a ahorrar muchísimo dinero implementando, de forma eficaz, estrategias para ahorrarle dinero y mejorar su balance.

Cliente potencial: ¿Cómo hace eso? Ya tenemos una empresa que hace eso por nosotros.

Vendedor corriente: Sí, sé que su sector se ha vuelto muy complicado.

Date cuenta de cómo este vendedor está dando por hechas cosas en lugar de preguntar si las cosas se han complicado. Además, date cuenta de que esta afirmación no le implica en el proceso. Piensa en lo que probablemente le esté pasando por la cabeza al cliente potencial. ¿Qué pasaría por la tuya aparte de dormirte? ¿Cómo responderías?

Vendedor corriente: Sé que hay muchas opciones en el mercado, y que el dinero dedicado al *marketing* está por todas partes en la actualidad, y que es extremadamente costoso para usted.

El vendedor sigue dando por sentado que es costoso sin preguntar si lo es. Esto desencadena una mayor resistencia a las ventas.

Cliente potencial: Bueno, de hecho, no es costoso en absoluto. La verdad es que hemos desarrollado un plan en el que el año pasado nos ahorramos un 32 por 100 con respecto al mismo *marketing* que llevamos a cabo el año anterior.

Vendedor corriente: Bueno, si pudiera mostrarle una forma de reducir ese coste incluso más, ¿cuándo podría charlar conmigo quince minutos esta semana? Sé que podemos ahorrarle más dinero que su compañía actual.

Las palabras «Si pudiera mostrarle» pone el foco de inmediato en ¿quién? Sí, lo has adivinado: en el vendedor. Si sigues llevando el foco hacia ti en lugar de poner tu atención en el cliente potencial, te recibirán con un rechazo nueve de cada diez veces.

Lo que sucede ahora es que el vendedor se ve forzado a entrar en modo discurso promocional con datos lógicos para respaldarse a sí mismo y a su solución. Ésta es también la situación en la que un vendedor se autojustifica en grado sumo y siente que debe defender su producto o servicio. Como vendedores, todos nos hemos encontrado en esa situación, pero cuando hagas las preguntas que vamos a enseñarte, no tendrás que recurrir a medidas drásticas.

La venta basada en los deseos es la mejor forma de vender. La mayoría de la gente dice que necesita un coche nuevo, unas vacaciones, alguien que limpie su casa. ¿Cuándo fue la última vez que oíste decir a alguien: «Quiero unos zapatos nuevos»? De acuerdo, espera. Mucha gente quiere unos zapatos nuevos. ¿Qué hay acerca de «Quiero una escoba nueva»?

La gente de todos los sectores y condiciones sociales justifica las compras diciendo que es algo que necesita. Sin embargo, eso no suele ser así. La mayoría de nosotros compramos lo que queremos, no lo que necesitamos. Si sólo comprásemos lo que necesitamos, a estas alturas ya habríamos archivado el capítulo 11.

Los modelos de venta tradicionales nos llevan a los vendedores a creernos que los clientes compran porque necesitan lo que tenemos que ofrecerles. Estamos intentando satisfacer las necesidades de nuestros clientes en lugar de centrarnos de satisfacer sus deseos. Si los clientes tomasen decisiones de compra basándose sólo en sus necesidades, la única empresa floreciente sería aquella que imprimiera carteles de «Negocio cerrado».

Recuerda que puede que el cliente potencial necesite tu solución, pero que quizás no la quiera ahora. Muchos compradores no saben realmente qué quieren, pero creen que sí lo saben. Tal y como dijo Steve Jobs: «La gente no sabe lo que quiere hasta que se lo muestras».

Tradicionalmente, los vendedores no han perseguido las cosas que un comprador podría querer. Aunque creen que el cliente siempre tiene la razón, puede que éste no sea consciente de lo que puede ofrecerle esa empresa, y la habilidad inquisitiva del vendedor puede llevarle a ver que podemos resolver problemas que ni siquiera sabía que tenía. Las buenas preguntas fuerzan a la gente a pensar, promueven el diálogo y suponen una forma ideal de aprender cómo piensan tus clientes.

Problema número **6**: El método antiguo desencadena resistencia a las ventas

El método de ventas Challenger (Retador) se basa en investigaciones publicadas en un libro de 2011 que dice que experimentarás un aumento de ventas si retas a las suposiciones o las convicciones de tus clientes señalando errores o mentiras en ellas, abriendo así la puerta a ofrecer una mejor solución. Este método se basa en aportar conocimiento sobre un problema desconocido que el cliente ni siquiera sabía que tenía, y en que el vendedor acude para arreglarle el día con una solución para ese «problema» recién descubierto.

Puede ser difícil retar sin hacer que el cliente se sienta retado. Esto requiere de habilidades que muchos equipos de formación no enseñan bien. Teóricamente, este enfoque puede funcionar, pero es difícil hacerlo bien porque en su núcleo asume que el vendedor tendrá un cierto grado de experiencia que el cliente potencial no tiene. Eso es mucho pedirle a un vendedor, que quizás no posea un conocimiento importante ni profundo sobre el negocio de ese cliente y sobre su singularidad como organización.

Piensa en el exterminador de plagas que va puerta a puerta vendiendo su producto de origen vegetal que hace desaparecer a los insectos, el que se deshizo de un grupo de huevos de mosquito que no tenías ni idea de que se encontraba encima del timbre mientras abrías la puerta. ¿Sabías que tenías ese problema o pensabas que antes de esa demostración práctica, no planeada e improvisada, tu problema más molesto era el vendedor?

La gente rara vez se da cuenta, por completo, de los problemas que tiene o ni siquiera sabe que tiene algo que resolver, y frecuentemente no es consciente de su urgencia. A veces no capta las consecuencias negativas o positivas de lo que sucederá si no resuelve sus problemas, asuntos o retos.

A través de tu habilidad preguntando, podrás ayudarle claramente a ver su problema, y quizás otros dos, tres o cuatro problemas más que tenga de los que ni siquiera fuera consciente antes de hablar contigo. ¡Fuera, mosquitos!

¡Presta atención! Sí, ahora, y especialmente cuando te dirijas a tu cliente potencial. No puedes mantener una conversación habilidosa sin escuchar. Si no has tenido una conversación habilidosa en la que intentaras descubrir todos los asuntos del cliente, no podrás comprender ni descubrir el verdadero problema, y el cliente podrá ver a través de ti, directo al vendedor que se encuentra detrás de ti, armado con estas habilidades y listo para hacer la venta que se supone que *tú* tenías que hacer.

También sucede que para llevar a cabo este tipo de venta tal y como se enseña, eso implica que debemos tener un conocimiento singular que el cliente no posea sobre su propio negocio. A pesar de que no se te pide que seas algún tipo de lector de mentes omnisciente, esto puede resultar problemático para muchos vendedores porque, frecuentemente, el cliente conoce en mucho mayor detalle su negocio que nosotros.

Todas estas épocas antiguas de las ventas tienen una cosa en común: desarrollan, inintencionadamente, pero con casi total certeza, resistencia a las ventas. ¡Puf! La resistencia es la kriptonita de las ventas: una matadora de las ventas en el sentido asesino, y no victorioso del término. El Nuevo Modelo de Ventas elimina la resistencia de la ecuación y restablece tu balance. ¡Vaya! Eso es irresistible, ¿verdad?

Nuestra experiencia como expertos en ventas que han estudiado esta ciencia durante décadas muestra que hoy, la amplia mayoría de los vendedores muy exitosos no venden basándose en los viejos tiempos dorados. En lugar de ello, se han adaptado a una nueva forma de interactuar y generar muchas más oportunidades para resolver de verdad los problemas de la gente. Lo siguiente es la paz mundial. ¡Es broma! Aunque, bueno…, quizás no lo sea.

Vender ya no consiste en ser desafiante, ser agresivo y empujar a la gente a hacer algo que quieres que haga: consiste en analizar por qué la gente piensa en la forma en que lo hace y ayudarla a pensar por sí misma. No puedes cambiar lo que piensa tu cliente si, ya para empezar, no sabes qué piensa.

Problema número 7: La confianza ha muerto

«Cuando a los vendedores les está yendo bien, hay presión sobre ellos para que empiecen a hacerlo mejor por miedo a que empiecen a hacerlo peor», escribió Joseph Heller, autor de *Trampa 22,* en *Algo ha pasado;* y aunque los diamantes se generan bajo presión, a los seres humanos nunca les ha gustado verse presionados. Aunque algunas personas generan diamantes bajo presión, otras, indudablemente, se desmoronan y acaban con circonitas cúbicas. A la gente le gusta tomar sus propias decisiones y siempre ha querido poder elegir. ¿Has buscado alguna vez en Google una camiseta blanca en Amazon? Estarías desplazándote por páginas durante horas mirando variantes de la misma camiseta blanca. Dejando de lado la enorme cantidad de opciones, la gente prefiere hacer negocios con la gente en la que confía.

John Maxwell, líder de los negocios y autor de *Las 21 leyes irrefutables del liderazgo,* dice: «En igualdad de condiciones, la gente hace negocios con la gente que le gusta». Sinceramente, en igualdad de condiciones o no, no pensamos que la gente haga negocios contigo porque le gustes (no te lo tomes a mal). Más bien hacen negocios contigo porque confían en ti. Esa confianza se desarrolla mediante tu habilidad para preguntar, que provoca que el cliente potencial te considere un experto de confianza. Básicamente, compra porque confía en que vas a conseguirle los resultados que quiere.

Los tiempos, en caso de que no te hayas dado cuenta, han cambiado drásticamente. Ninguna de las tácticas comentadas anteriormente te ayudará a alcanzar *todo* tu potencial. Si quieres superar tus objetivos, tú también debes cambiar. Demasiados clientes potenciales dan por sentado que los vendedores estarán sesgados y centrados sólo en la «venta» incluso antes de que la conversación empiece. Decir «Confía en mí» ya no es suficiente. De hecho, decir «Confía en mí» es la sentencia de muerte de las ventas actuales. Si tienes que decirlo, tu cliente probablemente hará lo contrario.

Muéstraselo, no se lo digas. Ésta es una sociedad muy orientada hacia lo visual. Todo tiene un GIF, un meme, un vídeo viral o una serie de telerrealidad demasiado larga que debería haber acabado hace años. Pero, ¡ay!, así son las cosas. El vendedor actual sabe que la confianza es crucial en las ventas. Dicho esto, la confianza es incluso más dura de conseguir en esta era de expertos de pacotilla y gratificación instantánea.

La gente dispone de acceso instantáneo a cualquier información que necesite sobre tu empresa. Lo sabe todo sobre tus productos o servicios y tus precios de venta al público. Sabe quiénes son tus competidores. Sabe cuánto tiempo llevas en el negocio y el aspecto que tiene tu edificio de oficinas en Google Maps. Lo sabe todo de ti haciendo una búsqueda rápida en su *smartphone*. Sabe lo que hiciste el último verano. Da miedo, ¿verdad? Sí y no. Es bueno tener un cliente informado. No es bueno tener uno que crea que lo sabe todo de ti debido a una búsqueda en Google.

La información se ha transformado a lo largo de las últimas décadas con un incremento masivo de los canales, opiniones, voces y, para mejor o peor, la proliferación de las redes sociales e Internet. Con tantas opiniones distintas de expertos, las personas que creen que son expertas y los *influencers,* la gente busca información y valora su credibilidad de forma independiente.

Como hemos reducido las conversaciones telefónicas a mensajes que la gente apenas escucha, los mensajes a textos, y los textos a símbolos y emojis, los vendedores actuales no sólo tienen una mayor carga de credibilidad, sino bastante menos tiempo para desarrollarla. Mezcla todas estas cosas junto con factores que oscilan entre más información y productos más complejos, y ya tienes al nuevo escéptico alimentado digitalmente porque ahora nos encontramos en unos EE. UU. en una «era de posconfianza». Este término lo acuñó Michael Maslansky, unos de los estrategas más importantes de las comunicaciones y la investigación del sector empresarial estadounidense.

En una encuesta del Pew Research Center[1] hecha en 2019, un sorprendente 71 por 100 dijo que pensaba que la confianza interper-

---

1. RAINIE, L., KEETER, S. y PERRIN, A.: «Trust and distrust in America», *Pew Research Center*, 22 de julio, 2019, www.pewresearch.org/politics/2019/07/22/the-state-of-personal-trust/

sonal había empeorado en los últimos veinte años. Tal y como señala el Barómetro de Confianza de Edelman[2] de 2021, que ha estado midiendo la confianza pública o la falta de ella durante veinte años, la gente ya no sabe a quién creer. La confianza se ha visto erosionada por muchos factores, pero la conclusión es que la gente no confía especialmente en los vendedores. Pero… noticia fresca: el agua moja. Tampoco confía en su gobierno, pero…, una vez más…, el agua moja. Lamentablemente, algunas personas ni siquiera confían en su familia.

Tal y como dijo David Brooks en *The Atlantic:* «Vivimos en la era de esa decepción […] esto ha provocado una crisis de fe en toda la sociedad, pero especialmente entre los jóvenes. Ha provocado una crisis de confianza»; y al contrario que tu típica crisis de los cuarenta, no puedes salir a comprarte un coche deportivo para recuperar esa confianza, aunque no faltan vendedores que, ciertamente, te recomendarán hacerlo; pero pon ese Lamborghini en punto muerto un momento.

De acuerdo con otra encuesta llevada a cabo por el Pew Research Center, el 40 por 100 de los *baby boomers* (los nacidos entre 1946 y 1964) y el 37 por 100 de los miembros de la generación silenciosa (los nacidos entre 1928 y 1945) creía que se podía confiar en la gente. Sin embargo, al encuestar a los más jóvenes, vieron que estos porcentajes descendían de forma importante. Pew vio que «alrededor de tres cuartas partes (un 73 por 100) de los adultos estadounidenses de menos de treinta años cree que la gente "sólo se preocupa por sí misma" la mayor parte del tiempo».[3] Muy propio de Pew, ciertamente. Tenemos trabajo por delante, por no decir más.

Y esta crisis de confianza cala en todo lo que hacemos. Lejos quedaron los días en los que los vendedores podían tomar el teléfono y llamar a una empresa que descolgaba el auricular y escuchaba.

---

2. EDELMAN: «2021 Edelman trust barometer», *Edelman*, 2021, www.edelman.com/trust/2021-trust-barometer

3. GRAMLICH, J.: «Young Americans are less trusting of other people – and key institutions – than their elders», *Pew Research Center*, 6 de agosto, 2019, www.pewresearch.org/short-reads/2019/08/06/young-americans-are-less-trusting-of-other-people-and-key-institutions-than-their-elders/

Atrás quedaron los días en los que vendías tus beneficios y características, explicabas tu historia, hacías tus exposiciones, creabas una visión y restabas importancia a tus competidores, esperando desarrollar credibilidad con tu producto o servicio.

Pese a ello, no es necesario que te acurruques en tu espacio seguro con respecto a esto. Si quieres vender en el mundo actual, puedes empezar haciendo estas tres cosas:

1. Aprende a eliminar la resistencia a las ventas.
2. Céntrate en el cliente.
3. Haz que el cliente piense por sí mismo y que cuestione su forma actual de pensar.

Alcanzar esta sagrada troica del éxito en las ventas en la época actual requerirá que *desaprendas* la mayoría de las técnicas tradicionales de venta que te han enseñado y que tengas una mentalidad abierta para empezar a hacer las cosas de forma distinta porque los tiempos han cambiado, por lo que ha llegado el momento de que la forma en la que enfocamos las ventas cambie. Alerta de *spoiler: puedes* hacerlo.

Si quieres aprender cómo hacer que tus clientes potenciales se vendan a sí mismos en lugar de perseguirlos para intentar convencerlos, debes salir de tu zona de confort, decirle adiós a las convicciones y técnicas tradicionales relativas a las ventas que te están suponiendo un lastre y aprender a estar verdaderamente centrado en los clientes en todo momento.

Delta Point, la compañía de Jerry, no se llamada Delta porque tenga alguna relación con la compañía aérea con el mismo nombre y los puntos por ser un viajero frecuente. DELTA es un acrónimo en inglés que resume el Nuevo Modelo de los grandes procesos de ventas, y corresponde a *Develop* (Desarrolla), *Engage* (Implica), *Learn* (Conoce), *Tell* (Explica) y *Ask* (Pregunta). En español, este acrónimo DELTA se transformaría en DICEP.

1. **D**esarrolla el interés de los clientes potenciales de modo que estén dispuestos a escuchar lo que tengas que decirles.
2. **I**mplica a tus clientes en un diálogo significativo.
3. **C**onoce la situación/problema/desafío del cliente potencial.
4. **E**xplica tu historia después de comprender claramente que tu producto o servicio encaja bien en su situación, problema o desafío.
5. **P**ide un compromiso cuando un compromiso resulte adecuado.

Pero aquí, vayamos paso a paso.

Como hemos identificado los mayores problemas en las ventas y por qué los modelos anteriores ya no funcionan muy bien, ha llegado prácticamente el momento de involucrarse en dejar atrás al portero o guardián que se encarga del acceso a la zona vip de modo que puedas acercarte más a alcanzar la grandeza en las ventas para ti, tu empresa, tu familia y *especialmente* tus clientes potenciales. Pero antes de hacer eso, es importante diferenciar entre los mitos de las ventas y las realidades de las ventas.

Capítulo 2

LOS MITOS DE LAS VENTAS VERSUS LAS REALIDADES DE LAS VENTAS

«El gran enemigo de la verdad no es, muy frecuentemente, la mentira (intencionada, planeada y deshonesta), sino el mito (persistente, persuasivo e irreal)».

JOHN F. KENNEDY

Si has visto alguna vez un programa de telerrealidad, sabes que la palabra *realidad* debería ir entre comillas, indicando ironía, teniendo en cuenta que buena parte de ello es de todo menos realidad y que no es más que una tontería guionizada diseñada para alimentar el dramatismo. Aunque puede que sea una diversión tonta mantenerse informado sobre una familia que es tan real como un bolso de imitación de los que ofrecen los vendedores ambulantes, eso no es la vida real, como tampoco lo son las viejas convicciones sobre las ventas que ahora se han convertido en clichés. Estás «convicciones» no son, en realidad, más que mitos que no se basan en absoluto en la realidad actual.

Tomemos la frase, comprobada pero no demasiado real, de «Las ventas consisten en un juego de cifras». ¿Es ésta tu realidad? ¿Crees que vender no es más que un juego de cifras y que debes llamar a los clientes potenciales una y otra vez simplemente para conseguir unas pocas ventas? Una mejor pregunta que hacer si no estás seguro es: ¿te está funcionando ese mantra? Si te estuviera funcionando, probablemente no estarías leyéndote este libro en este preciso momento y te encontrarías vendiendo a mansalva.

Al igual que un sabueso de Internet descubrió que el programa *Cazadores de casas* del canal de televisión HGTV no era real al 100 por 100, los siguientes apartados rompen las mentiras más estereotípicas sobre los mitos relativos a las ventas.

MITO SOBRE LAS VENTAS NÚMERO 1: VENDER ES UN JUEGO DE CIFRAS

Vender puede, ciertamente, ser un juego de cifras si todo lo que conoces son las técnicas de venta tradicionales. Puedes llamar a la gente incesantemente, convirtiéndote prácticamente en un acosador, y hacer cientos de llamadas cada día simplemente para hacer unas pocas ventas y ganarte la vida a duras penas. También puedes perseguirlos hasta que te escuchen, sólo para que se les ocurra una excusa para librarse de ti, esperando que antes no hayan obtenido una orden de alejamiento contra ti. Qué buenos tiempos, ¿verdad? Pues no tanto.

¿De dónde salió el concepto del «juego de cifras»? Es difícil de decir, pero probablemente hace varias décadas, un gerente de ventas en algún lugar les dijo a sus vendedores que vender es un «juego de cifras» para hacerles sentir mejor consigo mismos después de enfrentarse al rechazo constante el 95 por 100 de las veces. Y ahí tenemos ese mito.

¿No estaría bien saltarse todo ese trabajo y evitar todas las objeciones y el rechazo? En la era de la posconfianza, con la confianza en su punto más bajo de la historia, ya no se trata de la *cantidad* de llamadas que hagas o de cuántos contactos consigas, sino que consiste en la *calidad* de tus conversaciones y tu capacidad de sacar a relucir las emociones de tus clientes potenciales haciendo preguntas profundas. Consiste en lo bueno que seas generando *confianza*.

Consiste en lo bueno que seas desprendiéndote de la *expectativa* de hacer una venta. Esto te permite abrirte a tus clientes potenciales.

Conocerás cuáles son sus problemas, qué está provocando estos problemas y cómo les están afectando, y tú podrás ver si tu solución puede ayudarles.

Cuando mantengas estas conversaciones en un tono de voz coloquial y tranquilo en contraposición con el típico tono y discurso propio de las ventas, atraerás hacia ti a tus clientes potenciales como un imán. ¿Por qué? Porque por primera vez en mucho tiempo, alguien está genuinamente interesado por ellos y por lo que están buscando. Ésta es la antítesis de lo que sienten con los que juegan con las cifras (los vendedores típicos). Los clientes potenciales perciben tu intención y empezarán a contar contigo porque te has convertido en el experto de confianza, la autoridad en el mercado, el número uno.

¿Cómo te sentirías si ya no te encontraras con resistencia y oposición desde el principio de cada llamada que hicieras a tus clientes potenciales? ¿Qué haría eso por ti desde el punto de vista personal? ¿Qué haría eso por ti desde el punto de vista económico? Tus respuestas a estas preguntas no son mitos: pueden convertirse en tu realidad.

Mito sobre las ventas número 2: El rechazo es, simplemente, una parte de las ventas

¿Cuál es el mayor miedo que os atenaza a ti y a otros vendedores que evita que hagáis llamadas y habléis con clientes potenciales sobre vuestros productos/servicios? Es el miedo al rechazo, ¿verdad?

¿Has pensado alguna vez en que, si te pones ansioso y sientes pánico con respecto a conocer a clientes potenciales, las llamadas en frío o las llamadas a tus clientes potenciales hasta llegar al punto en el que no puedes hablarles puede que algo esté mal? ¿Necesitas darte ánimos antes de cada reunión con clientes potenciales o arrastras los pies antes de hacer esas llamadas? ¿Has pensado en que podría ser la forma en la que te estás comunicando o en la que piensas que debes comunicarte la que está provocando este problema?

¿Te gusta verte rechazado por tus clientes potenciales? ¿Cómo te hace sentir? ¿Por qué crees que el rechazo es simplemente algo que debes aceptar en las ventas? Son muchas preguntas, lo sabemos, pero necesitan respuestas.

Aceptas el rechazo porque eso es lo que te han dicho que sucederá: que el rechazo es un gaje del oficio, ¿verdad? ¿Qué sucede si muchos de tus clientes potenciales te rechazan porque eres *tú* el que lo está desencadenando debido a la forma en la que te estás comunicando con ellos? ¿Qué pasaría si pudieras saber cuáles son los desencadenantes que provocan que te encuentres con objeciones por parte de tus clientes potenciales y que, en último término, seas rechazado, de modo que puedas eliminarlos de tus conversaciones de ventas?

El psiquiatra suizo Carl Jung aportó un argumento excelente cuando dijo: «El mejor trabajo político, social y espiritual que podemos llevar a cabo es retirar la proyección de nuestra sombra sobre los demás». Nosotros no somos psiquiatras, pero también nos gustaría añadir el trabajo de ventas a esa lista.

Hay dos tipos de rechazo: tenemos el terrible «No estoy interesado» en tu cara, y tenemos la forma menos dolorosa en la que tu cliente potencial se ha fijado en tu solución y ha decidido que no encaja en sus necesidades. El segundo puede ser decepcionante, pero no se siente, necesariamente, como algo personal ni escuece tanto.

Pero hablemos del primero. Probablemente te hayan dicho, una y otra vez, que el rechazo forma parte de las ventas, y debes esperarlo y superarlo, y que simplemente debes tener una piel gruesa. A estas alturas, tu piel es tan gruesa que no necesitas un dermatólogo, sino un veterinario especializado en reptiles. Sin embargo, todo eso son bobadas. De hecho, puedes eliminar una cantidad importante de rechazo. No necesitas manipulaciones, trucos mentales ni CD de gurús del desarrollo personal. Cuando domines las técnicas del Nuevo Modelo de Ventas, aprenderás cómo difuminar la causa del rechazo igual que el superhéroe Shazam usaba su enorme poder para sacar dinero de un cajero automático.

Mito sobre las ventas número 3: Debes mostrar entusiasmo por tu producto/servicio

Si el cliente ve que estás emocionado, él también se emocionará. Esto es divertido. Es como ese chiste o meme que te hace mearte de risa y que luego no provoca la más mínima reacción cuando le muestras a la persona que tienes a tu lado qué era tan hilarante y simplemente se te queda mirando y cree que estás chalado. Independientemente de lo que hagas, nunca des por hecho que tu emoción y entusiasmo se transmitirán a tus clientes. Sus motivaciones para comprar algo o llevar a cabo un cambio variarán entre cada persona. Cuando te acerques a alguien mostrando demasiado entusiasmo externo, hará una de estas dos cosas:

Probablemente se apartará de ti porque le has abrumado, asustado o quitado el interés por ti y te dirá que se lo pensará para desaparecer tan rápido como una botella de licor en una barra libre; o se pondrá a la defensiva, pondrá objeciones y te rechazará completamente a ti y lo que le estás ofreciendo y te presentará a su buena amiga, la puerta.

Mito sobre las ventas número 4: La venta se pierde al final de la venta

Puede que le hayas dedicado mucho tiempo a un cliente potencial y que lo hayas hecho todo bien, pero entonces, mientras esperas el contrato o la aprobación final, resulta que no se produce, y aunque tenemos problemas con el servicio postal, resulta que no se ha perdido en Correos. Ni siquiera se ha perdido en el Pony Express. Simplemente, nunca llegó a esa fase. ¿Por qué? Hoy en día, la venta no se pierde al final de la venta: ahora se pierde al principio de la venta. La venta se pierde en el momento de decir «Hola». Sí, la perdiste en ese momento. Pero, ¿cómo? No tiene nada que ver con tu perfume ni tu colonia.

Aquí tenemos un ejemplo.

Cuando hacen una llamada en frío, la mayoría de los vendedores diría algo parecido a esto:

«Hola, mi nombre es Shelly Levene. Trabajo para la Compañía XYZ, y la razón por la que le llamo hoy es...», y entonces, Shelly pasa a intentar explicar su producto o servicio si el cliente potencial todavía no la ha cortado.

¿Te suena familiar?

¿Qué crees que le pasa por la cabeza al cliente potencial en este momento? «Ah, es simplemente otro vendedor intentando venderme algo». Es el clásico discurso de las ventas; y ya lo tenemos con el «Hola», porque hemos desencadenado inintencionada e involuntariamente resistencia a las ventas. En la psicología humana, esto recibe el nombre de esquema o patrón: un marco cognitivo o concepto que nos ayuda a interpretar información que frecuentemente puede contribuir a estereotipos como: «¡Uf! Este tipo es un vendedor de coches de segunda mano. Seré educado, pero me desconectaré de él».

MITO SOBRE LAS VENTAS NÚMERO 5: SI DAS LA VENTA POR HECHA, EL CLIENTE COMPRARÁ

Descansa en paz. Descansen en paz las ventas dadas por sentadas sin poder. Sí, en el mundo actual, las ventas que se dan por hechas están muertas. Pese a ello, como Elvis Presley y Tupac Shakur, algunos gurús de las ventas insisten en que están vivitas y coleando y que viven en alguna ciudad secreta de las ventas y que emergen de vez en cuando para golpear a los supermercados y los grandes almacenes. ¿Por qué? La gente no cambia. A los vendedores se les sigue enseñando a dar la venta por hecha, a cerrarla siempre, y a buscar siempre formas de cerrar la venta. Estos dichos han sido transmitidos por los viejos gurús de las ventas como objetos de segunda mano y, bueno, ya no sirven. Se nos han quedado pequeños.

Tan obvio como un pedacito de espinaca que se te ha metido entre los incisivos después de comer, tu cliente potencial puede adivinar, de inmediato, que estás dando la venta por hecha, y en lugar de rozarse sutilmente sus incisivos para advertirte, simplemente te responde con una serie de objeciones.

Pero no puedes culparle de que esa inoportuna espinaca de las ventas transmita la impresión de que has perdido un incisivo y evitando que hagas una venta. Es culpa tuya. Eres tú el que está provocando el rechazo mediante la forma en la que se te enseñó originalmente a comunicar.

Digamos que llegas al final de tu presentación y que asumes que vas a hacer la venta y dices: «¿A nombre de quién debería hacerse el contrato? ¿Cuál es su número de teléfono, su dirección, sus detalles bancarios…?». Acabas de disparar una importante bala de kriptonita para las ventas con esas preguntas.

¿Qué hace entonces el cliente nueve de cada diez veces?: intentar liberarse diciendo algo como: «¡Espere! ¡No he dicho, en ningún momento, que fuera a comprar esto! ¿Por qué no me deja algo de información y así podré volver a ponerme en contacto con usted después de habérmelo pensado, haber hablado con mi cónyuge, con mis socios, etc.?».

Entonces tendrás que entrar en modo gestión de objeciones. Los viejos gurús de las ventas te enseñan cómo dar la venta por hecha, luego te enseñan cómo gestionar las objeciones y la resistencia que ellos mismos provocan por la forma en la que te enseñan a vender. ¡Uf, menuda frustración!

MITO SOBRE LAS VENTAS NÚMERO 6: CIERRA SIEMPRE LA VENTA: EL ABECÉ DEL CIERRE DE LA VENTA

¿Qué hay del no seguir nunca estos mitos de venta anticuados? De hecho, y en realidad, deberíamos aplicar el lema de ser siempre encantadores para cerrar una venta.

Aquí tenemos distintos tipos de cierres de ventas, ninguno de los cuales trabaja con el Nuevo Modelo consistente en generar confianza.

Cierre opcional: ¿Quiere la roja o la azul?

Cierre invitacional: ¿Por qué no lo prueba?

Cierre presuntivo: De acuerdo, seguiré adelante y programaré esto. ¿Quiere recibir el pedido el martes por la tarde o el miércoles por la mañana?

Cierre de elección: ¿Hacemos el contrato a su nombre o a nombre de su empresa?

Cierre demostrativo: Si le pudiera mostrar la mejor inversión que podría hacer en su vida, ¿le gustaría verla?

Cuando usas las palabras «Si le pudiera mostrar», ¿sobre quién cae el foco? Cae sobre ti. Así, te has puesto en una posición de tener que demostrar que tu producto/servicio es el mejor disponible. Sabemos que la confianza ha muerto en la era de la posconfianza, así que cuando te pones en la posición de tener que demostrar algo, el cliente potencial, que es escéptico, intentará demostrarte lo contrario. Le encanta mostrarte que estás equivocado.

En lugar de ello, no le des la oportunidad. Simplemente cambia el enunciado por «Si hubiera…»; como, por ejemplo: «Si hubiera una inversión que pudiera proporcionarle los beneficios que está buscando, ¿sería eso de interés para usted?».

Siendo neutro, no hay ninguna presión para demostrar nada a tu cliente potencial. Esto aparta la presión de ti y te permite estar relajado. Los mejores vendedores *siempre* son neutros. Los vendedores corrientes siempre son unilaterales porque se centran en sí mismos en lugar de en sus clientes potenciales y sus problemas. Recuerda que, en las ventas, los entornos neutros son ambientes seguros y relajados, y la mayoría de las ventas se producen en una atmósfera relajada, tal y como dice Jeffrey Gitomer.

Aunque puede que las preguntas tradicionales de cierre suenen bien, en su mayoría, los consumidores actuales ya no caen rendidos con ellas, ya que llevan décadas oyéndolas. En la economía actual, los clientes pueden usar el poder de la tecnología para examinar otras opciones ofrecidas por tus competidores.

El consumidor actual *no* se dejará manipular. El consumidor actual no quiere que le hablen sin parar y que le vendan algo, sino que quiere que le pregunten, le escuchen y le comprendan.

Estas viejas técnicas de ventas provocan, automáticamente, resistencia a las ventas y presión. Usarlas es lo que evita que obtengas los ingresos que mereces. Al igual que una estrella del rock que insiste en usar una cierta marca de guitarras, el Vendedor que usa el Nuevo Modelo *nunca* emplearía estas técnicas cacofónicas y que suenan pobres porque sabe que le convertirían en alguien mediocre en las ventas y provocarían que su público se marchara antes de los bises.

Ahora que hemos aclarado eso, echemos un rápido vistazo a los cinco principios clave del Nuevo Modelo de Ventas.

1. El objetivo de que te dediques a las ventas consiste en encontrar a gente y ayudarla a resolver sus problemas. Durante el proceso de involucramiento, formularás preguntas para descubrir problemas, y comprenderás cómo han afectado a la vida de tus clientes potenciales. Debes ser un buscador y solucionador de problemas que esté muy centrado en ayudar a tus clientes potenciales a resolver sus problemas. Eso implica desprenderte del hacer la venta y, en lugar de ello, concentrarte en si, en primer lugar, hay una venta que hacer o no.

2. La elección del momento adecuado lo es todo, especialmente cuando se trata de hacer las preguntas adecuadas en el momento adecuado, pero no preguntas diseñadas para hacer que la gente diga lo que quieres que diga. Deberás lanzar preguntas muy habilidosas que pongan de relieve las verdades internas y externas de la gente y, más importante todavía, todas las sensaciones, como en el caso de sus emociones.

3. Presta atención y escucha atentamente a lo que te transmita tu cliente potencial, y no simplemente a lo que te diga. Esto incluye desprenderse de esperar una oportunidad de hablar o de pensar en lo que vas a decir a continuación. Significa ir más

despacio, no dar nada por sentado y escuchar lo que hay *detrás* de sus problemas sin que intervengan ninguna de tus interpretaciones personales o juicios. Significa estar completamente abierto.

4. Usar la fórmula del compromiso para cerrar significa resumir los principales problemas del cliente potencial y el dolor emocional provocado por ellos, y luego describir brevemente qué es lo que haces, asegurándote de incluir los beneficios de las características que posees que satisfarán el problema emocional al que se está enfrentando. Los siguientes pasos de esta fórmula consisten en hacer una pregunta clasificatoria y después pedir al cliente que aclare su respuesta preguntando por qué. En último lugar, pero no por ello menos importante, lanzarás una pregunta para alcanzar un compromiso para ayudar al cliente a llevar a cabo el cierre.

5. Elimina la presión de las ventas y la resistencia a éstas usando el lenguaje neutro e, incluso más importante, céntrate en el cliente potencial y en lo que está buscando, y no en tu propia intención de hacer una venta.

Los cinco principios pueden interpretar los seis grados de Kevin Bacon, y en este caso, el Kevin Bacon son preguntas de persuasión neuroemocional (PPNE) porque, cuando usas estas preguntas, averiguas rápidamente si hay una venta que hacer o no, desarrollas confianza y permites que los clientes potenciales se persuadan a sí mismos. Además, eliminas el estrés, la presión y la resistencia de la ecuación de las ventas. Es como todas las mejores películas de Kevin Bacon *(Footloose, Diner, Apolo 13, Algunos hombres buenos,* y, discutiblemente, *Juegos salvajes)* en una.

Ahora estás listo para soltarte y profundizar en cada fase del proceso del Nuevo Modelo de Ventas imbuido de las preguntas de persuasión neuroemocional (PPNE). Empecemos averiguando cómo abrirnos paso, verbalmente, para superar al guardián.

Capítulo 3

SUPERAR AL GUARDIÁN

«Sólo tengo tres cosas que hacer. Debo escoger a la gente adecuada, destinar el número apropiado de dólares y transmitir ideas de una división a otra a la velocidad de la luz. Así pues, en realidad trabajo en el negocio de ser el guardián y el trasmisor de ideas».

JACK WELCH

S i alguna vez has ido a una fiesta o a una discoteca, has visto la zona de acceso y quizás hayas visto cómo te abrían la puerta como hizo Charlton Heston con el mar Rojo en *Los diez mandamientos*, o como hizo Steve Rubell por Liza y Halston en Studio 54. El portero o guardián era el que decidía tu sino social esa noche. ¿Lograste entrar o te volviste a casa y te enfurruñaste por tu fracaso social mientras te tomabas un cubata? En las ventas nos enfrentamos a retos similares.

Superar al guardián se encuentra entre los retos más comunes a los que se enfrentan los vendedores, y en el mundo actual te encontrarás con muchos. La capacidad de superar lo que algunos pueden considerar una barricada potencial es una habilidad crítica para ganar tiempo con nuevos clientes potenciales. Pese a ello, muchos vendedores carecen de un enfoque estratégico para enfrentarse a los guardianes con éxito, ya que si no superas al guardián, no sucederá nada más, y al contrario que la zona vip a la que no pudiste acceder, aquí estamos hablando de tu sustento, y no de una simple gran salida nocturna.

«Trata a todo el mundo al que conozcas como si fuera la persona más importante a la que conocerás hoy», escribió Roger Dawson, escritor y fundador del Power Negotiation Institute y, de acuerdo con la revista *SUCCESS*, «el mejor mediador empresarial de EE. UU.». Y aunque Dawson da totalmente en el clavo, los vendedores exitosos actuales tratan a los guardianes *incluso mejor* que eso, porque se trata de las personas que poseen el código de acceso y que eliminan el cortafuegos para su éxito.

En algunas empresas (grandes o pequeñas) hay un recepcionista sentado en un mostrador con el que querrás desarrollar una relación muy amistosa (frecuentemente, en las compañías más importantes hay dos o tres personas que desempeñan ese papel). Es crucial que, si vas a ir allí con una cierta frecuencia, las conozcas. Tal y como apunta Jerry siempre, trátalas como si fueran importantes, porque lo son. Frecuentemente disponen de información sobre quién controla el acceso a la persona que quieres ver o sobre quién es recibido o echado. Además, no sabes a quién conocen en esa gran empresa, por lo que el que te vean con buenos ojos es una idea genial. Demasiados vendedores les prestan poca o nada de atención. Todos tenemos un tatuaje invisible que dice: «Hazme sentir importante». Desarrollar una relación con ellas les hace sentir tan importantes como lo son, en realidad.

Una vez que te den el visto bueno para ir a ver al «verdadero» guardián y subir a la planta superior, entonces se aplican los mismos conceptos. Trátalas como las personas verdaderamente importantes que son. Si has desarrollado esa relación como hemos hecho nosotros en muchas grandes compañías, la conversación será natural y probablemente divertida. Si estás ahí por primera vez, entonces estate preparado para pedir acceso a quien toma las decisiones, pero sólo después de haber intentado desarrollar una relación con el guardián. Hazle preguntas como:

«¿Te importa explicarme algo de ti?».
«¿Cuánto tiempo llevas en la empresa?».
«¿Puedes ayudarme a hacerme una idea del tiempo que le gusta pasar normalmente con los visitantes como yo?».

Recuerda que no accederías a la «planta superior» si no hubiera un 98 por 100 de probabilidades de que el consumidor o el cliente potencial fuera a recibirte y verte. Céntrate en desarrollar la relación.

Si te preguntan «¿Qué haces?», tu respuesta podría ser similar a la siguiente:

> «¿Sabes que algunos de vuestros pacientes con una pierna fracturada pueden pasarlo mal a la hora de ser obedientes con respecto a su bota porque están ansiosos por mejorar y que su impaciencia puede acabar empeorando su fractura?
>
> »Hemos lanzado ese producto hace tres meses, y los médicos que lo han conocido están muy emocionados con cómo esta tecnología puede ayudar a evitar un trauma adicional sobre el hueso fracturado debido al no cumplimento del tratamiento. Lo que hacemos es proporcionar un pequeño chip que encaja en cualquier bota y que puede avisar a vuestra consulta si alguien corre peligro de sufrir un revés con esa pierna fracturada porque deje de llevar puesta la bota. ¿Crees que esta nueva tecnología podría ser algo sobre lo que el doctor Smith querría saber más?».

Es importante estar siempre buscando *y* escuchando en busca de puntos en común y cualquier oportunidad potencial para mostrar tu consideración después de marcharte. Si, por ejemplo, el guardián te dice que tiene una hija de veintiún años que no está segura de lo que quiere hacer cuando se gradúe la próxima primavera, respóndele de la siguiente forma:

> «Sé que es un momento emocionante para ella y para toda su familia. ¿Puedo recomendarte un libro de fácil lectura que quizás le guste y que le podría ayudar a decidirse? Se llama *Risk forward*, escrito por Victoria Labalme para el gran número de personas de todo el mundo que no están seguras de qué hacer a continuación. Es una lectura rápida y entretenida, y puede que le ayude a avanzar más rápidamente después de graduarse.

Échale un vistazo y hazme saber qué piensas la próxima vez que nos pongamos en contacto, ¿de acuerdo?».

Además, antes de marcharte, asegúrate de preguntar:

«Ha sido genial reunirme contigo y llegar a conocerte. ¿Cuál suele ser la mejor forma de contactar contigo si tengo una pregunta con la que seguramente puedas ayudarme y no quiero que nadie en tu consulta me considere un pesado?».

Por último, asegúrate de que disponga de tu información de contacto y de comprender, en esencia, por qué podría querer ponerse en contacto contigo.

Valerie Sokolosky, una de las expertas y autoras fundadoras fundamentales en el impulso de las empresas de consultoría de imagen y de etiqueta en los negocios, dice que para ganarse al guardián y hacer que te permita acceder, debes tratarle como si fuera un cliente y también apelar a sus emociones. «Si no te has ganado el corazón de esa persona, no querrá seguir escuchándote. Si no eres más que un número, no importa quién seas o qué digas: no habrá nada que puedas hacer», dice. «Puedes hacerlo todo bien, pero hay un muro; y si no puedes derribarlo, no puedes derribarlo». Al contrario que en el caso de los periódicos y revistas actuales, no hay un muro de pago. O lo derribas o no.

Una vez que conectes con el guardián, te darás cuenta de que no es tan difícil derribar ese muro. Desarrollando una relación con el guardián, mejorarás tus probabilidades de éxito. A nadie le gusta la gente que siempre está mencionando a las personas importantes que conoce. Cuando se trate del guardián, tutearte con él o ella o llamarle por su nombre de pila no tiene que ver con el dinero, sino que es algo que no tiene precio.

El papel del guardián suele desempeñarlo el recepcionista de una empresa o el asistente administrativo de alguien que toma decisiones. Se los coloca en un lugar para ayudar respondiendo al teléfono (ejem, filtrando las llamadas) y rechazando a aquellos que creen que no son importantes. Muchos guardianes desarrollan un nivel de frustración hacia los desconocidos. Esto es comprensible si piensas que se sabe que los vendedores han recurrido frecuentemente a la manipulación para superar su filtro y llegar a la persona que toma las decisiones. Un guardián que permita que alguien que no debe acceda al jefe probablemente recibirá una reprimenda, por lo que está motivado para hacer su trabajo bien.

Aunque frecuentemente son pasados por alto, los guardianes suelen ser algunos de los empleados más inteligentes, intuitivos y esenciales, y como tales, deberás adoptar una mentalidad concreta para influir en ellos. Al contrario que ese molesto muro de pago, no se los puede comprar. Los antiguos modelos de ventas pueden decirte cómo evitar al guardián o ir directamente a la persona que hay por encima de ellos. Es una idea genial si lo que pretendes es tocarles las narices.

No se los llama guardianes porque suene a personaje de una película de ciencia ficción distópica. Estas personas son grandes valores para las empresas de tus clientes potenciales. Trátalos como tales. Como dijo Albert Einstein en una ocasión: «Le hablo a toda la gente de la misma forma, ya se trate del basurero o del presidente de la universidad». Y recuerda que los guardianes están versados en las rutinas de las ventas, por lo que debes revolucionar un poco las cosas para destacar.

En primer lugar, despréndete de tu apego a hacer la venta y céntrate primero en si hay una venta que hacer. Para triunfar debes desapegarte de las expectativas de hacer una venta. En este ejemplo, digamos que has tenido línea directa con la persona que toma las decisiones, pero que cuando llamaste no te contestó. Así pues, ¿por qué no llamar a centralita y preguntarle al recepcionista o el guardián dónde está?

Vendedor que sigue el Nuevo Modelo: Hola, me estoy preguntando si podrías ayudarme un segundo. Estoy intentando conectar con Alex y me saltó el contestador automático. ¿Sabes si está en una reunión, posiblemente comiendo o quizás de vacaciones?

Date cuenta de que no sólo le estás pidiendo al guardián que encuentre a Alex. También estás ofreciendo posibles soluciones para encontrarle. NO se somete al recepcionista a ninguna presión de ventas, sino que se trata, simplemente, de una conversación normal y corriente.

El guardián generalmente te dará una de estas tres respuestas:

1. Está en una reunión.
2. Se encuentra comiendo ahora.
3. Está fuera de la ciudad/de vacaciones/en un viaje de negocios.

Su respuesta te proporcionará mucha más información que si simplemente hubieses dejado un mensaje en el contestador. Ahora que sabes dónde está tu cliente potencial, puedes volver a llamarle en un momento más adecuado ese día o cuando sepas que habrá regresado para así mantener una conversación «en vivo».

¡Pero espera! El recepcionista también podría decir: «No, no sé dónde está Alex hoy». En este caso, no presiones y simplemente contesta con una frase discreta como «No pasa nada». Este tipo de frase *relajada* difuminará cualquier presión de ventas que el recepcionista pueda estar sintiendo.

Entonces puedes decir: «¿Por un casual conoces a alguien que trabaje cerca de su escritorio u oficina que forme parte de su área que pudiera saber dónde está o cuándo estará disponible?».

Aquí estás, simplemente, ofreciendo otra opción al recepcionista. Muchas veces te dirán que sí y te pasarán con alguien en la oficina que sabrá dónde está Alex.

En *The best story wins: How to leverage Hollywood storytelling in business and beyond,* Matthew Luhn, escritor de guiones para Pixar y *Los Simpson,* describe el campo de batalla de las ventas actuales. Dice: «Dispones de ocho segundos para convencer a la gente de que tienes algo que vale la pena oír antes de que desconecte, se distraiga o deje de prestarte atención». ¡Ocho segundos! Los fans del musical *Rent* saben que un año está compuesto por 525 600 minutos, pero por poner los ocho segundos en perspectiva, pensemos en las cosas que suceden en un espacio de tiempo tan breve.

Una parada en boxes bien coreografiada en la competición automovilística IndyCar dura ocho segundos, y estamos seguros de que hay muchos retos de TikTok que la gente puede llevar a cabo en ocho segundos o menos. *8 segundos* fue también el título de una película de serie B de 1994 de estilo wéstern protagonizada por Luke Perry y Stephen Baldwin y que recibió su título debido al tiempo que se requiere que un vaquero que participa en la monta de toros permanezca sobre el animal para que su actuación sea puntuada. Oscuro, sí, pero, en otras palabras, no hay muchas cosas que alguien pueda hacer en tan poco tiempo, y aquí te estamos encargando que convenzas a alguien para que te escuche. No es fácil, pero es completamente factible.

Presentación personalizada

Recuerda que sólo dispones de ocho segundos para permanecer encima de ese toro o cambiar ese neumático, o incluso de menos tiempo para captar la atención del guardián. Ésa es la razón por la cual es crucial crear una presentación personalizada que te ayude a destacar. Hacer esto te permite decirle a la gente concisa y eficazmente qué haces y cómo eso ayuda a otras personas. Esto también supone una solución o un modelo único para los clientes potenciales.

Imagina este escenario: un vendedor llama a la consulta de un médico para hablar con un cliente potencial. Contesta un guardián. Aquí tenemos lo que diría un vendedor corriente que siga usando técnicas de venta tradicionales:

Guardián: Bueno, ¿a qué se dedica usted?
Vendedor corriente: Trabajo para la Compañía XYZ, y somos una empresa farmacéutica líder a nivel mundial con este nuevo medicamento llamado ABC que de verdad ayudará a sus pacientes con su presión sanguínea. Médicos de todo el mundo están elogiándolo. De hecho, los médicos de su región nos han clasificado como la solución número uno los tres últimos años seguidos…

¿Qué sucede entonces? Tal y como puede que hayas experimentado, el cliente potencial o el guardián va a decir algo como: «Ya tenemos a alguien para eso», «No necesitamos eso», «No estamos interesados» o «¿Puede volver a llamarme en una semana [un mes, un año…]?» y, después de todo eso, no haces ninguna venta.

El 1 por 100 superior de vendedores sabe que, para atraer a clientes potenciales como un imán, no tiene que decirle a la gente *lo que* hacen, sino *cómo* lo que hacen ayuda a otras personas. La respuesta se centra en retos generales con los que la mayoría de la gente puede identificarse y ser consciente de ellos. Esto pone de relieve el *objetivo* de ayudar a otras personas a resolver estos problemas.

Fijémonos en otro ejemplo. Digamos que el vendedor que sigue el Nuevo Modelo vende servicios financieros a inversores o instituciones con un gran patrimonio neto.

Cliente potencial: ¿A qué se dedica usted?

Vendedor que sigue el Nuevo Modelo: Bueno, usted sabe cómo muchos inversores con una patrimonio neto elevado están a veces preocupados por sus inversiones debido a la volatilidad del mercado, el crecimiento económico que sube y baja y la política de los bancos centrales. Lo que hacemos es que tenemos una combinación patentada de inversiones con un historial de veintidós años abonando a nuestros inversores unos beneficios muy sustanciosos; y, al mismo tiempo, debido a nuestra singular estructura financiera, podemos hacer eso con un riesgo mínimo.

¿Crees que los inversores están preocupados por la volatilidad del mercado? ¿Crees que quieren proteger sus principales inversiones? Vaya, otra vez… ¿el agua moja? ¡¿Hola?!

Aquí tenemos un ejemplo de lo que yo (Jeremy) diría si alguien me preguntara qué hago yo:

«Bueno, usted sabe cómo muchas compañías a veces se frustran perdiendo ventas frente a competidores de bajo coste. Están preocupadas porque sus equipos de ventas no alcancen constantemente los objetivos de ventas y simplemente están realmente intranquilas por la falta de resultados por parte de sus vendedores. Lo que hacemos es ayudar a las empresas así formando a sus equipos en cómo vender usando preguntas y técnicas concretas que funcionan con la conducta humana, de modo que sean considerados como la *autoridad de confianza* en el mercado, lo que les permitirá cobrar más y poder alcanzar sus objetivos de ventas al mismo tiempo».

Entonces, al final de tu introducción personalizada, haces una pregunta como: «*¿Qué hacen ustedes para formar a sus vendedores?*».

Ahora es tu turno para desarrollar tu propia presentación personalizada. Una gran presentación personalizada incluye tres partes:

- Problema
- Solución
- Pregunta

Echemos un vistazo a cada una de ellas.

EL PROBLEMA

Inicia tu replica con la frase «*Usted sabe cómo...*» y añade dos o tres de los mayores problemas genéricos con los que tus clientes potenciales se identificarían. Por supuesto, se tiene que tratar de problemas que tu solución solventará, y no algo que Seinfeld preguntaría al principio de su programa, aunque eso también podría ser divertido, pero no tiene importancia. Repite: ocho segundos, ocho segundos.

El vendedor que usa el Nuevo Modelo es una especie de terapeuta de las ventas que trabaja como detector y solucionador de problemas, y no como traficante de productos. Tu trabajo consiste en descubrir sus problemas, averiguar qué los está provocando y determinar cómo esos problemas están afectando a tu cliente potencial. ¡Tú puedes!

La solución

Aquí es donde muestras cómo lo que haces ayuda a la gente a solucionar sus retos. La clave aquí consiste en usar un lenguaje muy sencillo y no excederse y empezar a gritar como hacen los vendedores que salen por la televisión. Nada de tácticas de «¡DECÍDETE AHORA y obtén dos por el precio de uno!». En esta situación sé un tanto genérico y contenido.

Empieza con *«Bueno, lo que hago es ayudar a personas/compañías* [inserta aquí lo que has considerado que son sus problemas específicos]» y sigue con cómo tu solución *resuelve* esos problemas. Haz como un cuchillo Ginsu (recomendamos a nuestros amigos *millennials* y de la generación Z que busquen esto en Google) y rebana, corta en daditos, desmenuza y estudia en pedacitos todo esto.

La pregunta

Aquí harás una pregunta que vuelva a situar el foco en la otra persona para explorar y descubrir cuáles son sus problemas y si puedes ayudarla. Digamos que vendes un producto de servicios financieros. Facilita las cosas preguntado algo como: «Siento curiosidad. ¿En qué invierte usted?» o «¿Qué aspecto tiene su cartera de inversión?».

Hacer este tipo de preguntas sitúa el foco inmediatamente sobre tu cliente potencial en lugar de sobre ti. Esto te ayudará a conectar con él *mucho* mejor de lo que nunca lo hará cualquier viejo método tradicional de ventas; porque, a parte de tener que escuchar la peor canción jamás grabada *(We built this city*, de Starship) una y otra vez, hay pocas cosas más insufribles que una persona que habla de sí misma en bucle.

Tu presentación personalizada no está diseñada para venderles algo, sino simplemente para hacer que no te pongan en silencio y que, lugar de ello, quieran implicarse en una conversación bidireccional para ver si puedes ayudarles. Vender en los mercados de empresa a empresa *(business-to-business* o B2B) es mucho más complejo que hacerlo de empresa a consumidor (*business-to-consumer* o B2C). De hecho, el B2B puede implicar a entre seis y diez personas que toman decisiones, por lo que el reto se ha vuelto más complicado que nunca. El camino hacia la compra no es lineal. Por lo tanto, debes destacar y distinguirte de tus competidores (no son necesarios disfraces ni artilugios), aunque probablemente te harías viral si te disfrazaras de alguna cosa rara.

Tal y como dijo el profesor Michael Porter, de la Escuela de Negocios de Harvard, «La estrategia consiste en distinguirte de la competencia. No es un asunto de ser mejor en lo que haces, sino de ser diferente en lo que haces».

Las ventas B2B también requieren que desarrolles relaciones como si fueran un LEGO, pieza a pieza, porque estas compañías son complejas y tienen distintos estratos; pero de forma más parecida a lo que sucede con el juego Jenga, deberás averiguar, con cuidado, dónde y cómo proceder sin dañar la base. Una vez que estés dentro, tendrás que seguir averiguando si puedes quedarte, valorando si existe siquiera la oportunidad de que sigas difundiendo tu conocimiento con marca registrada por el resto de la organización echando manos de las relaciones.

En el caso de las ventas transaccionales menores, una difusión rápida por teléfono, la captación de la atención en las redes sociales y el envío masivo de correos electrónicos puede resultar suficiente. La mayoría de la gente está familiarizada con las ventas transaccionales: son las ventas y las compras cotidianas y directas de productos y servicios a una persona o un pequeño grupo de personas (piensa en suscripciones a revistas, impresoras en compañías de tiendas de artículos de oficina, teléfonos móviles, seguros de coches, etc.).

En la mayoría de los casos, este tipo de transacciones son de bajo riesgo con un ciclo corto de ventas. Muchas empresas emergentes se centran en las ventas transaccionales al principio de su trayectoria. Estas ventas tienen, normalmente, un ciclo de una o dos llamadas/ reuniones para cerrarlas. Consisten en vender un único producto o servicio (o pequeños conjuntos) y está impulsado por el *marketing* y las ventas en lugar de por las relaciones. Simplemente piensa en ello como en tener citas informales frente una relación comprometida y oficializada en Facebook.

Las ventas complejas son las relaciones serias, que deben cuidarse y precisan de conocimientos sobre las necesidades concretas de tu cliente potencial. Esto, como la mayoría de las relaciones, también requiere de paciencia. Hemos aprendido una o dos cosas que queremos enseñarte sobre el compromiso hiperfocalizado y orientado necesario para las ventas complejas.

Una venta compleja tiene un mayor riesgo y puede incluir a muchos interesados, una elevada inversión y un ciclo de ventas más largo. Es como *Juego de tronos,* que incluía setenta y tres episodios repartidos a lo largo de ocho temporadas (o, en el caso de algunas personas, simplemente algunas semanas de atracones de visionado soñoliento), frente a *Mare of Easttown,* que incluía sólo siete capítulos retransmitidos a lo largo de poco más de un mes.

Una mayor inversión conlleva un mayor riesgo y una mayor complejidad. El agente comercial debe equilibrar las necesidades de la organización y las capacidades del producto o el servicio de proporcionar una solución personalizada a gran escala. Estas ventas lleva *meses* procesarlas mientras el cliente sopesa las soluciones propuestas y valora tu producto/servicio frente al producto/servicio de tus competidores. Debido a esta complejidad añadida, verás mejores resultados empleando un enfoque distinto.

En muchos casos, esto se da a lo largo de una serie de eventos que puede llevar meses comprender y a veces años ponerse frente a ellos. Como resultado de ello, puede que tus clientes potenciales estén ocupados durante meses antes de mostrar interés por avanzar. Aristóteles no bromeaba cuando decía: «La paciencia es amarga, pero sus frutos son dulces». Persevera.

Tal y como dijo sabiamente George R. R. Martin, el autor de *Juego de tronos:* «Distintos caminos llevan a veces al mismo castillo». Ese mismo castillo tendrá generalmente varios fosos y guardianes, por lo que nunca es buena idea ignorar al vigilante. Probablemente, los resultados irán en tu favor cuando hagas lo contrario. Estate dispuesto a llegar a saber quiénes son. Sé amable, muestra interés y desarrolla confianza. Nunca sabes si, además, pueden tener una receta genial para animar tus cenas de los martes.

HUMANÍZALOS

Considerar a los guardianes como unos vigilantes de seguridad infranqueables o como mastodónticos porteros de discoteca en lugar de verlos como las personas que son en realidad no te hará llegar muy lejos. Eso no vende. Si quieres incrementar tus ventas, no puedes deshumanizar al guardián convirtiéndole en un ogro que no sea del tipo adorable como Shrek. Se toman su cometido muy en serio y quieren ser considerados como los profesionales que son, así que tratémoslos como se merecen. Trata a todo el mundo como si fuera importante, *porque* lo es. Pueden acelerar el acceso si te consideran auténtico y distinto de los representantes avasalladores que no los tratan como miembros importantes y vitales del equipo.

Es propio de la naturaleza humana que la gente quiera sentirse importante o, en el caso de los tipos humildes, por lo menos necesarios. La forma más fácil de complacerlos es mostrar educada, pero no invasivamente, un sincero interés por ellos: pregúntales por la dificultad de su papel, por su familia, sobre cómo acabaron en esta parte del país, por lo que hacen cuando no están trabajando. En lugar de irrumpir o llamarles y preguntarles qué tal están, piensa en hablar con ellos como si no tuvieras unas intenciones ocultas. Muéstrales que te importan. Habla con ellos sobre sus intereses simplemente por hablar sobre sus intereses. Busca aficiones comunes. ¿Quién sabe? Quizás acabéis con un nuevo interés por el acicalado competitivo de perros o el planchado extremo, y si no es así, te marcharás con algunas excelentes conversaciones que mantener durante un cóctel.

Cuando hagas esto, ellos bajarán la guardia y también te considerarán una persona, en lugar de alguien a quien evitar, como el vecino fisgón o esa horrorosa cita de Tinder. Trátalos como una figura *influyente* porque, sinceramente, son más influyentes para ti en este momento que una cuenta de Instagram con un millón de seguidores que siga tu hija preadolescente. No te equivoques: la persona que se encuentra tras la empresa con la que quieres trabajar pensó lo suficientemente bien de ellos como para situarlos en ese puesto, y tú deberías, claramente, hacer lo mismo.

En un mundo automatizado, con restaurantes que tienen robots camareros y un enfoque híbrido del negocio, sigue existiendo un serio deseo de conexión humana. Lleva tiempo y habilidades, pero vale la pena para ti y para tus clientes potenciales. La gente busca experiencias humanizadas como cliente, lo que podría ser la razón por la cual todos los mostradores de cajas de autocobro parecen tener empleados humanos rondando a su alrededor, o podría tratarse simplemente de que son mejores cobrándonos que nosotros, pero puedes captar la idea. Una de las mejoras más solicitadas en el campo de las ventas es una mejor interacción humana.

La necesidad de un servicio más empático y personalizado también se transmite al proceso de ventas. Tal y como descubrió un estudio de McKinsey, el 70 por 100 de las experiencias de compra se basan en cómo se siente tratado el cliente.[4] Estas estadísticas muestran que los clientes quieren ser valorados y tratados como personas, y no como números o cuotas de ventas.

SABE QUIÉNES SON

Una vez que te desprendas de la presión de superarlos para abrirte paso y a empujones, atropellarlos como un buscador de gangas demasiado apasionado que busca una pantalla plana por un precio ridículo durante unas rebajas y que empieces, de verdad, a verlos como personas como tú, es importante llegar a saber quién es esa persona.

---

4. BEAUJEAN, M., DAVIDSON, J. y MADGE, S.: «The "moment of truth" in customer service», *McKinsey*, 1 de febrero, 2006, www.mckinsey.com/capabilities/people-and-organizational-performance/ourinsights/the-moment-of-truth-in-customer-service; y MCGINNIS, D.: «Customer service statistics and trends», *The 360 Blog from Salesforce*, 2 de mayo, 2019, www.salesforce.com/blog/customer-service-stats/

Según un estudio de Harvard[5] de 2017 publicado en el *Journal of Personality and Social Psychology*, hacer una pregunta y luego formular por lo menos dos preguntas posteriores incrementará enormemente lo agradable que eres, así que empieza a hacer preguntas.

Tal y como Jerry dice siempre, a la gente le gusta hablar sobre sí misma, así que haz que el guardián empiece a hablar. Pregúntale qué tal le ha ido el día, o sobre su equipo, película, grupo musical o comida favoritos. Deberás tutear a la gente conectada con tu cliente potencial, incluso aunque admitan que su grupo musical favorito es horroroso. Recuerda que no se trata de una búsqueda para encontrar cónyuge, sino de desarrollar la relación de negocios.

Aparte de investigar un poco, no sabes con quién estás hablando cuando se trata del guardián. Jerry ha descubierto incontables veces a lo largo de su ilustre trayectoria profesional que el recepcionista puede ser un amigo íntimo de la familia o un familiar del vicepresidente de la empresa. El asistente de dirección puede ser el mejor amigo del primo de la mujer del presidente ejecutivo. Ya captas la idea. Nunca sabes con quién estás hablando, pero deberías convertir en tu objetivo averiguar eso lo antes posible con preguntas no amenazadoras.

DESARROLLA CONFIANZA

Como la confianza se ha convertido en una especie de unicornio en las ventas, los guardianes son tan escépticos como tus clientes potenciales, por no decir que lo son más, por lo que también deberás desarrollar confianza con ellos. Son los que tienen el codiciado pase para estar detrás del escenario y acceder a todas las zonas, por no decir que son los que tienen el número de teléfono móvil del cliente potencial. Una vez que le hayas quitado la amedrentadora máscara de villano de la película y hayas humanizado al guardián o al cliente potencial,

---

5. «It doesn't hurt to ask: Question-asking increases liking», *Journal of Personality and Social Psychology*, vol. 113, n.º 3, pp. 430-452 (septiembre 2017), www.doi.org/10.1037/pspi0000097

convirtiéndolos en tus aliados conociendo quiénes son, ha llegado el momento de avanzar hacia la fase del desarrollo de la confianza.

En las relaciones románticas, el término «compromiso» hace referencia a un período en el que los miembros de la pareja se conocen antes de casarse (además, y tradicionalmente, implica un anillo de diamantes), y en el mundo de la comunicación y las ventas tiene un significado muy similar (a excepción del anillo). La confianza sólo gira alrededor de las relaciones. En la era de la posconfianza, esto se ha convertido en el factor dominante de tu éxito como vendedor.

Más que nunca antes, los vendedores debemos involucrar a nuestros clientes potenciales y hacer que se impliquen como personas individuales, como seres humanos, antes de poder avanzar con nuestras soluciones.

La forma en la que desarrollas una relación con la gente es a través de tus acciones, y tus acciones deben ser constantes, persistentes y predecibles a lo largo del tiempo. Una vez que la gente sienta que puede confiar en ti, te escuchará. La primera interacción con alguien en una venta compleja debería tener sólo un objetivo, que consiste en que esa persona vuelva a hablar contigo. ¿Y cómo consigues eso?: debes desarrollar confianza. Recuerda centrarte en *ella* y en *su* mundo, y permanecerás seguro en su mente como el vendedor al que debería recurrir porque confía en ti y en tu intención de ayudarla. No estás ahí sólo para venderle cosas.

Si tienes una relación de negocios valiosa con alguien, hay tres cosas que son ciertas. La primera cosa es que dispones de acceso cuando lo necesitas. Así pues, si llamas a la otra persona, te responderá sin vacilar. La segunda cosa es que puedes influir en esa persona, y lo que eso significa es que esa persona te escuchará de forma distinta. La diferencia entre mantener una conversación con un desconocido y con alguien con quien has desarrollado una relación es que la relación trasmite el interés. La tercera cosa es que estás haciendo algo para ayudar a esta persona a triunfar. En hebreo eso recibe el nombre de «hacer un *mitzvah*» (llevar a cabo un mandamiento). Es una buena obra, ciertamente.

Jerry tiene una historia fantástica que resume este método de maravilla. Como representante farmacéutico, Jerry tenía a un médico que no recibía a los representantes en su consulta. Probablemente fuera el mejor médico de Alabama. Un día, el representante de Jerry le llamó y preguntó:

—¿Cómo puedo conseguir ver al doctor McAtee?

Jerry le preguntó:

—¿Qué relación tienes con su consulta?

El representante le dijo a Jerry que tenía una excelente relación con el personal, por lo que Jerry prosiguió.

—¿Se ciñe a una rutina? –preguntó Jerry.

—Es muy bueno al respecto –confirmó el representante–. Llega al hospital cada mañana a las seis.

—De acuerdo –Jerry hizo una pausa–. Bueno, puedes aparecer por ahí una vez a la semana a las seis de la mañana. Entra con él en el hospital y dile algo así como: «¿Qué tal el partido de los Dodgers?».

Como Jerry hablaba regularmente con los empleados, ellos le dijeron que el médico era un gran fan de los Dodgers, y él sabía que podría usar esa información en el futuro. Recuerda escuchar siempre al guardián y a aquellos que hay a su alrededor. *Toda* información es útil.

—Si haces esto durante tres o cuatro semanas –continuó Jerry–, te mirará y te preguntará quién eres. Cuando te pregunte, respóndele: «Bueno, de hecho, soy un representante farmacéutico y sé que no puedo verle en su consulta. Me encantaría mantener una conversación con usted, pero no quiero molestarle en absoluto ni que me considere avasallador».

Después de que el representante de Jerry hiciera eso, el medico le dio la oportunidad de sentarse con él y de que le expusiera su presentación. Quedé sorprendido por esta historia. Ese encuentro le llevó a conseguir el médico que *más* recetó ese fármaco en toda su historia, y todo empezó con los Dodgers de Los Ángeles y desarrollando una relación con el guardián.

El mejor consejo para superar al guardián es que debes dejar de sonar como los demás. Debes humanizar la conversación de ventas desde el principio de la relación haciendo que la otra persona se sienta tan importante como lo es en realidad, ya que necesitas su ayuda para saber cosas sobre el consumidor o el cliente potencial. A la gente le encanta ser de utilidad *si* cree que eres genuino, y no un «vendedor taimado». Alerta de *spoiler:* ése es exactamente el tipo de personas a las que les pagan para que los mantengan lejos.

Una vez que hagas eso, sentirán que eres autentico con respecto a tus intenciones. Tú no eres como otros vendedores. Quieres, de verdad, ver si puedes ayudarles, pero no puedes entrar como hacen en la película *American ninja warriors*. Debes entrar de forma menos agresiva y más estratégica. Poco a poco, tu cliente se abrirá, pero si entras demasiado rápido, se retirará. Empieza con algo no relacionado con las ventas: con algo que sepas que les gusta. Así es como generarás confianza y, al mismo tiempo, te diferenciarás de tus competidores.

Pero primero abordemos esas temibles llamadas en frío. En esta era de los mensajes de texto, uno podría pensar que las llamadas en frío son como el apéndice del negocio de las ventas: un órgano vestigial de los viejos tiempos. Pero, ¡ay!, no lo son. Siguen siendo muy útiles y no todas deben ser temidas como una visita al dentista.

LLAMADAS EN FRÍO QUE NO DESENCADENAN RESISTENCIA A LAS VENTAS

Un artículo de la revista *Inc.* titulado «Why people don't make phone calls anymore, according to psychology»[6] («Por qué, según la psicología, la gente ya no hace llamadas telefónicas»), decía lo que ya sabemos: «La gente evita cada vez más el teléfono en favor de las aplicaciones de *chat* y los mensajes de texto, no sólo en el puesto de

---

6. THIBODEAUX, W.: «Why people don't make phone calls anymore, according to psychology», *Inc.com*, 30 de noviembre, 2018, www.inc.com/wanda-thibodeaux/why-people-dont-make-phone-calls-anymore-according-to-psychology.html

trabajo, sino como consumidores». Y no estamos diciendo que las llamadas en frío no funcionen, ya que Jerry tiene un conocido con un negocio valorado en 15 millones de dólares que se basa por entero en las llamadas en frío, pero eso es como una lotería hoy en día. Pese a ello, las llamadas en frío todavía tienen que seguir el camino del buscapersonas, pero los vendedores siguen haciéndolas.

¿Cuántas llamadas más de vendedores crees que tus clientes potenciales reciben semanal o diariamente? Los vendedores los llaman cada día para presentar sus productos o servicios. Todos afirman que sus productos/servicios son los mejores. Por lo tanto, los clientes potenciales se han vuelto excesivamente sensibles cuando el teléfono suena y se trata de alguien a quien no conocen. Tus clientes potenciales son automáticamente escépticos con respecto al vendedor que los está llamando. Tus clientes potenciales se han vuelto muy buenos captando las señales sutiles y no tan sutiles procedentes de nuestras palabras y nuestro tono de voz (y eso sí, ya para empezar, contestan a la llamada).

Así es como pueden sentirse los clientes potenciales si la persona que telefonea es, simplemente, un vendedor aleatorio que está intentando venderles algo. Tu objetivo consiste en no parecerte a los demás vendedores que los llaman todos y cada uno de los días.

De acuerdo, así que el teléfono suena. No rechazan tu llamada y la contestan. ¿Qué suele suceder en cuestión de segundos? Antes de que hayas dicho nada más allá de tu presentación habitual de «Hola, me llamo X y trabajo para la Compañía ABC, y lo que hacemos es...» la cosa parece que se terminó, ¿verdad?

¿Por qué las llamadas en frío se desmoronan en segundos? Bueno, el 99 por 100 de los vendedores empieza con un discurso de venta «predecible» mientras cierra los ojos y sigue hablando, con la esperanza de que la otra persona permanezca en línea para escuchar, ¿verdad?

¿Qué crees que le pasa a esa persona por la cabeza cuando llevas a cabo tu discurso de venta? Si los ojos en blanco pudieran hablar... ¿Qué pasa por tu cabeza cuando un vendedor te hace una llamada en frío y procede a darte un discurso de venta?

Puede que te pongas a la defensiva y que busques formas de librarte del vendedor que te está llamando, ¿verdad? O puede que, simplemente, cuelgues. «No le oigo bien» o «La conexión es mala», ¿verdad? Las llamadas en frío se desmoronan la mayoría de las veces por la sencilla razón de que tu cliente potencial siente que están intentando venderle algo. ¿Por qué?: porque el impulso que estamos intentando imponer desencadena resistencia y mecanismos de autodefensa que nuestros clientes potenciales usan para protegerse de lo que sienten que es una intrusión. Los clientes potenciales rechazan a los vendedores cuando sienten la presión de la venta por parte de alguien que no sabe nada de su mundo y que simplemente quiere enchufarles su solución a la fuerza.

Veamos cómo un vendedor que usa las técnicas de venta tradicionales hace una llamada en frío a un cliente potencial que vende servicios digitales usando tanto métodos de la vieja escuela como del nuevo modelo.

Vendedor corriente: Hola, ¿hablo con John? John, me llamo Phineas T. Barnum, y trabajo para la Compañía XYZ, y la razón por la que le llamo hoy es…» [empieza a hablar sobre su solución y espera y reza porque algo que diga desencadene mágicamente que el cliente potencial quiera escucharle].

Cliente potencial: Ya disponemos de ese servicio, por lo que no estaríamos interesados.

Vendedor corriente: Bueno, sé que podemos ahorrarle más tiempo y dinero si cambia a nuestra compañía. ¿Puedo disponer de dos minutos de su tiempo para analizar esto con usted y mostrarle lo que el servicio de XYZ puede hacer por usted?

Cliente potencial: Mire, estoy demasiado ocupado en este preciso momento. Si me llama la próxima semana quizás pueda escuchar lo que tenga que decirme. [Alerta de *spoiler:* el cliente potencial dice esto sólo para librarse del vendedor].

Vendedor corriente: Genial. De acuerdo. Le llamaré la semana que viene y analizaré esto con usted. Sé que le encantará lo que hacemos y sé que podremos ahorrarle tiempo y dinero.

Y bien, ¿qué ha pasado aquí? ¿Crees realmente que el cliente poten-cial contestó al teléfono una semana después cuando el vendedor llamó? Esto…, ¿es el agua seca?

Echemos un vistazo a esta llamada un momento.

A la mayoría de los vendedores se les ha enseñado a exponer la misma introducción predecible. Es tan predecible que casi puedes recitarla haciendo *playback* como el vocalista de un grupo musical juvenil extremadamente popular: «Hola, me llamo Dustin Timber-lago. Trabajo para la Compañía XYZ y la razón por la que le estoy llamado hoy es…». Bostezo. Para el caso, podrías decir «Adiós» an-tes de decir «Hola».

¿Y qué hay de esta otra?: «Hola, me llamo Josephine Fatone. Trabajo para la Compañía XYZ, y lo que hacemos es…».

Y entonces, ¿qué suele suceder en entre siete y diez segundos? Sí, has acertado: los mayores éxitos del NO. «No estoy interesado», «Ya tenemos eso», «Estoy demasiado ocupado para hablar ahora» o «No disponemos de dinero para eso». Lo que se da es una letanía de ob-jeciones desencadenadas por la forma en la que el vendedor ha ini-ciado la llamada. Ese vendedor nunca tuvo la más mínima oportu-nidad. Ya estaba sentenciado con el «Hola». ¡Puf!

Ahora echemos un vistazo a cómo el vendedor que usa el Nuevo Modelo iniciaría la llamada en frío.

Vendedor que usa el Nuevo Modelo: Hola, ¿está Larry Styles ahí?
Cliente potencial: Sí, soy Larry.
Vendedor que usa el Nuevo Modelo: Hola, Larry, soy Justin Scott. Me preguntaba si podría ayudarme un momento.
Cliente potencial: Claro. ¿Cómo puedo ayudarle?
Vendedor que usa el Nuevo Modelo: No estoy del todo seguro de que sea usted la persona con la que debería hablar, pero he llama-do a su oficina para ver si su empresa se opondría a buscar cual-quier posible grieta o problema oculto relacionado con el *marke-ting* fuera de Internet que estén llevando a cabo o hayan hecho en el pasado que pudiera provocar que gasten demasiado en sus anuncios cada mes.

Cliente potencial: ¿Quién es? ¿De qué va todo esto?

Vendedor que usa el Nuevo Modelo: Oh, disculpe, no pretendía ofenderle. Lo que hacemos es, ya sabe usted… [y a continuación expondrás tu introducción personalizada sobre cómo lo que haces ayuda a otras personas].

Digamos que el cliente potencial contesta: «Ya disponemos de una agencia». No pasa nada, el juego todavía no ha acabado.

Entonces puedes contestar con algo como: «Sí, eso es muy normal, y para ser sincero, todavía no estoy ni siquiera seguro de que podamos ayudarles. Debería saber algo más sobre lo que hacen con su publicidad fuera de Internet y qué aspecto tiene para ver si podemos ayudarles; y si no somos capaces, entonces simplemente podemos finalizar la llamada o podría sugerirle a alguien que podría ayudarle mejor en esa área. ¿Le parecería bien eso?».

Tanto si puedes ayudarles como si no, te estás presentando como alguien que detecta problemas y los soluciona, y es probable que eso te abra algunas puertas.

Cuando la persona no tiene ni idea de quién eres y tampoco tiene ni idea de cuál es el problema o tu solución, es un cliente potencial de lo más frío. Ni siquiera sabe que tiene un problema. Como no es consciente de ello en absoluto, piensa que todo va bien en su negocio en este preciso momento, y tu solución no está en su radar. Sin embargo, cuando desarmes al cliente potencial para que quiera implicarse contigo y abrirse a ti, entonces empezarás a descubrir las capas para exponer la gravedad de sus problemas.

Por lo tanto, justo después de nuestra afirmación sobre el problema, la mayoría de las veces preguntará: «Bueno, ¿quién es usted?» o «¿De qué va todo esto?» y tú simplemente entrarás en cómo lo que haces ayuda a otras personas.

Aquí tenemos un ejemplo: digamos que vendes servicios o publicidad líderes. Aquí tenemos cómo un vendedor que use el Nuevo Modelo lo hace correctamente, con un tono relajado y coloquial. Fíjate también en el tono neutro usado:

Vendedor que usa el Nuevo Modelo: ¿Sabe usted cómo muchas empresas encuentran a veces hoy más difícil publicitarse con el coste creciente de los anuncios, el exceso de competidores y todos los cambios que se están produciendo todo el tiempo en el sector de la publicidad? Bueno, lo que hacemos es ayudar a compañías así a dirigirse a clientes potenciales de mayor calidad a un menor precio por anuncio, de modo que puedan conservar una mayor parte de su dinero en lugar de malgastarlo en campañas publicitarias que no funcionan.

Justo después de tu introducción personalizada, siempre debes hacer una pregunta como la siguiente:

«¿Le suena eso o es algo que su compañía puede/podría estar experimentando?».

O si crees que al cliente potencial le importa de verdad lo que acabas de decir, podrías saltarte esa pregunta y pasar directamente a tu primera pregunta de situación, como ésta:

«Ahora supongo que debería preguntar qué hacen ustedes para anunciarse hoy en día para conseguir clientes potenciales simplemente para ver si realmente puedo ayudarles».

Ésta es una pregunta esencial del Nuevo Modelo que descansa sobre nuestro principio fundamental: los vendedores son más persuasivos cuando permiten que el cliente se persuada a sí mismo.

Aquí tenemos otra versión que puede emplearse después de la afirmación del problema y la introducción personalizada:

«Antes de explicarle quiénes somos, lo que hacemos y todo ese tipo de cosas aburridas, podría resultar adecuado que supiéramos un poco más sobre su empresa y lo que hacen para publicitarse ahora para ver si podríamos, realmente, ayudarles. Por ejemplo, ¿qué tipo de publicidad usan ustedes para captar clientes potenciales?».

Digamos que se ponen antipáticos después de esa pregunta y responden con un cortante «¿Qué vende usted?». Puedes contestar con:

«Oh, lo siento si le he ofendido. De hecho, todavía no estoy convencido de que pueda ayudarle; y puede que sea adecuado que nos hiciéramos algunas preguntas el uno al otro para ver si lo que hacemos podría ayudarle. ¿Le iría bien eso? [o] ¿Resultaría eso adecuado?».

La mayoría dirá «Por supuesto» o «Sí, eso está bien». Entonces habrá llegado el momento de sumergirte de lleno en tus preguntas de situación. Al disculparte estás difuminando cualquier tensión relacionada con las ventas que tu cliente potencial pueda estar sintiendo. Como muchos de tus clientes potenciales reciben llamadas cada día de vendedores que usan las técnicas de venta tradicionales, puede que respondan, instintivamente, de forma defensiva y adoptando una pose.

Puede que, en ocasiones, te encuentres con un cliente potencial que sea realmente irrespetuoso y maleducado contigo, y llegados a ese punto, lo que resultaría totalmente adecuado para ti sería retirarte de da conversación por completo.

Has sido auténtico, cálido y, más importante todavía, humano en tu conversación, pero si tu cliente potencial no puede conectar con eso, entonces no habrá absolutamente nada que puedas hacer para ayudar a esa persona, aparte de enviarle un libro sobre etiqueta o gestión de la ira. *Puedes* decir: «Siento no haberle podido ayudar», y luego colgar y pasar a alguien a quien sí puedas ayudar y que esté dispuesto a permitirte hacerlo.

Date cuenta de la diferencia entre los dos enfoques. El enfoque tradicional de las ventas se centra en ti como vendedor, pero el Nuevo Modelo se centra en el cliente potencial, en sus problemas, en la causa de sus problemas y en cómo dichos problemas le están afectando.

¿Qué enfoque crees que hace que el cliente potencial se sienta más relajado y cómodo: el método tradicional consistente en lanzar directamente tu solución o el Nuevo Modelo de Ventas, que se centra en tu cliente potencial y sus problemas? El vendedor que usa el Nuevo Modelo le dice al vendedor tradicional: «Mira y aprende».

Sabrás si estás conectando con el cliente potencial y manteniendo una conversación eficaz basándote en cuánto de su historia comparta contigo. Cuanto más especializadas sean las preguntas que le hagas, más se abrirá a ti.

Escuchando y haciendo preguntas muy especializadas, tus clientes potenciales te contarán cosas que nunca habían explicado a un vendedor (es de esperar que estén relacionadas con el negocio, por supuesto, aunque estate preparado para que te expliquen una historia de su vida, ya que a veces esas cosas se cuelan cuando la persona confía realmente en ti). Conocerás cosas y sentimientos sobre su situación y sus problemas y sobre lo que esos problemas le están provocando a él o ella o a su compañía.

Entonces llegarás a uno de estos tres puntos de destino con tu cliente potencial:

- Destino 1: No tiene ninguna necesidad.
- Destino 2: Tiene una necesidad, pero no un deseo real de modificar su situación.
- Destino 3: Tiene una necesidad y un deseo real de cambiar su situación.

Obviamente, todos buscamos lo que hay tras el destino 3, pero llegarás a uno de estos destinos según las respuestas que recibas a tus preguntas. Recuerda que las respuestas que recibas de tus clientes son las indicaciones de tu navegador GPS. Simplemente síguelas para llegar a tu destino (es decir, las ventas). No te desvíes del camino: las respuestas que te dan cuando haces preguntas clarificadoras y que llegan al meollo del asunto relacionadas con lo que ya te han contado son la clave para que llegues a una conclusión oportuna sobre si esto va a conducir o no a una venta.

Cuando poseas un conocimiento completo sobre tu cliente potencial, lograrás más citas, obtendrás más compromisos y harás más ventas más fácil y rápidamente que nada que hayas hecho antes.

Como dijo Patricia Fripp, *coach* de discursos ejecutivos, de forma maravillosa: «El cometido de tu cliente no es recordarte. Es obligación y responsabilidad tuya asegurarte de que no tenga la posibilidad de olvidarte».

CLIENTES POTENCIALES RECOMENDADOS

Si no preguntas, no conseguirás nada, así que, si algunas de las llamadas en frío parecen estar congelándose, pide algún cliente potencial recomendado. Cuando empieces a implementar el Nuevo Modelo de Ventas, acabarás haciendo cada vez menos llamadas en frío y, en lugar de ello, tendrás un mayor porcentaje de clientes potenciales recomendados. Es mucho más fácil vender a una persona recomendada que a un desconocido aleatorio si dispones de las preguntas adecuadas en tu arsenal.

Aquí tenemos cómo iniciar la conversación:

Vendedor que usa el Nuevo Modelo: Le agradezco la oportunidad de poder ayudarle. ¿Puedo pedirle cómo piensa, en su interior, de qué forma he podido ayudarle más?

¿Por qué preguntamos esto? Porque se van a decir a ellos mismos cómo les has ayudado… y cuando lo hagan, lo estarán reconociendo.

Vendedor que usa el Nuevo Modelo: Teniendo eso presente, ¿a quién conoce que pueda estar teniendo problemas con…?

Y entonces… ¡bum!, comenta el problema que acabas de solucionarle. Un ejemplo podría tener el siguiente aspecto. Digamos que vendes servicios de procesamiento de pagos:

«Teniendo eso presente, ¿a quién conoce que pudiera estar teniendo problemas pagando excesivamente por el procesamiento de pagos?».

Una vez que hayan recomendado a un amigo o a un socio comercial, el vendedor que usa el Nuevo Modelo pide entonces más información. Fíjate en la forma en la que esto se pregunta o, más en concreto, el tono en el que se pregunta.

Vendedor que usa el Nuevo Modelo: ¿Puede, por favor, contarme algo más sobre esta persona y por qué cree que podría ayudarle?

¿Por qué quieres que te expliquen más cosas? Esto se basa en averiguar más sobre la persona antes de llamarla, pero también queremos que la persona reconozca todo esto. De esta forma, será más probable que contacten con esa persona y te ensalcen.

Vendedor que usa el Nuevo Modelo: Bien, ¿cuál cree que sería el mejor enfoque con esta persona? ¿Cree que debería ponerse usted primero en contacto con ella antes de yo que lo llame?

¿Por qué íbamos a querer hacer esta pregunta? Porque queremos que la persona que nos hace la recomendación se ponga en contacto con ellos primero. De esta forma hay una mayor potencia. Cuando alguien dice: «Te voy a mandar a alguien que creo que va a poder ayudarte», es más probable que te hagas con ella y la conviertas en una cliente potencial.

Vendedor que usa el Nuevo Modelo: ¿Qué cree que debería decir usted?

Aunque esto parece un poco invasivo, piensa en por qué podrías querer saber lo que van a decirle a esa persona. En primer lugar, querrás evitar que puedan decir algo que pudiera generar resistencia con esa persona (cualquier cosa demasiado técnica o imprecisa o directamente rara). Es clave que organices esto correctamente. Así pues, aporta una sugerencia para ayudar a transmitir la idea adecuada con las palabras adecuadas.

Vendedor que usa el Nuevo Modelo: ¿Puedo sugerirle algo? ¿Qué tal si hablara de algunos de los retos a los que se enfrentó usted y a los que la otra persona se esté enfrentando ahora y sobre cómo hemos podido resolverlos? ¿Le resultaría eso de más ayuda?

En la mayoría de los casos, pensará que se trata de una idea genial.

Vendedor que usa el Nuevo Modelo: Por lo tanto, aparte de X, ¿hay alguien más a quien cree que podría ayudar?

De lo que es importante que te des cuenta sobre esta afirmación es del uso de las palabras «cree que podría ayudar». Primero has hecho que el asunto se centre en él o ella y sobre cómo se siente y, en segundo lugar, será más probable que las personas te proporcionen clientes potenciales recomendados si estás en esto para ayudar a la gente.

De acuerdo, así que has conseguido tu primer cliente potencial recomendado. Ahora veamos cómo hacer la primera llamada telefónica.

En primer lugar, echemos un rápido vistazo a lo que la mayoría de los vendedores dirían al llamar a una persona recomendada.

Vendedor corriente: Hola, Mary. Soy John Smith, de la Compañía XYZ, y Amy me pidió que la llamara y me dijo que estaría usted interesada en los servicios de mi empresa. Me dijo que desea usted llevar a su empresa al siguiente nivel. ¿Dispone de dos minutos para hablar ahora sobre cómo mi compañía puede hacerle alcanzar los resultados que está buscando?

Date cuenta de sobre quién se centra esta pregunta: sí, sobre el vendedor y su solución, y no sobre el cliente potencial. Ése ha sido el primer error. El segundo ha sido dar por sentado que porque conseguiste la recomendación eso significa que estará automáticamente interesada. No vayas tan rápido. Este vendedor se ha colocado en una posición para sufrir un estrepitoso fracaso.

Pero la cosa empeora. Mira:

Clienta potencial: Sí, imagino que éste es un buen momento.

Vendedor corriente: De acuerdo, genial. Sé que le va a encantar lo que mi compañía puede ofrecerle hoy. Verá, aquí, en la Compañía XYZ, llevamos diez años en el negocio, y hemos ayudado a más de cuatro mil empresas a tener éxito. Ahora permítame explicarle algunas cosas que podemos hacer para ayudarle a llegar a donde quiere llegar, y luego podrá tomar una decisión informada al final sobre trabajar con nosotros.

Cuando intentas usar una *técnica de cierre* desde el principio y le expones al cliente potencial lo que puedes hacer junto con un discurso de ventas y le dices que luego podrá tomar una *decisión informada*, esta persona se sentirá agobiada. La presión está aumentando y quiere zafarse.

Si sigues usando la expresión «decisión informada», descártala. Despréndete de ella. Destrúyela. Deshazte de ella. Dónala a un banco de expresiones. Simplemente ya *no* funciona. ¿Por qué los vendedores siguen usando esta técnica? Es como intentar buscar el depósito de la gasolina en un Tesla.

Ahora fíjate en cómo el vendedor que usa el Nuevo Modelo aborda al cliente potencial recomendado:

Vendedor que usa el Nuevo Modelo: Hola. ¿Hablo con John? Soy Jeremy Miner. Amy, una amiga/socia comercial suya me ha sugerido que le llamara, ya que hace poco la he ayudado con «X», que estaba provocando que hiciera «Y», y me mencionó que podría ser que usted estuviera experimentando los mismos retos con eso. ¿Es éste un momento adecuado para hablar con usted?

Fíjate en que aquí, el vendedor está centrado en *resolver problemas*. Ésa es la mejor forma de todas de hacer una llamada telefónica.

Y entonces, ¿qué haces si el cliente potencial recomendado quiere reunirse contigo? Aquí tenemos cómo iniciar la conversación:

Vendedor que usa el Nuevo Modelo: John, es genial reunirme con usted. Hagámoslo. Simplemente para no darle vueltas a cosas que ya haya usted comentado con Amy, quizás pueda decirme **lo que piensa usted** sobre lo que ya ha hablado con ella y después de **lo que le gustaría que nos ocupáramos,** de modo que podamos **centrarnos en usted** y en lo que **pudiera** estar usted buscando.

¡Bum! El vendedor que usa el Nuevo Modelo simplemente ha evocado al poderoso *pudiera:* una palabra exquisitamente neutra que es potentísima.

Dejar un mensaje de voz

Sí, sabemos que la mayoría de la gente ha dejado mensajes de voz durante tanto tiempo que su buzón está lleno y los mensajes se remontan a la época en la que sólo era famosa una de las Kardashian, pero a veces tienes que dejarlos y, de hecho, la gente los escucha. La mayoría de los vendedores que siguen usando el viejo modelo de ventas contemplan el dejar un mensaje de voz como un callejón sin salida. Sin embargo, si esto se hace correctamente, los mensajes de voz eficaces pueden hacerte destacar por encima de otros vendedores en tu sector.

Debido a las técnicas de venta tradicionales, la mayoría de los vendedores temen contactar con su cliente potencial por teléfono tanto como temen verse retados por el recepcionista. Como resultado de ello, los vendedores tienden a dejar un mensaje de voz de modo que puedan pasar al siguiente cliente potencial en su lista.

Dejamos mensajes de voz porque queremos *evitar* la sensación de ser *rechazados*. Al no regresar al recepcionista, evitamos vernos desafiados y rechazados por él. La mayoría de los vendedores juegan al juego de las cifras. Hacen muchas llamadas para hacerse sentir que han trabajado duro.

Recuerda que, en primer lugar, sólo estamos centrados en si hay una venta que hacer o no. No estamos centrados únicamente en hacer la venta. Debemos desprendernos de la expectativa de hacer la venta.

¡¿Pero qué pasaría si dejaras un mensaje de voz que captara la atención de alguien para que, de hecho (grito de asombro) te devolviera la llamada?! No hablamos de un mensaje de voz tradicional en el que hables sin cesar con un mensaje de ventas que acabe siendo borrado a mitad del mensaje, sino de algo así como:

«Hola, Alex, soy Stefanie Smith... Me preguntaba si podría ayudarme un momento. No estoy seguro de que sea usted la persona adecuada, pero estoy intentando contactar con la persona encargada de [menciona tu afirmación persuasiva sobre el problema] para ver si algún departamento de su empresa podría estar perdiendo ingresos debido a que los vendedores le estén cobrado de más.

»Si eso le resulta familiar, o si se trata de algo que su empresa pudiera estar experimentando, siéntase con la completa libertad de devolverme la llamada. Mi número de teléfono es el 573-578-9872, y estaré disponible hoy en este teléfono durante un corto período de tiempo si quiere contactar conmigo».

O:

«Hola, señor Lohman, me llamo Stefanie Smith. No estoy segura de si es usted la persona a la que debería dirigirme. He llamado para ver si su empresa estaría abierta a buscar cualquier posible grieta oculta en el *marketing* fuera de Internet que pudiera estar llevando a cabo o haya llevado a cabo que pudiera estar provocando que gaste de más de la cuenta en su publicidad cada mes.

»Bien, si ése es un problema que su empresa pudiera estar experimentando, puede devolverme la llamada al 573-578-9872. Estaré disponible en este teléfono un rato.

»Cuando contactemos, probablemente tendré un par de preguntas que hacerle sobre su publicidad actual, como, por ejemplo, cómo están ustedes consiguiendo clientes potenciales, simplemente para asegurarme, en primer lugar, de que podemos ayudarle.

»Es posible que no podamos ayudarle, y si es así, podremos ahorrar tiempo y cortar la llamada. También podría recomendarle a alguien que pueda disponer de una mejor forma de manejar su situación para que le ayude. Una vez más, mi número de teléfono es el 573-578-9872, y estaré a su disposición aquí durante un rato. ¡Hablamos!».

Los mensajes de voz como éste funcionan. ¿Por qué? Porque la forma de expresarse genera apremio, muestra que tienes otras opciones y que estás ocupado, y que no estarás todo el día esperando su llamada.

Aquí tenemos otro escenario. Digamos que vendes oportunidades de franquicia y que tienes una página web en la que la gente deja su nombre, dirección de *e-mail* y número de teléfono para que la llames. Aquí tenemos cómo discurrirá esto. En un tono de voz muy relajado, dirías:

«Hola, Mary. Ha respondido usted a nuestro anuncio en Internet en nuestra página web hace dos horas sobre la posibilidad de empezar con su propia franquicia. Habrá visto nuestro logotipo de la Compañía XYZ en la página web, y la llamo para ver si podríamos ayudarla. Mi número de teléfono es el 573-578-9872. Estaré disponible en este número un rato hoy si quiere contactar conmigo. Hablamos».

Diseccionemos este mensaje de voz. Sé tan concreto como puedas para recordar a la persona que ha respondido a tu anuncio buscando aquello en lo que consistía tu oferta porque probablemente también ha respondido a muchos otros anuncios el mismo día en el que respondió al tuyo.

Puede que esté ocupada y distraída, y quizás se haya olvidado por completo de que ha respondido a tu anuncio, especialmente si lo ha hecho hace más de un día. Recuerda que probablemente esté recibiendo llamadas de otros intentando venderle algo, por lo que tendrá, automáticamente, la guardia alta cuando responda a tu llamada, incluso aunque esté realmente interesada en lo que vendas.

Menciona exactamente lo que respondió. En este caso, tú vendes franquicias, por lo que mencionarás que respondió acerca de «posiblemente» iniciar su propia franquicia. Emplear la palabra «posiblemente» difumina cualquier presión relativa a las ventas en la llamada.

Ahora que hemos logrado superar al guardián, prepara la música de la victoria, pero no la celebres todavía. Ahora ha llegado el momento de centrarse en el cliente.

Capítulo 4

CÉNTRATE EN EL CLIENTE

«La gente no compra existencias. Compra a gente en la que pueda confiar o a gente en la que cree que puede confiar».

ABE KARATZ, *Tucker: The man and his dream*

No puedes eludirlo. La gente encuentra que muchas personas dedicadas a las ventas no son mucho mejores que un producto mediocre, como el sushi comprado en una gasolinera. Los términos más relacionados con ellas son «avasalladora», «ruin», «agresiva», «manipuladora», «tramposa», «falsa» e «innoble». ¡Vaya! ¡Es una gente hostil! La idea que se tiene sobre el vendedor típico hace que muchos consumidores se sientan un poco asqueados. ¿Por qué? La mayor parte de ello tiene que ver con sus experiencias con vendedores incompetentes y, por supuesto, con la forma en la que los vendedores transmiten sus ideas (o con la forma en la que creen que debemos transmitirlas). Las técnicas de ventas tradicionales provocan que los consumidores actuales salgan corriendo en dirección contraria cuando las usamos con ellos. La resistencia a las ventas se alcanza generalmente con más rapidez que con la que el caballo Secretariat corrió el Derby de Kentucky de 1973 (un minuto y cincuenta y nueve segundos).

Una encuesta realizada por *HubSpot Research* vio que «sólo un 3 por 100 de las personas consideran que los vendedores sean dignos de confianza».[7] ¡Vaya! Es deprimente ser como el plato especial de

---

7. FROST, A.: «Only 3 % of people think salespeople possess this crucial character trait», *HubSpot*, 16 de abril, 2016, https://blog.hubspot.com/sales/salespeople-perception-problem

un restaurante mediocre del mundo de los negocios, y nosotros, los vendedores, debemos mirar hacia nuestro interior para arreglarlo.

¿Por qué eres vendedor? ¿Cuál es tu objetivo en las ventas? ¿Por qué escogiste esta profesión? ¿Se trata del dinero? ¿De la flexibilidad? ¿De tu facilidad para el parloteo? Ciertamente, tienes que buscar lo más destacable, pero si sólo te centras en ti mismo, no conseguirás abrirte camino. Si estás centrado en los clientes, no estarás en el negocio o las ventas por ti, sino que lo estarás para otras personas.

¿Has participado alguna vez en una sesión de citas rápidas? Te sientan en una sala con muchas mesas y dispones de poco tiempo para causar una buena impresión antes de pasar a la siguiente persona. Es algo así como un coche de segunda mano en una subasta, sólo que en este caso el coche de segunda mano eres tú, y estás intentando mostrarte como un Rolls Royce entre muchos coches mediocres. Vender se parece mucho a las citas rápidas. No dispones de años para ir haciendo crecer una relación. En muchas ocasiones, este concepto sobre ti se genera en segundos, y si no lo haces bien, simplemente te convertirás en otro coche mediocre.

Digamos que estuvieras intentando hacer que alguien se interesara por salir contigo y todo lo que hicieras fuera hablar sobre ti y sobre lo que tienes que ofrecer a la otra persona, centrándote sólo en ti y en tus intenciones de conseguir que te diga que sí sin escuchar ni una sola palabra de lo que tuviera que decirte o, como mínimo, llegando a conocerla. ¿Qué te crees que pasaría? Te quedarías con una fiesta para uno de Netflix y relajación.

Hemos visto cómo sucedía esto muchas veces y, al contrario que la película *Gigli,* en la que aparecían JLo y Ben Affleck y que fue un desastre en taquilla de proporciones épicas, no podíamos apagarla y dejar de verla. Tenía, simplemente, que desarrollarse. Estos vendedores con una mala formación no pueden desprenderse de la horrible primera impresión que han transmitido porque ya está grabada en la mente de sus clientes potenciales. Estos desastres en cuanto a las ventas se centran sólo en sí mismos en lugar de en el cliente, que ya les ha dado pasaporte en su mente.

Cuando se trata de las citas y las ventas, tu mejor jugada implica dar un paso atrás y aprender cómo relacionarnos *con* la gente y no a presionarla. Aquellos que tienen una mayor influencia en el juego son los que *estudian* a su pareja, tomándose el tiempo necesario para saber cosas sobre ella, mostrar un interés genuino por ella y no ser fanfarrones egocéntricos. No estás aquí para elogiarte a ti mismo: ahórrate eso para tus entrenamientos. Estás aquí para tus clientes potenciales: no debes olvidarlo nunca.

El objetivo de estar en el sector de las ventas consiste en encontrar a otras personas y ayudarlas a resolver *sus* problemas. Pregúntate si tu empresa o tus productos pueden resolver realmente los problemas de tus clientes. Parafraseando a JFK, no te preguntes qué es lo que tu cliente puede hacer por ti, sino que pregúntate que es lo que tú puedes hacer por tu cliente.

¿Qué aspecto tiene el inicio de la interacción con un cliente potencial? ¿Empiezas hablando sobre tu compañía, tus productos y tus soluciones inmediatamente después de presentarte como si fueras un subastador? Espero que no. La elección del momento adecuado lo es todo. Si propones matrimonio en tu primera cita para tomar un café, te quedarás solo en la cafetería todas y cada una de las veces. La gente se cerrará.

Si entras en modo vendedor demasiado rápidamente durante la conversación, estarás centrando la atención en ti en lugar de en el cliente, y adivina qué sucederá. Absolutamente nada: eso es lo que pasará. Lo más probable es que desencadenes resistencia a las ventas, lo que dará lugar a objeciones rápidamente. Entonces tendrás que emplear tu energía refutando sus objeciones, yendo detrás del cliente caricaturescamente para intentar hacer la venta cuando fuiste tú el que desencadenó ese tipo de comportamiento por parte del cliente potencial en primer lugar.

Tus clientes potenciales tienen las respuestas que necesitas para hacer una venta: simplemente necesitas hacer las preguntas adecuadas en lugar de hablar sobre a cuántas personas ayudaste la semana pasada o cómo tu producto es superior al de tus competidores. La mejor forma de estar centrado en los clientes consiste en vender basándose en la simplicidad de esta cita: «Para vender a Pepita lo que Pepita compra debes ver el mundo a través de los ojos de Pepita». No podrás ver el mundo a través de los ojos de Pepita si ni siquiera intentas saber cómo piensa, y ninguna operación quirúrgica con láser para corregir la vista curará esa miopía con respecto a las ventas, pero nuestros consejos sí lo harán. Sigue leyendo.

Si estás actualmente centrado en lo que hay en este empleo para ti, ha llegado el momento de actualizar tu sistema operativo para centrarte en cómo puedes ayudar a tus clientes potenciales. Lo primero que puedes hacer es desprenderte de querer ganar una comisión o un bonus trimestral, dejar de poner la venta por delante de la persona. Sí, sabemos que tienes que ganarte la vida, y lo harás, siempre que recuerdes que no se trata de un juego de cifras. No puedes tratar a la gente como si tuviese símbolos de dólar escritos en la frente a no ser que los tenga literalmente, ya que, en la actualidad, nunca sabes qué tipo de tatuajes faciales puede llevar la gente. Bromas aparte, son personas, no dinero.

Sé alguien que encuentra problemas, que resuelve problemas *y* céntrate en el cliente potencial y en ayudarle a descubrir la gravedad de sus problemas para ver si lo que puedes ofrecerle será beneficioso o no. Todo consiste en descubrir lo que le está impidiendo satisfacer sus deseos y cómo puedes remediar eso para ellos. Haz como si fueses un *sherpa* de las ventas y ayúdale a alcanzar la claridad acerca de su estado actual en comparación con dónde quiere llegar. Ayúdale a imaginar sus objetivos una vez que sus problemas se hayan resuelto gracias a tu solución. Dale su momento «¡Ajá!» o «¡Eureka!».

Con el Nuevo Modelo, el involucramiento es ahora el 85 por 100 de la venta. Es donde tanto tú como tu cliente potencial descubrís cuáles son sus problemas, qué ha provocado esos problemas y cómo esos problemas le están afectando, de modo que puedas ver si tu solución le ayudará. Aquí es donde los dos alcanzaréis vuestros momentos «eureka». Si tu cliente potencial sabe exactamente cuál es su problema, ya se trate de comprar un nuevo ordenador o irse de crucero cinco días, puede encontrar la información por su cuenta para decidir sin ti.

Los servicios de los vendedores son *mucho* más valiosos cuando tus clientes potenciales están equivocados, confundidos o despistados con respecto a sus verdaderos problemas. En estas situaciones, la capacidad de persuadir a otros gira menos en torno a la *resolución* de problemas que en la *detección* de problemas. No se trata de *¿Dónde está Wally?*, y encontrar estos problemas no es tan difícil como crees.

DESPRÉNDETE DEL CONTROL

Descubrir y resolver los problemas de los clientes potenciales requerirá que hagas algo que muy pocos vendedores en el mundo saben hacer. Atención: consiste en desprenderte del control. ¿Puedes manejarlo? ¡Claro que puedes! Desconéctate del resultado. Cuando te desprendas del resultado y emplees el enfoque adecuado centrado en el cliente, tus ventas y tus ingresos siempre aumentarán. Desconéctate de las expectativas de hacer la venta y, en lugar de ello, céntrate en el cliente determinando, en primer lugar, si hay una venta que hacer. Todo empieza manteniendo una conversación para comprender el punto de vista de un cliente, de modo que nos relacionemos con él como humanos y no le veamos simplemente como otro cierre de una venta.

En el libro de Jerry *Stop acting like a seller and start thinking like a buyer,* éste recuerda una época en la que estaba en el mercado para conseguir un coche más grande. Jerry, que era un fiel cliente de la marca Infiniti, decidió echarle un vistazo a los BMW, y el modelo en el que se estaba fijando costaba 20 000 dólares más que el Infiniti. Cuando el vendedor le hizo una serie de preguntas agudas e intuitivas, vio al instante que ese tipo de coche no era para Jerry, que admitió que sólo conduce un coche como medio de transporte, más que por la experiencia de la conducción. «Entonces no le vale la pena pagar este dinero, señor Acuff –le dijo el vendedor–. Debería usted comprar el Infiniti. El Infiniti es un gran coche… El BMW tiene que ver con conducir un coche. Si de verdad no le encanta conducir un coche, yo no me gastaría este dinero si fuera usted».

Espera, ¿quééééééééé? Sí, eso sucedió de verdad. Y aunque Jerry acabó comprándose el Infiniti, quedó tan impresionado por la honestidad y las habilidosas preguntas del vendedor, que admitió que ese tipo «sentó las bases para una venta futura». En esto consiste el establecer confianza.

Desprendiéndote del resultado, te volverás, automáticamente, más abierto a percibir y escuchar los problemas de tus clientes potenciales y a determinar si puedes ayudarles. Esto también te permitirá volverte más creativo, con ideas sobre cómo puedes resolver sus problemas. Despréndete del control, desconéctate de la venta y posiciónate como el experto. Al hacer esto, tus clientes potenciales empezarán a considerarte una autoridad digna de confianza en lugar de, simplemente, otro vendedor adulador más que intenta venderles algo que no quieren.

Si no hay una venta que hacer, puedes alejarte con confianza, igual que hizo el vendedor de los BMW. Puedes finalizar la conversación con la conciencia tranquila. Si de verdad vives de acuerdo con las filosofías que enseñamos, no sentirás ningún recelo por rechazar negocios que no mereces.

Los grandes vendedores, como el de los BMW, hacen lo correcto. Pero… ¿cómo saber qué es lo correcto? Si no obtienes la información correcta por parte del cliente, si no estás desarrollando confianza con el cliente, entonces no sabrás qué es lo correcto. Los grandes vendedores facilitan la conversación para identificar el asunto o el reto al que se está enfrentando un cliente potencial. Cuando elaboramos y ejecutamos esta conversación correctamente, generamos la mayor oportunidad para resolver su(s) problema(s) de una forma importante. Y esa forma de proceder también conduce a las ventas. Así pues, sigue con ella.

Tú eres la persona que lleva a los compradores por un camino de descubrimiento, ayudándoles a conocer cuáles son sus problemas reales y qué los está provocando exactamente. Como conductor de un coche, que es de esperar que adquirieras con la ayuda de un vendedor tan habilidoso como el de los BMW, puedes llevarlos dónde tú quieres que vayan porque controlas qué preguntas haces, pero ellos deberían sentir que tienen el control de la decisión, porque lo tienen.

Aquí tenemos una diferencia importante. No sienten que estés intentando sobrepasar tus límites o aprovecharte de ellos. Sienten que estás ahí para ayudarles, cosa que estás haciendo. Les estás ayudando a llegar de un lugar a otro. Eres el taxi o el Uber de las ventas, dependiendo de cuál de los dos tenga la mejor tarifa en la hora punta. Quieres retar a tus clientes potenciales sin rebajarlos. Quieres retar su forma de pensar no diciéndoles que están equivocados, sino haciéndoles preguntas que les ayuden a darse cuenta de que sí, en realidad están equivocados, o que estaban pensando en ello de una forma distinta y que obtuvieron la iluminación. Profundizaremos más acerca de esto más adelante.

¿Ves la diferencia? Es mucho más fácil vender cuando aprendes cómo hacer que tus clientes potenciales vayan detrás de *ti,* en lugar de al contrario. Les estás ayudando a volverse más conscientes de ellos mismos. Les estás ofreciendo un servicio de buena calidad, y el karma de las ventas te ayudará a cosechar los beneficios de toda esa buena voluntad.

Sé imparcial

Seguro que tienes unas convicciones firmes. Todos las tenemos. Sin embargo, para triunfar aquí debes dejar ese sesgo en tu casa con tus cómodos pantalones de yoga que usaste durante la cuarentena. Cuando procedes de un punto de vista imparcial en el que estás más centrado en si puedes o no ayudarla realmente, la gente reacciona bien y se abre a ti porque siente que tus intenciones son auténticas.

Puedes eliminar el sesgo desarrollando una valiosa relación empresarial en la que la gente confíe en ti porque ha sido testigo de tus acciones persistentes, constantes y predecibles; o puedes usar un enfoque de ventas que desarme su resistencia a las ventas porque no sólo sabes qué decir, sino *cómo* decirlo y cómo avanzar por la conversación de forma mucho más fluida que las tambaleantes imágenes generadas por ordenador en la versión de la película de Disney *Jungle Cruise,* en la que aparecen Emily Blunt y Dwayne «The Rock»

Johnson, para que así sientan siempre que tienen el control. En cualquier momento en el que te encuentres en una situación de ventas en la que el cliente piense que el vendedor está controlando el diálogo, tus probabilidades de éxito serán escasas.

En su libro *Influencia, la psicología de la persuasión,* Robert Cialdini, profesor emérito de Psicología y Marketing de la Universidad Estatal de Arizona, dice: «Siempre que dices algo negativo sobre tu producto, tu credibilidad crece». Eso no ha cambiado. Ver que eres imparcial muestra a tus clientes potenciales que tu intención honesta es la de averiguar si puedes ayudarles realmente. Y quizás no puedas, pero cuando sientan que eres genuino, se abrirán mucho más a lo que les estés ofreciendo, y esa apertura no tiene precio.

El comprador siempre será el que tomará la decisión. La tomará basándose en cuánto crea lo que le estés diciendo. Jerry cree que lo que el cliente potencial dice es mucho más importante que lo que el vendedor dice. Desde esta perspectiva, en lugar de basarse en datos vomitados, cree que cuando compartamos información, debemos hacer un seguimiento sobre ello y preguntar al cliente qué piensa sobre esa información y cómo, si es posible, eso podría mejor su situación.

Cuando les *decimos* qué significa eso, es probable que se vuelvan escépticos, y probablemente se quedarán dormidos pensando en el almuerzo en lugar de en los datos que has vomitado, *a no ser que* los impliques haciéndoles preguntas dirigidas.

Por ejemplo, si dicen: «Bueno, eso significa que nos ahorrará dinero», eso es más poderoso que el que nosotros les digamos que, ciertamente, les ahorraremos dinero. La verdad es que cuando lo decimos, suelen dudar de ello. Si lo dicen ellos, es verdad. Hemos visto esto en acción.

Alguien que buscaba los consejos de Jerry le dio vueltas a una disertación de quince minutos sobre uno de sus antiguos clientes que solía comprarle. Tenía un contrato con su competidor. Eran un despacho muy grande con diecisiete personas. Todas ellas eran tomadoras de decisiones potenciales. Sin embargo, la esposa de la persona que dirigía el negocio era la que tomó esta decisión.

Así, su pregunta fue cómo le vendía algo a estas personas. Antes de que Jerry tuviera la oportunidad de responder, el tipo le dijo que su estrategia era pasar de la mujer del jefe y desarrollar un entendimiento con la gente con la que tenía una buena relación. Le preguntó a Jerry qué pensaba de esta forma de proceder, pese a que era evidente, por la cara que ponía Jerry, que no le entusiasmaba.

«Permíteme dejarlo claro –interrumpió Jerry–. *No* tienes la más mínima posibilidad de que esa persona cambie su forma de pensar. Todo lo que vas a conseguir es generar antagonismo en todas las personas de ese despacho, incluyendo a aquellos que te apoyen. Éste es mi consejo: Deja de recurrir a ellas. *No* van a comprar. Ve a buscarte la vida a algún otro lugar».

Uno de los mayores errores que cometen los vendedores, y puede que sea *el* mayor, es que recurren a las personas equivocadas. ¿Cuántas veces puedes ver la misma respuesta («Teléfono nuevo, ¿quién es?»)?, antes de darte cuenta de que estás llamando a la puerta equivocada? Los antiguos modelos hacen que parezca como si *todos* necesitasen tu producto, y eso no es así en absoluto. Si recurres a la gente que nunca va a comprar, nunca venderás. Si hay una venta que hacer, entonces proseguirás para mantener una conversación.

Lo que hace el Nuevo Modelo es conseguir que el cliente diga lo que piensa, lo que cree y lo que piensa que se tiene que hacer; y si hay sincronicidad entre lo que está buscando y lo que tú estás ofreciendo, entonces ni siquiera tendrás que venderle algo. Es él el que va a comprar.

Independientemente de lo que hagas, no puedes parecer parcial ni venir cargado de ciertas intenciones. Normalmente, la gente no comparte información libremente con nosotros si cree o siente que somos parciales. También quiere sentirse comprendida, y ésa es la razón por la cual el Nuevo Modelo de Ventas es tan poderoso. Estas dos realidades de la comunicación humana son inherentes a este Nuevo Modelo de Ventas. Si la gente quisiera comprarle algo a un objeto inanimado, acudiría a una máquina expendedora, Amazon o al tipo del servicio a través de la ventanilla de nuestro coche que nunca sonríe por mucho que intentes hacerle reír.

El cociente emocional del comprador

Según el diccionario de psicología, la inteligencia emocional (IE) se define como «la capacidad de percibir, usar, comprender, gestionar y administrar las emociones. La gente con una inteligencia emocional elevada puede reconocer sus propias emociones y las de los demás, emplea la información emocional para orientar su pensamiento y comportamiento, discierne entre los distintos sentimientos y los etiqueta adecuadamente, y amolda las emociones para adaptarse a los entornos». Suena profundo y lo es; y aunque no existe un club Mensa para las personas con una IE elevada, se trata del rasgo clave de la mayoría de los representantes de ventas con los mejores rendimientos. No se puede restar importancia a la IE y la conciencia de uno mismo en las ventas. De hecho, al tratar con tus clientes es necesario.

Hay pistas que revelan a las personas con una IE baja, y conoces perfectamente a este tipo de persona: cree que siempre tiene razón, no tiene ni idea y no muestra interés por los sentimientos de otras personas, es insensible, culpa a los demás de sus problemas, posee unas habilidades pobres para afrontar los problemas y suele tener arrebatos emocionales. Si esa descripción se parece a la de alguno de tus ex, entonces es una buena cosa que sean tus ex. Una IE baja tampoco hace llegar muy lejos en el sector de las ventas.

Tal y como hemos mencionado antes, la mayoría de las decisiones de compra no se basan sólo en la lógica. El comprador y el vendedor se basan, en definitiva, en desencadenantes que apelan a sus emociones. Cuanto más comprenda un vendedor las emociones invertidas en una interacción de ventas, mayores serán sus probabilidades de llevar a cabo la venta con éxito.

Aunque los factores racionales como el precio y las características afectan a las decisiones de compra, las emociones siguen desempeñando un papel importante. La IE te ayuda a ser consciente de tu estado emocional, de modo que puedas controlar tus emociones. Las emociones son algo más que emojis. Son herramientas y deberían usarse cuando fuese necesario y mantenerse bajo control también cuando fuera necesario. Al contrario que Larry David, al que le traían sin cuidado en la serie titulada, irónicamente, *Curb your enthusiasm (Contén tu entusiasmo)*, es crucial que suprimas tu apatía, ansiedad, irritación, codicia y otras varias emociones no muy agradables que fastidiarán tus oportunidades de hacer una venta.

Los vendedores con una IE elevada tienen paciencia y no presionan a sus clientes potenciales para que tomen una decisión. Esto significa que pueden seguir trabajando con gran energía incluso aunque sepan que llevará tiempo firmar el trato. Pueden discernir fácilmente los estados de humor de sus clientes y adaptar y alinear sus emociones correspondientemente.

Los vendedores con unos niveles altos de IE saben cómo afinar sus presentaciones para tocar los botones emocionales adecuados. Los vendedores con una IE elevada siguen manteniéndose positivos entre las toneladas de rechazo. No se toman los rechazos como algo personal y evitan constantemente albergar emociones negativas.

«Sin duda, la inteligencia emocional es más rara que la inteligencia académica, pero mi experiencia dice que, de hecho, es más importante en la forja de un líder. Simplemente no puedes ignorarla», decía el titán de los negocios Jack Welch, ya fallecido.

Hay una mejor forma que simplemente presionar a la gente para que compre. Cuando aprendas el proceso de hacer preguntas que enseñamos, trascenderás la dinámica de tira y afloja con tus clientes y lograrás que tiren en tu misma dirección. Cambiarán completamente la forma en la que piensan en ti porque les has mostrado que estás centrado en el cliente.

Puedes hacer las preguntas adecuadas en el momento adecuado, pero si no comprendes el poder de tu voz, podrías seguir desencadenando algo de resistencia. Sin embargo, antes de pasar a hablar sobre cómo usar ese poder sobrehumano, necesitamos asegurarnos de que no seguimos reproduciendo reposiciones de nuestras presentaciones de ventas en blanco y negro, en una única dimensión y sin imágenes en alta definición.

Una presentación, como ya sabes, es una charla o un PowerPoint preparados (ensayados) en los que tú, el vendedor, intentas captar la atención de tu cliente potencial e involucrarle y hacer que pase a llevar a cabo una acción positiva usando técnicas de motivación externa como el miedo a perder, dejar pasar una oportunidad, la codicia, la culpabilidad e incluso la envidia.

En una típica presentación de ventas, le explicas tu relato a un cliente potencial como si le importara, ¿pero sabes qué? En realidad no le importa. Estás lanzando un discurso de ventas a un estadio vacío porque tus suposiciones ya están sometiéndole a presión y, bueno, incluso aunque la ciencia dice que esto no es muy persuasivo, no hace falta tener un doctorado en ciencias para saber que eso no funciona.

Cuando presentas o les hablas a tus clientes potenciales sobre *tus* productos o servicios, sin establecer antes cuáles son *sus* problemas, si es que los tienen, la raíz de dichos problemas y, más importante, cómo se ven afectados por ellos, provocas, automáticamente, que tus clientes potenciales sientan tensión y presión de las ventas. Puedes decirle adiós a esa venta en ese preciso momento.

Las presentaciones que empiezan contigo hablando sobre *ti* y sobre lo que *tú* piensas y acaban contigo *esperando* que algo, lo que sea, de lo que dijiste desencadene una sensación de interés que haga que tus clientes potenciales se emocionen con lo que vendes, son tan ubicuas en el sector de las ventas como JLo y Ben Affleck frente a las cámaras de los *paparazzi*. Llamamos a esto «Esperancitis», una droga adictiva que muchos vendedores no parecen poder abandonar y con la que simplemente esperan que algo que digan dé lugar a una venta. La próxima vez que sientas la adicción/necesidad de hacer esto, simplemente di «No». ¡No toméis la droga «Esperancitis», niños!

Una buena presentación es clave en las ventas, pero sólo constituye alrededor de un 10 por 100 de todo el proceso en nuestro Sistema del Nuevo Modelo, que se basa en conocer exactamente lo que quiere tu cliente potencial, por qué lo quiere y cómo le hará sentir. Sólo podrás saber eso basándote en las preguntas que le hagas, y antes de aprenderlas, recurramos a ese superpoder llamado «tu voz».

Capítulo 5

Usa el poder de tu voz

«La voz humana: es el instrumento que todos tocamos. Probablemente sea el sonido más poderoso del mundo. Es el único sonido que puede iniciar una guerra o decir "Te quiero" y, pese a ello, mucha gente vive la experiencia de que cuando habla la gente no la escucha».

Julian Treasure, experto en el sector del sonido y la comunicación

Hablas demasiado. Como vendedor, probablemente algunas personas sin ningún parentesco contigo te hayan dicho eso algunas veces, pero modifiquemos el lenguaje un poco y reformulemos esa frase para decir que sí, que rara vez te faltan palabras, pero mejor que eso es que sabes exactamente cómo comunicarte con los demás de la forma más eficaz.

Puede que no ganes un Premio Grammy con esa voz, pero es la clave de la conexión con los demás. Cuando se usa inteligente y adecuadamente, puede ser tu mayor activo. Si se emplea mal, aleja a la gente, y no estamos hablando de tu interpretación en la ducha de *Stairway to heaven*.

Así pues, ¿cómo maximiza uno el poder de su voz? Según Chris Voss, escritor y antiguo negociador de rehenes del FBI: «Tu voz puede, por sí sola, ser todo un arte. Uno de los mayores errores que comete la gente es usar una voz firme y asertiva al intentar transmitir su mensaje. En lugar de ello, usa una "voz juguetona"». Pero...

espera un momento… No estamos hablando de imitar a Elmo, de *Barrio Sésamo*.

Los negociadores del FBI también la conocen con el nombre de «voz complaciente»: consiste en una forma de hablar agradable, encantadora y de tono relajado, pero que sigue transmitiendo la verdad. Ah, y aunque acabamos de citar a un negociador de rehenes, probablemente no sea necesario que te digamos esto, pero nunca hagas que tus clientes potenciales se sientan como si fuesen rehenes, a no ser que, por supuesto, estés vendiendo *escape rooms* o algún nuevo videojuego siniestro.

PAUSAS VERBALES Y APUNTES VERBALES

Cuando piensas detenidamente en cómo hablas y usas tu voz, puedes transmitir curiosidad, colaboración e interés simplemente con tu tono y tu cadencia más que con tus palabras. Como resultado de ello, harás que tus clientes potenciales se relajen y estarán más dispuestos a escucharte.

Cuando hablas sin hacer pausas, usando muletillas para mantener la fuerza, tu mensaje puede volverse confuso. Un cliente potencial no puede recurrir a los subtítulos para comprender lo que le estás diciendo. Aprender a ralentizar tu ritmo, respirar mientras hablas e insertar pausas te convertirá en la Barbra Streisand o el Frank Sinatra de las ventas (de acuerdo, quizás en una excelente versión en karaoke de ellos, pero ya captas la idea) y harás que la gente te escuche. Las pausas verbales son una jugada en lo tocante a la persuasión. «La palabra adecuada puede ser eficaz —decía Mark Twain—, pero ninguna palabra ha sido nunca tan eficaz como una pausa introducida en el momento adecuado».

A continuación, tenemos los apuntes verbales. Piensa en ellos como en rodajitas de chile en tu pizza: de vez en cuando metes uno en la conversación para asegurarte de que la persona con la que estés hablando se dé cuenta de que estás implicado, presente y prestando atención:

- «¡Correcto!».
- «Cuénteme más…».
- «¡Ajá!».
- «Vaya, ya veo».
- «Hummm…».
- «¿Es eso cierto?».

También puedes usar el lenguaje corporal para transmitir. Puede que al principio parezca demasiado, y no querrás parecer poco digno de confianza como Kramer en la serie *Seinfeld,* pero prestar atención a tu postura, mostrar intenciones con tus expresiones faciales y usar otros apuntes no verbales (como asentir mientras la otra persona está hablando) puede hacer mucho por ayudar a que el cliente se sienta escuchado. La situación es algo distinta cuando se trata de una llamada telefónica, aunque no lo es tanto en la nueva era de las reuniones vía Zoom, pero asegúrate de implementar los otros conceptos cuando no se trate de un encuentro cara a cara. También afecta a tu tonalidad. Si te encuentras en una videollamada y estás sentado completamente quieto, como si estuvieras en una clase de yoga o, peor todavía, como si estuvieses en la sala de las momias de un museo, sonarás como un cadáver, un robot o un teleoperador. Así pues, asegúrate de asentir cuando la otra persona hable, y también de mover tus brazos y manos como si se encontrase en la misma habitación mirándote, porque todo afecta a la impresión que transmites durante la llamada.

TONO DE VOZ

Cuando la gente se encuentra con un estado de ánimo positivo, piensa con más rapidez y es más probable que colabore y resuelva problemas. La positividad genera agilidad mental tanto en ti como en la otra persona que participa en la conversación. Modula tu voz descendentemente, manteniéndola tranquila y lenta. Esto no es un anuncio de radio para una carrera ilegal de coches con un tipo gritando «¡EL DOMINGO, EL DOMINGO, EL DOMINGO!», introduciéndote en el mercado para que compres un audífono mientras intentas alcanzar el botón para silenciar el volumen.

Es mejor que adoptes un tono de voz más natural y neutro con las palabras que uses, fomentando así una conexión más confiada. Querrás parecer más humano y menos intenso y enfocado en las ventas, ¿verdad? Emplea un tono de voz calmado y relajado, pero no demasiado zen, ya que no querrás que tu cliente potencial empiece a canturrear «Ohhhhm» ni a adoptar la postura de yoga del perro boca abajo. Ralentiza tu ritmo, ten empatía en tu voz y muéstrale que estás ahí para él, en contraposición a estar ahí para ti. Luego unid las manos y cantad juntos algunas estrofas de *Kumbayá*. Estoy de broma, pero te haces una idea, ¿verdad?

Al principio, puede que esta ralentización no sea fácil, pero aprender a ralentizar y a usar las pausas y gestionar tu tono de voz de una forma muy distinta a lo que hacen otros vendedores vale mucho la pena. Por otro lado, si suenas como un robot, como si estuvieses leyendo un guion, ¿crees que tus clientes potenciales lo percibirán? Sí, lo harán. O puede que no lo hagan porque estarán muy ocupados quedándose dormidos con tu soporífera charla.

MISTERIO, SORPRESA, CURIOSIDAD

La sorpresa capta nuestra atención, y el misterio y la curiosidad la mantienen. En el libro *Ideas que pegan*, de Chip y Dan Heath, éstos nos dicen: «La forma más básica de captar la atención de alguien e involucrarle es la siguiente: rompe un patrón». Para hacer esto deberás emplear lo inesperado. Se creativo, pero deja los trucos para los tipos y tipas que aparecen en *Million dollar listing* (un programa estadounidense de telerrealidad que sigue las vidas de los magnates de las inmobiliarias más candentes, jóvenes y agresivos).

En ese mismo libro, los autores comentan cómo Robert Cialdini, profesor emérito de Psicología y Marketing en la Universidad Estatal de Arizona y autor de *Influencia, la psicología de la persuasión,* era capaz de mantener la atención de sus alumnos. Reemplaza a los alumnos por tus clientes potenciales y tendrás un escenario similar. Cialdini recopiló artículos sobre temas científicos y descubrió que los artículos que mejor captaban el interés de sus alumnos se parecían a un episodio de la serie *CSI*. Cada uno de ellos empezaba con una pregunta y luego se desplegaba como una investigación policial. Los misterios son poderosos porque generan la necesidad de un cierre. La gente quiere respuestas. Ciertamente, las sorpresas captan nuestra atención, pero los misterios la mantienen. Y además tenemos la insaciable curiosidad. Los seres humanos somos inherentemente curiosos.

George Loewenstein, un economista comportamental de la Universidad Carnegie Melon, dice que la curiosidad surge cuando captamos una grieta en nuestro conocimiento.[8] Estas grietas son como heridas abiertas, y provocan dolor, o son como una comezón que debemos rascarnos. La única forma de aliviar el dolor consiste en tapar la grieta. No todas las grietas son creadas iguales. Piensa en la peor película que hayas visto (*Gotti*, de 2018, protagonizada por John Travolta es una gran aspirante) y que siguieras hasta el final no porque seas masoquista, sino porque querías seguir viéndola para ver qué pasaba.

La curiosidad es la necesidad intelectual de responder a preguntas y cerrar patrones. La clave consiste en abrir grietas primero al presentar tus ideas y luego trabajar para cerrarlas. La tendencia consiste en aportar los datos primero. Los informativos usan esta técnica muy bien: «¡NOTICIA DE ÚLTIMA HORA! Hay una nueva droga que está barriendo a la comunidad adolescente, y puede que la tengamos en nuestro armario de las medicinas. Les hablaremos más sobre esto después de la publicidad».

La mayoría de la gente se quedará sentada viendo los anuncios simplemente para saber a qué fármaco o droga se están refiriendo. Lo mismo se aplica a los molestos *clickbaits* en las páginas de Internet, en los que vemos un titular que despierta nuestro interés de forma similar y que nos hace clicar a lo largo de una serie de anuncios para acabar

---

8. LOEWENSTEIN, G.: «The psychology of curiosity: A review and reinterpretation», *Psychological Bulletin*, vol. 116, n.º 1, pp. 75-98 (1994), www.doi.org/10.1037/0033-2909.116.1.75

averiguando que, bueno..., nos han embaucado y que en realidad no hay ninguna historia. Sin embargo, tu curiosidad te llevó hasta ahí. En la mayoría de los casos se consigue un avance, lo que da lugar a un descubrimiento. *Sólo entonces* se revela la respuesta a la pregunta original.

EXPLICA TU HISTORIA

No, no, no la historia de tu vida, sino una narrativa convincente, lógica y visual usando analogías, anécdotas o testimonios con los que tus clientes puedan identificarse fácilmente. Tu objetivo consiste en hacer que se vean ellos mismos en tu historia. Hay seis principios que puedes usar para desarrollar una historia potente. No tienes que ser un ponente en una conferencia TED ni un Stephen King para crear tu propio relato. De hecho, esperemos que tus historias no se parezcan en nada a las de Stephen King. Sea como fuere, los principios son los siguientes:

1. Basa tu historia en tu posición invencible, lo que quiere decir que las cualidades de tu producto o servicio son innegables. Sin embargo, no todos se encuentran en la posición para decir: «Nuestra empresa es la única en el mundo que produce iPhones». Por lo tanto, para establecer una posición inexpugnable, debes tener un profundo conocimiento de tus clientes y de lo que es importante para ellos. Luego personalizarás las ventajas de tu producto o servicio para que encajen en sus prioridades. Las preguntas son la forma más poderosa de asentar tu posicionamiento invencible.
2. Tu historia debería combinar hechos, características, beneficios, preguntas y anécdotas. También debería ser clara, sólida, potente y repetible. Los buenos narradores enganchan a su público con el lenguaje corporal, el tono, el contacto ocular y las emociones. Sí, tú eres la estrella en esta historia, así que trabájatela.
3. Tu historia debe contener lógica *y* emoción. Los hechos y las cifras son geniales, pero también hacen que la gente se adormezca.

Sé humano. Nick Morgan, autor de *Power cues,* dice: «En nuestra era saturada de información, no escucharemos a los líderes de las empresas a no ser que cuenten historias. Los hechos y las cifras y todas las cosas racionales que pensamos que son importantes en el mundo de los negocios en realidad no se nos graban en la cabeza. Las historias generan recuerdos "que se nos quedan", adjuntando emociones a cosas que suceden. Eso significa que los líderes que son capaces de crear y compartir buenas historias disponen de una poderosa ventaja sobre los demás».

4. Basa tu relato en una premisa o hipótesis que implique satisfacer las necesidades del cliente. Permite que tu historia muestre cómo tu producto es el que más encaja con ellos y no el por qué el producto de tu competidor es inferior.

ACCIONES CONSTANTES Y PERSISTENTES

Es cierto que la gente escucha las palabras que dices, pero también presta atención a las acciones que hay tras tus palabras. Jerry ve esto todo el tiempo mientras hace cursos de formación en el sector farmacéutico. Los representantes de ventas farmacéuticas van a ver a médicos. El médico les da dos minutos para hablar. Una gran forma de implementar acciones constantes y persistentes consiste en decir algo así como: «Le voy a hacer una promesa» y luego esperar.

Un buen médico generalmente preguntará cuál es la promesa. Responde diciendo algo como: «Sólo quiero hacerle la promesa, si no dispone usted de mucho tiempo, de que no me parezco al resto de los vendedores con los que ha tratado. Cuando le diga que voy a hacer algo es que voy a hacer algo. No estoy intentando forzarle a que me compre nada. Estoy viendo si podemos generar valor para usted; y si no podemos, seré la primera persona en decirle que no podemos. ¿Podríamos reunirnos la semana que viene, cuando disponga usted de tiempo para esta conversación?», y entonces deja de hablar.

¿Qué hacen la mayoría de los vendedores si se les da dos minutos para hablar? Recitan rápidamente, y llamamos a esto el «enfoque ametralladora»: decir todo lo que ibas a decir en cinco minutos, pero hacerlo en cuarenta y cinco segundos, marcarte un Al Pacino en *Scarface* y empezar a gritar: «Di "Hola" a mi pequeño amigo». Quitando la parte de *Scarface,* los clientes potenciales no están escuchando absolutamente nada de lo que les estás diciendo. Tus labios se están moviendo, pero ellos no pueden oír lo que estás diciendo.

RECALIBRAR TUS HABILIDADES COMUNICATIVAS

Todo ha cambiado para los vendedores y los comunicadores en esta generación a la que es imposible venderle algo. Por lo tanto, ¿qué significa todo esto para nosotros? Bueno, las consecuencias son claras. Independientemente de lo que vendas, el listón de las comunicaciones creíbles se ha puesto más alto que las excursiones para civiles de SpaceX por el cosmos.

Las conversaciones de ventas difíciles no son nada nuevo. Llevan eones dando repelús hasta llegar la década de 2020; y pregúntate si las conversaciones de ventas son cómodas en la actualidad. Probablemente no lo sean, pero no tienen por qué dar tanto repelús. El hecho de colgar el teléfono ha existido desde que la gente dispuso de aparatos que se podían colgar de un golpe; pero en la actualidad, los clientes no se sienten incómodos, sino que ya están curados de espantos o, podríamos decir, que están hastiados. El estilo tradicional de comunicación en las ventas desagrada totalmente a la mayoría de la gente con más rapidez de la que pueden rechazarlo.

Hace décadas no era inusual que los anuncios televisivos duraran algunos minutos, o que los vendedores de seguros nos visitaran en persona. Ahora podemos clicar en un anuncio y, ¡abracadabra!, Podemos comprar un seguro *online* en cuestión de minutos.

Vivimos en un mundo *online* a todas horas y todos los días, con más de trescientos canales de televisión, siempre conectados, en el que innumerables compañías y vendedores están intentando vendernos algo en todo momento. Todos están compitiendo por nuestra atención y nuestro dinero. Si no nos crees, busca cachorros en

Google. Luego entra en las cuentas de tus redes sociales y parecerá como si tus páginas web hubiesen sido invadidas por los dioses de los cachorros. Habrá tantos anuncios de cachorros que ni siquiera sabías que existían: desde perritos de pura raza, hasta distintos cruces y animalitos que se parecen al perro de tu tía Edna. Es una locura.

En esta era de la posconfianza hemos reducido las conversaciones telefónicas a mensajes de voz, los mensajes voz a mensajes de texto, y los mensajes de texto a símbolos y jeroglíficos actuales conocidos como emojis. Gracias a estos logros tecnológicos, los vendedores actuales no sólo tienen una mayor carga con la credibilidad, sino menos tiempo para desarrollarla.

Agita y revuelve todas estas cosas juntas con factores que oscilan entre más información y productos más complejos y tendrás al nuevo escéptico de hoy en día alimentado digitalmente.

Los consumidores se fijan en ti, el vendedor, de forma muy distinta a como se fijaban hace décadas. Retan tu credibilidad incluso *antes* de escuchar lo que tienes que decir. Buscan contradicciones en lugar de razones para creerte. Sus defensas están alzadas. Son más listos y están preparados para dar por sentado, desde el primer momento, que estás ahí para cazarlos, manipularlos para que hagan algo que no quieren hacer. Simplemente no confían en ti, ¿y sabes qué? No pueden comprar esa confianza en Amazon Prime con unos gastos de envío gratuitos y una entrega al día siguiente: tienes que ganártela.

Manteniendo una conversación habilidosa, el cliente potencial casi siempre nos considerará el experto en nuestro campo y sentiremos que estamos colaborando para resolver sus problemas, no los nuestros. Para hacer esto debemos no sólo ser autoridades en nuestro campo, sino expertos en comunicación.

De acuerdo con la ciencia comportamental, existen tres formas de comunicación. Cuando se trata de las ventas, se traducen en forma de técnicas tradicionales de venta, la venta consultiva y el diálogo. Ya hemos hablado de las dos primeras formas de comunicación, pero el don Corleone de las comunicaciones, la forma de la que todavía tenemos que hablar, es el *diálogo*. Consiste en mantener una conversación *habilidosa*. El cliente potencial nos considera el experto en nuestro campo y siente que estamos colaborando para resolver sus problemas para ayudarles a alcanzar sus exitosos resultados.

Los científicos han demostrado que somos más persuasivos cuando permitimos que los demás se persuadan a sí mismos. Somos *menos* persuasivos cuando le decimos cosas a la gente o intentamos dominar, posicionarlos o empujarlos a hacer algo. Puede que los que tienen hijos sean muy conscientes de esto al pedirles que ordenen su habitación, aunque puede que ésa no sea la mejor analogía, ya que es difícil imaginar a los niños persuadiéndose a sí mismos para, de repente, empezar a arreglar su caos. Dicho esto, cuando modifiquemos nuestra forma de comunicarnos usando la conexión entre el comportamiento humano y los conceptos de la persuasión, veremos mejores resultados y eso no será tan exasperante como intentar convencer a los niños para que recojan sus montañas de desorden.

Lamentablemente, a la mayoría de los vendedores se les enseñó, originalmente, a vender presentando, exponiendo y vomitando hechos y datos, y persuadiendo (no presionando). Así pues, se ha visto que la formación en ventas que se difunde continuamente como si fuera el Evangelio, es la menos persuasiva. Además, funciona en contra de la psicología humana. No necesitas estudiar neurociencia, como hizo Jeremy, para saber que, simplemente, no funciona.

Cuando le dices a tu pareja, cónyuge o hijo que tiene que hacer algo que quieres que haga, ¿cuál suele ser su respuesta típica?: el sonido de grillos y un cubo de la basura rebosante, ¿verdad? El concepto de la persuasión no les beneficia directamente de acuerdo con su punto de vista, sino que principalmente te beneficia a ti. Pese a ello, en relación al cubo de la basura, resulta difícil imaginar cómo el sacar fuera esa cosa apestosa no nos beneficiaría a todos, pero, ¡ay!, así es la naturaleza humana.

Te estamos enseñando las habilidades necesarias para vender más mediante la exploración sobre cómo los seres humanos toman decisiones y cómo y por qué la gente se ve o no persuadida. ¿Por qué no aprender cómo vender usando algo que funcione *con* el comportamiento humano en lugar de ir en su *contra*?

Ya hemos establecido que la gente compra basándose en las emociones, pero que justifica esa compra con la lógica o, por lo menos, su versión de la lógica. El Nuevo Modelo de Ventas te proporciona una secuencia de preguntas que son más persuasivas, genera un entorno más seguro y contiene menor presión. Ya no consiste en intentar presionar a la gente para que haga algo que quieres que haga. La única forma de abrir la mente de un cliente consiste en *conectar* con él. No importa si dispones de todas las preguntas adecuadas o del mejor discurso de ventas. Si no lo transmites eficazmente, puedes estar apartándole.

¿Sientes la quemazón del rechazo cuando la gente te responde de forma negativa mientras le hablas a cerca de tu solución? ¿Te frustras a veces porque no puedes trasmitir tu idea? Si has respondido afirmativamente a cualquiera de estas preguntas, la mayor parte de tu frustración probablemente resida en la forma en la que se nos ha enseñado a transmitir. El explicar y el persuadir tienden a estar centrados en uno mismo y, como resultado de ello, esto no conecta con la mayoría de nosotros. Las técnicas de venta tradicionales o viejas consisten enteramente en la primera forma de comunicación.

Con las técnicas de modelo AIDA, el vendedor entraba en la oficina o el hogar del cliente potencial e intentaba encontrar algo que tuvieran en común. En el pasado, eso funcionaba. La gente se sentía conectada con sus representantes de ventas. Sin embargo, esta técnica se ha explotado en exceso, como una canción de lo más popular en un bar de karaoke local.

Si usas este modelo, la gente sabrá lo que vas a decir incluso antes de que lo digas. La cháchara aburrida y que supone una pérdida de tiempo *nunca* parece auténtica.

DESGLOSE DE UNA CONVERSACIÓN DE VENTAS

Compara esto con la mejor experiencia de ventas que hayas tenido como cliente. ¿Te hizo el representante de ventas las mismas preguntas robóticas y memorizadas o facilitó una conversación real contigo?

¿Aprendiste algo nuevo con la conversación? Ahora piensa en esa ocasión en la que estabas comprando algo y el vendedor usó el modelo antiguo. ¿Estabas rogando, en silencio, que la conversación acabara? ¿Estabas buscando las salidas para huir? Esa reacción es normal durante el primer 10 por 100 del tiempo pasado con un cliente potencial. No es bueno que tu cliente potencial salte del barco mientras la orquesta (tu enfoque de ventas) habla sin cesar y monótonamente.

El siguiente 10 por 100 consistiría en identificar las necesidades. En primer lugar, el vendedor hace algunas preguntas genéricas como: «¿Puede decirme dos o tres problemas que esté experimentando ahora y cómo desearía resolverlos?». El cliente potencial le recitaría entonces de un tirón algunos problemas genéricos al vendedor, con respuestas lógicas sencillas que sólo suponen la superficie de lo que está sucediendo en realidad.

Entonces el vendedor pasa a su presentación sobre las características y los beneficios de su producto o servicio. Habla sobre lo genial que es su compañía y de que tienen el mejor esto y el mejor aquello, lo que, por cierto, todos los vendedores dicen, ¿verdad? Esta parte constituye el 50 por 100 del modelo de ventas obsoleto. Llegados a este punto, tu cliente potencial probablemente esté teniendo un debate en su cabeza sobre si almorzar una sana ensalada o un bocadillo de pollo frito en un restaurante de comida rápida. La batalla es real.

Después, durante el restante 30 por 100 de la venta, se dedica al cierre, ¿y qué sucede? El cliente potencial, si sigue despierto o sigue ahí, lanza objeciones. Entonces, el vendedor deberá buscar la forma de superar las objeciones e intentar solventarlas una y otra vez (no te preocupes, hablaremos de la gestión de las objeciones en el capítulo 10). Llegados a este punto, el vendedor empieza a perseguir al cliente para intentar convencerle para que compre. Parece un poco desesperado, ¿verdad? Eso se debe a que es así.

Fijémonos en el reparto del tiempo dedicado a cada actividad:

- 10 por 100 a desarrollar confianza
- 10 por 100 a identificar necesidades

- 50 por 100 a exponer la presentación
- 30 por 100 a solicitar la venta y ocuparse de las objeciones

Así pues, tal y como puedes ver aquí, sólo alrededor del 10 por 100 del tiempo se dedica a desarrollar confianza.

El Nuevo Modelo hace que la gente piense de forma *correcta* sobre vender. Una vez que se disponga de la mentalidad adecuada, se puede dedicar tiempo, energía y esfuerzos a aprender. ¿Cómo aprendes estas ideas que hacen que las conversaciones resulten cómodas para la gente? Después de todo, una conversación es, simplemente, un intercambio de información entre personas. Manteniendo una conversación, no estamos poniendo la venta en manos del comprador, sino que estamos *haciendo equipo* con el cliente para ver si puede añadirse valor.

LAS PALABRAS IMPORTAN

Tal y como señaló Mark Twain en una ocasión: «La diferencia entre la palabra prácticamente correcta y la palabra correcta es, realmente, un asunto importante: supone la diferencia entre la luciérnaga y el rayo». Las palabras también provocan sentimientos en los seres humanos. Escogiendo cómo enmarcas algo y hablas sobre ello, estás provocando que otros piensen en ello de una forma concreta. La perspectiva de una persona puede cambiar drásticamente mediante las palabras que decidas usar. Elige palabras que muestren a la gente que estás generando un entorno seguro para ella. Los entornos seguros dan lugar a un gran éxito en las ventas.

Tu capacidad de generar un entorno seguro y con una baja presión con palabras y un lenguaje que fusione la lógica y la emoción en forma de un cóctel tranquilizador es crucial para unas ventas fabulosas.

Una de las cosas más poderosas que hemos aprendido del formador en negocios Jeffrey Gitomer es que la mayoría de las ventas se dan en una atmósfera relajada. Piensa en ello: ¿has salido alguna vez de tu farmacia para verte detenido por un vendedor de periódicos intentando venderte una suscripción? «¡Le regalamos un paraguas si se suscribe hoy!». ¿Cuántas veces te has parado para suscribirte ahí mismo, en ese preciso momento? Probablemente nunca… a no ser que estuviese lloviendo torrencialmente y necesitases ese paraguas de verdad, ¿cierto?

Lamentablemente, los vendedores también cierran, involuntariamente, la mente del comprador con lo que llamamos «palabras duras». El lugar de usar palabras como «Debería…», «Quiere…» o «Esto es perfecto para usted», piensa en decir cosas como «*Quizás* querría…», «Esto *podría* funcionar para usted», «Esto parece que podría ser algo adecuado» o «¿En qué está pensando?».

Querrás usar palabras que siempre hagan que el cliente sea consciente de que se trata de *su* decisión. Las palabras y las expresiones duras como «Debería…», «Debe…» o «Tiene que…» suenan sesgadas, presuntuosas y, sinceramente, desagradables; y si un cliente potencial percibe que estamos sesgados y somos presuntuosos y desagradables, se largará antes de que puedas decir: «¡Pero espere, hay mucho más!». Las palabras suaves o el «lenguaje neutro», tal y como lo acuñó Jeremy, permiten que el cliente sepa que él está al mando y que no estamos intentando adornar nada. Enviamos la señal con unas palabras suaves que indican que se trata de su decisión y que, en última instancia, *es* su decisión.

Con las técnicas tradicionales, los vendedores entraban en la oficina o el hogar del cliente potencial y encontraban algo que tenían en común. Podían hablar del tiempo o quizás ver una fotografía del cliente pescando y hablar de lo mucho que les gustaba pescar: básicamente hablar sobre un puñado de tópicos que en realidad no tenían nada que ver con por qué estaban ahí. El vendedor dedicaba toda su energía a esta fútil expedición de pesca propia, intentando conectar. Se trata de algo azaroso y, por encima de todo, es agotador. ¿Captas esto cuando un vendedor está intentando venderte algo? Queremos encontrar unos puntos comunes, pero *después* de la conversación de negocios, cuando hemos desarrollado un nivel de confianza.

Tal y como puedes ver ilustrado aquí, las ventas tradicionales frecuentemente se parecen mucho a lo siguiente: un simple 10 por 100 del tiempo consiste en generar confianza y escuchar a los clientes potenciales. ¿Es éste tu caso? Si lo es, no te preocupes: trabajaremos en eso.

Ventas tradicionales versus **Nuevo Modelo de Ventas**

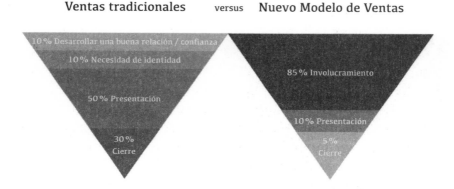

En el Nuevo Modelo de Ventas, el 85 por 100 del tiempo con los clientes potenciales se dedica a captar la atención, involucrar, escuchar y desarrollar confianza. Sólo se dedica un 10 por 100 del tiempo a la presentación y un simple 5 por 100 al compromiso o cierre. Hablaremos de esto en mayor detalle más adelante, cuando nos ocupemos de las preguntas reales que hacer de forma que puedas conectar al principio de la conversación de ventas.

Capítulo 6

ESCUCHA Y APRENDE

«La mejor forma de persuadir a la gente es con tus oídos: escuchándola».

DEAN RUSK, secretario de Estado bajo los mandatos de *Lyndon Baines Johnson y John Fitzgerald Kennedy*

Así que eres un buen conversador, un orador envidiable. Eso es genial, pero no estás aquí para sorprender a la gente con charlas inspiradoras y conferencias TEDx. Si no sabes cómo *escuchar* atentamente, probablemente nunca averiguarás qué se supone que tienes que decir, qué preguntar o cuándo pedir que te aclaren algo. Aunque algunos vendedores no saben comunicarse ni conectar de forma eficaz, incluso son muchos menos los que saben cómo escuchar.

Un estudio de 16 000 personas averiguó que el 95 por 100 de los clientes cree que los representantes de ventas hablan demasiado. Eso supone un problema. También descubrió que el 86 por 100 de los clientes cree que el representante de ventas hace preguntas incorrectas.[9] Eso significa que sólo el 14 por 100 hace las preguntas adecuadas. La gente que hace preguntas para captar al cliente no está buscando comprender, sino satisfacer su propia agenda. Tu objetivo debería consistir en formar parte de ese escaso 5 por 100 de vende-

---

9. ACUFF, G.: «Why aren't your prospects buying?», 14 de diciembre, 2017, www.jerryacuff.com/arent-prospects-buying/

dores que los clientes creen que no hablan demasiado. Son, ciertamente, objetivos de equipo, pero son perfectamente alcanzables.

Rick Phillips, autor de *Effective communication skills*, dice: «No hay gente poco interesante en el mundo, sino simplemente oyentes desinteresados». La ironía de cualquier interacción de ventas es que, mientras nosotros queremos que nuestros clientes escuchen lo que tenemos que decirles, con bastante frecuencia no estamos dispuestos, inconscientemente, a devolverles esta cortesía. ¿Sigues ahí? Bien. Si estás batallando con un cliente, puede que haya llegado el momento de escucharle para vender más.

Carl Rodgers, psicólogo y uno de los fundadores del enfoque humanístico y centrado en el cliente y en la psicología, dijo en una ocasión: «La incapacidad de una persona para comunicarse es resultado del fracaso a la hora de escuchar eficaz, habilidosamente y con *comprensión* a otra persona». Oír es una cosa, y frecuentemente puede ser muy selectivo (véase al cónyuge, a la pareja o a los hijos «no oyendo», de algún modo, tus súplicas para sacar a la calle esa creciente montaña de basura), pero escuchar es un proceso físico complejo que es muy natural y pasivo.

Escuchar a nuestros clientes es imperativo. Escuchar requiere de disciplina, energía y esfuerzo. Se estima que los vendedores exitosos pasan hasta un 70 por 100 de su jornada escuchando. Sin embargo, de media, la gente es oyente eficaz en alrededor de un 25 por 100 en términos de lo que recuerda y lo que aplica. Así, si sólo tenemos una eficacia del 25 por 100 en una cosa en la que empleamos el 70 por 100 de nuestro tiempo, tiene sentido darle una importancia superior a mejorar esa habilidad.

Shari Kulkis, gerente de administración en Genentech, dice: «Creo que las habilidades de escucha son, realmente, el talón de Aquiles de los vendedores: especialmente de los jóvenes». Dan Weilbaker, profesor jubilado de Ventas de la Northern Illinois University, lo sabía, y coincide: «Aporto muchas indicaciones verbales y pongo muchas tareas a los alumnos para que se den cuenta de que tienen que escuchar para acertar y para comprender lo que estoy diciendo. No les pregunto "¿Entendéis?". Tienen dos opciones», explica.

«La primera es que pueden venir a preguntarme sobre ello, o pueden seguir adelante y hacer lo que creen que tiene que hacer. Si hacen lo que creen que tienen que hacer y es incorrecto, eso tendrá un impacto en su calificación. La mayoría de los alumnos se quejarán, y yo emplearé esa oportunidad para reforzar que no escucharon. Debes escuchar, y si no entiendes, pregunta».

Escuchar a tu cliente potencial se confunde a veces con reconocer las conexiones entre los pensamientos del cliente y los tuyos. Lo que ya sabes no puede restarse de lo que necesitas escuchar de tu cliente potencial. Incluso aunque conozcas el 90 por 100 de la historia del cliente, debes escuchar el 100 por 100. Las preguntas que debes hacer se encontrarán, muy probablemente, en el 10 por 100 de la información que desconoces, ¿sabes?

Todo eso sobre el «Ojos que no ven, corazón que no siente», descártalo. Tal y como Margaret Atwood, la autora de *El cuento de la criada*, escribió en *El asesino ciego*, es «una máxima dudosa: a veces, lo que desconoces puede hacerte mucho daño».

Toma este escenario:

Cliente potencial: Estamos pasando por una importante reestructuración de toda la compañía. Nuestro director ejecutivo se acaba de jubilar. Ahora nuestro vicepresidente de ventas va a asumir el cargo…

Un vendedor corriente podría decir: Lo sé. Lo leí en *The Wall Street Journal* ayer.

¿Qué crees que pensará el cliente potencial? «Oh, ¿este vendedor es tan inteligente que no tengo que explicarle gran cosa, así que podemos ahorrar tiempo?»; o «¿Qué podría saber este extraño sobre lo que está pasando dentro de mi compañía? La reestructuración me afecta a mí, y no a él».

Incluso aunque ya sepas todo lo que el cliente potencial te cuente, no es lo mismo que te lo explique él mismo, porque la información pertenece al cliente. Psicológicamente, quieres que sienta todos los sentimientos que acompañan a la admisión, o que destape la realidad que acaba de poner de evidencia tu pregunta. A veces necesita decirlo en voz alta para definir todo el panorama en su propia mente: que el bocadillo de la viñeta que hay sobre su cabeza muestre una bombilla iluminada cuando al final legue a la conclusión por sí mismo.

Si es probable que el cliente compre, debe haber una voluntad intensa de resolver su problema con tu solución. Independientemente de la raíz de la necesidad, debería haber apremio. Sin embargo, no confundas la urgencia o apremio con el alarmismo. No querrás ahuyentar al cliente. La única forma de generar esa sensación de urgencia sin parecer un alarmista es comprendiendo totalmente la relación entre el cliente como revelador de problemas y tú, el vendedor, como solucionador de problemas.

Echemos un vistazo a este escenario:

Cliente potencial: En realidad, nuestro problema se reduce a que perdemos mucho tiempo simplemente metiendo y sacando nuestra línea de producto de nuestros almacenes.

Vendedor corriente: Suena a como si tuvieran que hacerse con un puñado de esas nuevas carretillas elevadoras que acabamos de sacar al mercado. Permítame explicarle todo sobre nuestro nuevo modelo…

Aquí tenemos una clara progresión de ideas: desde el almacén hasta la carga del producto y hasta la carretilla elevadora. Y aunque la carretilla elevadora probablemente resolverá el problema del cliente potencial, no forma parte de la historia del cliente. El vendedor está metiendo la cuchara y dando por sentado que es la solución, cuando, en realidad, podría tratarse de algo *completamente* distinto.

El vendedor podría muy bien decir también «Regresaremos a lo que estaba diciendo usted después de que me quite de encima mi "discurso de ventas"» antes de que te mostrasen la puerta.

Escuchar las pistas en la historia del cliente para iniciar un discurso de ventas supone otra forma equivocada de intentar conectar los pensamientos del cliente potencial con los del vendedor. Es como conocer a alguien por primera vez y que te empiece a decir: «Me gusta el chocolate…» y que tú interrumpas emocionadamente y digas: «A mí también» antes de averiguar que la frase de la ora persona seguía con un «… las hormigas recubiertas de chocolate». ¿Preferirías a esos insectos recubiertos de chocolate negro, con leche o blanco?

Sí, escuchar es una forma de vender, pero para que la escucha sea verdaderamente eficaz, otras formas de vender, como hablar sobre características y beneficios, deben *desconectarse* si quieres pasar de obtener unos resultados corrientes a convertirte en un generador de ingresos situado en el 1 por 100 superior en tu sector. Ahora que sabemos cómo *no* hay que escuchar, hablemos sobre cómo hacerlo mejor. ¿Estás escuchando?

ESCUCHA ABIERTA

La escucha abierta (que consiste en escuchar sin juzgar) centrándose en la otra persona y dejando de lado tu objetivo de hacer la venta es tan poderosa que te diferenciará completamente de cualquier otro vendedor. Linda Richardson, autora superventas de *Changing the sales conversation,* dijo: «Escuchar siempre ha sido importante. Piensa en escuchar hoy en forma de una *escucha cercana.* Tienes la capacidad de ser *consciente* en el momento, de modo que puedas mostrar atención y obtener un conocimiento completo de lo que tu cliente ha compartido contigo».[10]

Pero ¿escuchamos a nuestros clientes potenciales? Basándonos en nuestra experiencia formando a miles de personas, no lo hacemos. Es grosero, lo sé, pero no es intencionado, y ya está. Escuchar requiere que hagas algo que la mayoría de los vendedores no hace en absoluto. Requiere que te desprendas de tu necesidad de pensar en lo que dirás a continuación y permite que tu yo natural asuma el mando. Es como tomar fotografías. Algunas personas son fotogéni-

---

10. RICHARDSON, L.: «Critical communication skills – version 2020», 22 de septiembre, 2015, www.lindarichardson.com/critical-communication-skills-version-2020/

cas por naturaleza, pero si no eres supermodelo o no tienes madera de supermodelo, puede que sepas de qué estamos hablando.

Cuando posas a propósito para una foto, puedes acabar saliendo…, bueno…, posando, posiblemente raro y siendo un candidato para todos los filtros usados por Madonna y las Kardashian juntas. Sin embargo, una foto espontánea, asumiendo que no sea erótica, frecuentemente tiene un aspecto más natural, más realista, y no son necesarios filtros. Escuchar es algo similar, quitar los filtros. Desconéctalos. Si no disponemos de la disciplina para escuchar, mostraremos una inclinación mucho mayor a preparar nuestra respuesta, que tendrá un aspecto artificial, cosa que no sucederá si escuchamos lo que nos dice nuestro cliente potencial y respondemos de forma más natural.

Escuchar también requiere de descifrar el significado que hay más allá de las palabras que se están pronunciando. Una escucha adecuada e intencionada te obliga a ir más despacio antes de disparar preguntas rápidas o soltar tu discurso de ventas. Al ir más despacio, tus preguntas tienen una mejor calidad, lo que da lugar a una conversación mucho mejor que desencadena que el cliente potencial quiera abrirse incluso más.

Afortunadamente para ti, escuchar es como un personaje secundario en una película o serie: obtiene poco reconocimiento por parte de tus compañeros vendedores. La gran estrella de las ventas es el discurso de ventas; y todo eso está bien y no pasa nada malo, pero como el escuchar no se relaciona con las ventas, el escuchar sigue suponiendo la ventaja del vendedor que usa el Nuevo Modelo de Ventas. Por lo tanto, tu secreto está a salvo. No es probable que seas escuchado en exceso por otros vendedores de tu sector. La mejor ventaja competitiva es la que tus competidores no quieren y no entienden. Chúpate ésa, estrella de la película.

Por otro lado, la escucha perezosa diluye tu poder de comunicación, especialmente porque es probable que hagas preguntas basándote en la información errónea recopilada mientras holgazaneabas, no estabas presente ni escuchando, en un páramo de despreocupación. Esto equivale a un *hashtag* para definir un enorme fracaso en las ventas.

SABER A QUÉ PRESTAR ATENCIÓN PARA CONVERTIRTE EN DIRECTOR EJECUTIVO

En algún momento de tu trayectoria profesional puede que hayas pensado: «Si fuera el director ejecutivo, esto es lo que yo hubiera hecho». Aquí tienes la oportunidad de participar en un *cosplay* en el que serías el director ejecutivo. Sé tu propio director general: conviértete en un oyente activo y eficaz empleando las pistas, la esencia y las oportunidades: el mejor trío del éxito total en las ventas.

LAS PISTAS, LA ESENCIA Y LAS OPORTUNIDADES

¿A qué se supone que tienes que escuchar cuando un cliente te responde? La respuesta es sencilla: tratarás de escuchar los tres aspectos básicos del hecho de ser un director ejecutivo: las pistas, la esencia y las oportunidades. Si centras tus habilidades de escucha en estas tres áreas, abrirás el cerrojo de ese cortafuegos y obtendrás más conocimientos del que es de esperar que se convierta en un cliente muy fiel.

Las pistas

Las pistas son esas cosas que tu pareja te lanza cuando quiere algo. Eres despistado cuando no captas esas pistas y olvidas una fecha o acontecimiento importante. Las pistas también son palabras o frases que un cliente te proporciona al responderte a ti y a tus preguntas. Puede que ni siquiera sea consciente de que está compartiendo esta información, pero el oyente astuto busca significado más allá de las palabras y reconoce que lo que la persona dice (o no dice) está lleno a reventar de pistas, algunas más útiles que otras.

Frecuentemente, las pistas son desencadenantes. Las pistas, que no deben confundirse con las charlas en las redes sociales en las que se trata de algo que provoca lo que podríamos llamar una reacción apasionada o acalorada, consisten, en el caso de las ventas, en algo que generará una *pregunta* posterior. Las pistas pueden consistir en prácticamente cualquier cosa: en el caso de los friquis del vocabulario, pueden ser adjetivos, adverbios o palabras que transmitan vaguedad y ambigüedad. Para el resto de nosotros se trata, simplemente, de insinuaciones que requieren de algo más de aclaramiento para comprender qué es exactamente lo que quiere decir nuestro cliente.

Por ejemplo, un cliente puede decir: «Es crucial que estos pacientes alcancen un objetivo».

El vendedor *típico* reaccionará ante esa afirmación y probablemente responderá con una enorme lista de razones por las cuales su producto es la solución correcta para alcanzar el objetivo. Un *gran* vendedor escuchará la palabra «crucial» y sabrá que ese término podría tener muchos significados distintos. Por lo tanto, una pregunta subsiguiente a esta pista resultaría muy adecuada.

«Doctor, no puedo sino imaginar lo importante que es hacer que estos pacientes alcancen el objetivo. ¿Puede compartir conmigo por qué es tan crucial? ¿Por qué ha escogido esa palabra concreta?».

Las pistas pueden ser muy no verbales, transmitidas mediante el lenguaje corporal o las expresiones faciales, que son fáciles de detectar si prestamos atención. Por ejemplo, cuando el cliente dice: «Es crucial que estos pacientes alcancen su objetivo», y golpea una superficie dura con un dedo, eso podría significar que está añadiendo un énfasis extra para transmitir lo importante que es ese asunto para él. Tu pregunta de subsiguiente podría ser: «Por su lenguaje corporal, parece que esto es algo que es de importancia vital para usted. ¿Puede compartir conmigo por qué esto es tan crucial?».

O podrías preguntarlo de esta forma: «Basándome en su lenguaje corporal, eso parece muy importante para usted. ¿Qué hay detrás de ello?».

Si el cliente pone un especial énfasis en la palabra «objetivo» con el tono o el volumen de su voz, eso podría indicar que sí, que los objetivos son muy importantes para este cliente. Una pregunta subsiguiente podría ser: «Parece estar usted muy centrado en el objetivo para estos pacientes. ¿Puede compartir conmigo por qué, de acuerdo con su experiencia, hacer que alcancen su objetivo es tan crucial?». O podrías preguntarlo de la siguiente manera: «¿Por qué hacer que alcancen su objetivo es tan importante para usted?».

Las emociones son un gran desencadenante y pueden transmitirse de muchas formas, aunque es de esperar que no sea en forma de un ataque de lágrimas o una rabieta, porque, a fin de cuentas, trabajas en el campo de las ventas, y no en una institución psiquiátrica. Las señales auditivas y el lenguaje corporal pueden transmitir emociones muy fácilmente. Sin embargo, si un cliente hace un agujero en una pared de un puñetazo, los problemas están, claramente, fuera de tu capacidad.

Estamos hablando de un golpecito en una mesa, de la punta de un dedo, de un aumento en el volumen de la voz, o simplemente de palabras. Los adjetivos para describir las palabras o las frases pueden ser pistas poderosas sobre las emociones de tu cliente sobre un tema o pensamiento concreto. Recuerda que los clientes compran guiándose por las emociones y que defienden su decisión de forma lógica.

Si estás escuchando activamente y puedes destapar una emoción en las palabras que emplea la otra persona, podrás reaccionar frente a esta emoción en tu respuesta. Los grandes especialistas de las ventas quieren acceder a ese reservorio emocional y extraer los verdaderos sentimientos que hay detrás de esas pistas emocionales. El oyente activo conoce el valor de prestar atención a las pistas. El cliente potencial no te va a golpear en la cabeza (por lo menos esperamos que no sea así).

La esencia

La esencia es la intención o el verdadero significado que hay tras las palabras o frases que usa tu cliente. Tal y como confirman los estudios, la mayoría de los clientes piensan que los vendedores no hacen buenas preguntas, y piensan bien. ¿Y por qué es así? Porque probablemente no estén prestando atención. Si los clientes llegan con esta mentalidad por defecto y creen que a los especialistas en ventas no les importa realmente lo que dicen, estarás esperando mucho tiempo hasta tropezar con cualquiera de sus palabras con un significado más profundo, y no, eso no depende de cuál sea tu definición de «las palabras o frases». Puede que los clientes ni siquiera contesten intencionadamente con palabras vacías, sino que lo hagan subconscientemente.

El vendedor corriente interpreta lo que dice una persona sin pedir claridad. Sin embargo, un mejor especialista en ventas se da cuenta de que se están usando filtros que pueden embrollar lo que se está transmitiendo. Aunque puede que los filtros sean los mejores amigos de una estrella del pop que se está haciendo mayor o de una estrella en ciernes en las redes sociales, en el caso de las ventas, los filtros pueden ser difíciles de reconocer. Estos filtros pueden incluir los antecedentes del hablante o el oyente, el entorno, la cultura, las emociones, el género, la edad, las experiencias anteriores, los rumores y las suposiciones.

Nuestro objetivo al vender es *comprender* de verdad a nuestros clientes. ¿Cómo conseguimos esto? Centrándonos en aprender lo que nuestros clientes quieren decir de verdad: alcanzando la claridad con respecto a lo que dicen. El objetivo de alcanzar la claridad es doble: en primer lugar, es una forma de asegurar que nuestros clientes comprenden lo que *hemos* dicho: la esencia de lo que estamos intentando trasmitir; y en segundo lugar, proporciona una reconfirmación de que estamos genuinamente interesados en nuestros clientes y en los pensamientos que están compartiendo. Después de todo, nos preocupamos lo suficiente como para hacer esas preguntas subsiguientes, ¿verdad?

Hay tres formas básicas de aclarar algo que has oído:

- Preguntar
- Parafrasear
- Resumir

A pesar del hecho de que puede que te dijeran, de niño, que no contestases a una pregunta con otra pregunta, en el caso de las ventas es perfectamente aceptable responder a una pregunta con otra pregunta, especialmente si se trata de una pregunta clarificadora. Simplemente no permitas que tus hijos oigan esto, ya que entonces te verás sometido a un interrogatorio hasta que vayan a la universidad. Pero, de verdad, ¿de qué otra forma podrías comprender lo que tu cliente pretende decir y eliminar la confusión?

Parafrasear consiste en decir, con tus propias palabras, lo que crees que ha dicho el cliente. Cuando escoges unas palabras distintas para trasmitir la misma idea, eso proporciona claridad y le transmite al cliente que estás verdaderamente interesado en lo que te está diciendo. Al resumir, revisas la conversación desde el marco de referencia del cliente (no desde el tuyo). La regla de oro fundamental es «No des por sentado, pregunta».

Las oportunidades

Al igual que las personas y las zapatillas deportivas, hay oportunidades de todos los tamaños: algunas mayores que otras, y otras diminutas, adorables y pequeñitas, pero lo que tienen en común es que, al contrario que ciertos modelos de calzado deportivo que son muy difíciles de encontrar, surgen, gracias a Dios, en muchas conversaciones con clientes. Frecuentemente, las afirmaciones de nuestros clientes contienen oportunidades ocultas.

Si, por ejemplo, vendieses equipamientos y aparatos médicos, en el transcurso de una conversación con el representante de ventas, podría resultar que el doctor mencionase que el mes que viene va a una reunión en Boston. Considerando que esto es una oportunidad, el vendedor astuto podría llamar a un amigo o un colega de Boston para que le consiga los nombres de algunos de los restaurantes o puntos calientes más codiciados de la ciudad. Durante su siguiente interacción, el representante de ventas astuto podría soltar, convenientemente, los nombres de esos lugares al médico. «Mi representante en Boston me dice que debería ir usted a un restaurante de *ramen* sorprendente, nuevo y que se encuentra fuera de los circuitos habituales», podría sugerirle.

Esta pequeña acción, que no ha costado nada (excepto un poco de tiempo), le envía un mensaje potente a médico. Transmite que hemos estado escuchando lo que nos estaba diciendo y que nos acordamos de eso después de la conversación, y que nos hemos tomado el tiempo y la molestia de buscar información que podría ser útil. Se trata de una forma de desarrollar confianza y agradecimiento. Aportar información para una posible reserva también suma puntos extra.

A veces, las oportunidades pueden ser bastante obvias. Tu cliente puede compartir una historia sobre un colega que resulta que es su compañero de golf. Las oportunidades pueden ser más sutiles: un galardón colgando de una pared en una parte apartada de la oficina. Las oportunidades pueden ser habladas o vistas. Todo consiste en *prestar atención* a lo que dicen nuestros clientes (es decir, escucharlos) y al entorno circundante.

CONSEJOS PARA ESCUCHAR

Sé consciente y estate presente

¿Has estado alguna vez en medio de lo que pensabas que era una conversación profunda con alguien y empieza a leer y a contestar a un mensaje de texto en medio de vuestra conversación? ¿Qué pasa cuando estás compartiendo una historia fascinante con un grupo de amigos sobre una experiencia que tuviste y llega alguien e irrumpe con su propio relato?

Lamentablemente, la mayoría de nosotros podemos vernos reflejados. ¿Cómo te hicieron sentir esas experiencias? ¿Te sentiste molesto, furioso o frustrado? ¿Sentiste que se trataba de una falta total de respeto que invalidaba lo que estabas intentando decir? La conclusión es que no hace falta que seas un experto en etiqueta, ya que es algo sencillamente grosero. Muy muy grosero. Inserta aquí un emoji de una carita enfadada.

Ahora piensa en lo que la otra persona te ha transmitido mediante sus acciones: que no estaba *presente* en la conversación y que, además, es grosera. Es fácil ver esta situación como culpa de la otra persona, y esto debe condenarse…, pero espera un momento…, fíjate en ti detenida y severamente. ¿Has hecho *tú* alguna de estas cosas cuando estabas con un cliente potencial? ¿No estuviste atento, en ningún momento, a la conversación? No pasa nada, puedes admitirlo. La mayoría de nosotros somos culpables, y si tú también lo eres, ha llegado el momento de romper ese hábito.

Incluso aunque pienses que sólo lo has hecho una o dos veces, podría suceder con más frecuencia de lo que crees, así que intenta ser consciente de tus comportamientos en las conversaciones mientras practicas estas habilidades de escucha avanzadas. Estar presente y consciente permite que tu cerebro recopile información a partir de lo que dice el cliente potencial. No todos los clientes son iguales. Cada uno de ellos tiene unas necesidades singulares y no se les puede captar con las mismas preguntas. Sin embargo, todos pueden alejarse debido a tu falta de interés o de atención.

Sé curioso

¿Has estado alguna vez desahogándote con alguien y te has enfadado cuando te han dicho, de inmediato, cómo solucionar tu problema? Incluso aunque su solución tenga sentido, es poco agradable verse golpeado por una solución inmediata y razonable a tu problema, y se pone de manifiesto en forma de alguien que te dice qué hacer en lugar de, simplemente, escuchar cómo te sientes. Incluso aunque la otra persona tenga la razón, a nadie le gusta que le digan qué hacer. Además, cuando se trata de escuchar tus problemas, una respuesta rápida no es siempre la mejor, y nos atrevemos a decir que una respuesta más pausada es más considerada y reflexiva.

Las respuestas instantáneas para dar las soluciones a los problemas se basan en muy poca información sobre lo que está sucediendo. No tienen en cuenta qué acciones pueden haberse llevado a cabo ya. De hecho, no tienen mucho en cuenta. ¿Cómo crees que te podrías haber sentido si, en lugar de que se les hubiera ocurrido una solución rápidamente te hubieran preguntado que expusieses lo que estabas diciendo? ¿Cómo te hubieras sentido si te hubieran hecho más preguntas sobre tu problema, lo que lo provocó y cómo te afectó?

Probablemente habrías sentido que esta persona comprendía qué te pasaba, y puede que te hubieses abierto a ella *todavía más* sobre tu situación. Pasa lo mismo con tus clientes potenciales. Por lo tanto, por difícil que pueda ser, recuerda guardarte tus afirmaciones y soluciones hasta que resulte adecuado traerlas a la conversación. Entonces permite que tu cliente potencial exponga sus problemas con las preguntas habilidosas que le hagas.

Guarda silencio y detente

Muchos vendedores formulan una pregunta a un cliente potencial, y si éste no responde en una fracción de segundo, saltan y responden a la pregunta por él, cambian de tema o incluso empiezan a hacer otras preguntas. Deja de hacer esto *ya*. Nunca jamás hagas esto, ya que, si lo haces, podrás decirle adiós a ese cliente. Cuando haces esto, eso hace que tu cliente potencial se sienta anulado.

Cuando te vuelvas más abierto, tu cliente potencial también se abrirá más a ti y te contará la verdad. Dile adiós al anticuado mantra de los bienes inmuebles y las ventas que dice que «Los compradores son mentirosos». Elimina también la última parte del ese mantra, que dice que «Los vendedores son peores». Es la vieja escuela. Despréndete de ella.

Cuando formules una pregunta, guarda silencio y siéntete cómodo con ese silencio. Esto no es una cita en la que el silencio resulta incómodo. Estar en silencio tampoco es un truco ni una técnica de cierre: es, simplemente, respetuoso y cortés. Permite que tu cliente potencial reflexione sobre las preguntas antes de responderlas. Las primeras contestaciones que te ofrezca tu cliente potencial son, simplemente, la primera capa de la cebolla.

A medida que les hagas preguntas más profundas, verás que sus respuestas se vuelven más sinceras, más reveladoras y más emocionales. Permite que tu cliente potencial responda a las preguntas que le hagas. Ésta no es una red de televisiones de noticias por cable en la que la gente habla la una por encima de la otra. Nunca interrumpas para responder con preguntas. Nunca cambies de tema. El silencio equivale a ventas.

Sé comprensivo

¿Te has encontrado alguna vez con alguien que te haya dicho algo que sintieras que era completamente erróneo y que fuera en contra de todo en lo que creyeras? ¿Quizás se trataba de algo que sabías, por tu experiencia, que era erróneo, así que empezaste a debatir y discutir con esa persona? Bienvenido a las redes sociales y a la política actual. Además, como podrás haber visto, no resuelve nada ni modifica las opiniones de la otra persona por mucho que deseases que así fuera.

¿Has gestionado alguna vez la objeción de un cliente potencial con una respuesta consistente en «Sí, pero...», para intentar convencerle para que adoptara tu forma de pensar? ¿Cuántos de estos debates has ganado? ¿Has sentido alguna vez que la otra persona cambiara su punto de vista para adoptar el tuyo? Si lograste hacer eso, puede que debas escribir un libro.

¿Qué crees que podría suceder si, a pesar de tu deseo de tener la razón, escucharas de verdad a la otra persona? ¿Qué podría pasar si le hicieras preguntas más profundas para obtener más información sobre de dónde procedía y por qué se sentía así? ¿Qué sucedería si hicieras todo esto sin juzgar y sin introducir tu interpretación y tu opinión en la conversación?

Podría darse cualquiera de los siguientes escenarios:

- Probablemente obtendrás muchos más conocimientos sobre de dónde procede.
- Puede que la otra persona se cuestione, subconscientemente, su propia forma de pensar mientras se escucha a sí misma responder a tus preguntas habilidosas.
- Puede que, de hecho, le haga reconsiderar su punto de vista.
- Probablemente se mostrará más abierta a escucharte y prestar atención a tu forma de pensar.

En el libro *Los 7 hábitos de la gente altamente efectiva,* Stephen Covey decía: «Busca primero entender y luego ser entendido». Escuchar y aceptar el punto de vista de otro no significa que debas modificar tu mente ni tus convicciones. Noticia de última hora: No tienes por qué estar de acuerdo con alguien para escucharle.

Por el contrario, cuando abandones tus suposiciones sobre cómo ves el mundo, tus clientes potenciales estarán más que dispuestos a escucharte a ti y oír tu punto de vista porque parecerás estar muy informado y ser tolerante, no crítico y fascinante porque, sinceramente, en esta época ser así es tan excepcional como un cantante de hip-hop que no use autotune.

Si quieres que tus clientes potenciales cambien, quizás quieras modificar la forma en la que *tú* los abordas. Puedes, literalmente, escuchar a tus clientes potenciales para que cambien estando abierto a ellos con el deseo de ser compresivo.

Pide claridad siempre. No querrás que se pierdan cosas debido a una comunicación ineficaz. Lo que tú interpretas que tiene un significado puede que sea completamente distinto del significado real. Demasiadas ventas se pierden porque los vendedores dan por sentado que conocen y comprenden los problemas de sus clientes potenciales cuando en realidad no es así.

La segunda clave consiste en aceptar sin juzgar y dejar de lado tu interpretación. No juzgues a los demás según tu propia percepción de la realidad. Cuando juzgas no estás cambiando a la otra persona. Juzgando sólo estás demostrando tu necesidad de criticar y minar a los demás. Hay programas de televisión de arbitraje en los que los personajes principales son jueces, y en ellos, los togados cobran mucho dinero. Tú conseguirás ganarte bien la vida si trabajas sin hacer juicios.

Prueba esto: la próxima vez que alguien no avance cuando el semáforo se ponga en verde en una intersección, no hagas sonar tu claxon. Simplemente permanece sentado y dale un poco de tiempo. Puede que esto resulte difícil si tienes prisa o si te encuentras en una ciudad con mucho ajetreo en la que la gente toca el claxon si no avanzas en un nanosegundo, pero inténtalo (con cuidado, por supuesto). Aunque puede que el tipo que está detrás de ti no lo agradezca, probablemente experimentarás una reducción de tus emisiones emocionales.

Hazlo y haz cosas así lo suficiente y experimentarás una diferencia enorme en tu felicidad, salud y niveles de estrés. Además, en realidad no sabes por qué no se movió cuando el semáforo se puso en verde, ¿verdad? Puede que estuviese distraído porque su hijo chillaba en el asiento trasero, o quizás sólo estaba teniendo un mal día.

Dales a tu ego y a tus propias experiencias un almuerzo prolongado y una larga siesta después. Recuerda: no le digas a la gente que sabes cómo se siente. Es muy posible que no lo sepas. Se trata, simplemente, de tu interpretación. En lugar de ello, pregúntale *cómo* le hizo sentir eso. Convierte eso en una pregunta y cosecha los beneficios.

Mucha gente considera a los terapeutas como solucionadores natos de problemas. Sin embargo, no disponen de todas las respuestas. Uno no va a terapia y sale con una lista de verificación sobre cómo vivir su vida, por muy práctico que pueda sonar eso. No te proporciona *todas* las respuestas. Debes encontrar tus propias respuestas. El trabajo de un buen terapeuta consiste en hacer las preguntas adecuadas. El autodescubrimiento forma parte del proceso. Tal y como dijo Gandhi: «La mejor forma de encontrarte a ti mismo consiste en perderte en el servicio a los demás». Pero basta ya de autoayuda. Encontrarás eso en otra estantería de libros.

Como terapeutas de ventas (esto... vendedores) debemos hacer lo mismo. Permite que tus clientes te encuentren a su servicio. Nunca des por sentado que dispones de la solución. En lugar de ello, ocúpate de la conversación y haz que el cliente llegue a esa concusión por su cuenta. Cómo verás, es la charla más mutuamente beneficiosa en el campo de los negocios que mantendrás nunca.

Capítulo 7

SECUENCIA DE PREGUNTAS

«Las soluciones llegan a través de la evolución.
Llegan mediante a formulación de las preguntas
adecuadas, ya que las respuestas existen previamente.
Son las preguntas lo que debemos definir y descubrir.
Tú no inventas la respuesta, sino que pones al descubierto
la respuesta».

JONAS SALK

De acuerdo, sabes hablar. Comprendes cómo escuchar. Puede que creas que estás listo para salir por la puerta, pero para el carro. Tal y como dijo estupendamente George Bernard Shaw: «El mayor problema en la comunicación es la ilusión de que ha tenido lugar». ¿Sabes cuáles son las preguntas exactas que deberías hacer? ¿Y sabes *cómo* hacer estas preguntas?

Lo cierto es que puede que seas un gran comunicador, pero si no sabes qué preguntar, no mantendrás el interés de tu público durante mucho tiempo, a no ser que seas Barbara Walters, que solía preguntar a sus entrevistados, que eran celebridades, con qué tipo de árboles se identificaban. Eso mantenía nuestro interés porque era una pregunta tan estrambótica que tenías que permanecer atento para oír la respuesta. Sin embargo, en el campo de las ventas sáltate las secuoyas y vete directo a la secuencia. La secuencia de preguntas que proporcionamos genera una estructura lógica y coherente que tú y tu equipo de ventas podéis usar para dar lugar a un diálogo significativo.

Por ejemplo, en la versión tradicional de la secuencia de preguntas, el vendedor sólo tiene que identificar a un posible cliente, determinar si está preparado, dar su discurso de ventas, cerrar la venta y proporcionar un respaldo continuo. A cada paso del proceso, el vendedor sabe exactamente qué debe hacerse a continuación.

Pero no nos adelantemos al proceso. Antes de que te digamos qué preguntas hacer, deberás saber cómo generar una apertura potente usando algunos de nuestros métodos compartidos anteriormente. Hemos descubierto cómo tomar los conceptos y las ideas que tenemos (la forma prototípica de pensar como un consumidor) y desglosar el proceso de ventas para hacer que el cliente piense por sí mismo.

UNA APERTURA QUE GENERE INTERÉS

Las aperturas son palabras que inician la parte de las ventas o del negocio en el debate. Algunos clientes prefieren empezar con un cotilleo sobre su fin de semana, el deporte, sus hijos u otros asuntos personales, pero hay un momento para hablar de negocios durante cualquier conversación de ventas.

Los consumidores están preocupados. Están distraídos. Estamos dispuestos a apostar que probablemente no estén emocionados de ver a un vendedor, a no ser que este vendedor ya tenga una relación con ellos, e incluso así, eso sería objeto de debate a veces. La conclusión es que debes ser capaz de despertar la mente de tus clientes potenciales para que quieran abrirse a ti y que quieran implicarse contigo y hacerlo bastante rápidamente.

Una de las cosas que debemos recordar es que iniciar (abrir) una llamada es distinto a un saludo. Un saludo no es una apertura. Si dices: «¿Qué tal le ha ido el fin de semana?», eso es un saludo, no una apertura. Una apertura es el inicio de tu conversación de ventas: tus primeras palabras sobre *negocios*.

Ahora que hemos diferenciado los dos, es verdaderamente importante tener una transición convincente entre un saludo y una apertura. Las incongruencias casi siempre son embarazosas. Es como pasar directamente de «¿Ha visto el último capítulo de la serie *Ted Lasso?*» a «Ahora hábleme sobre las necesidades de sus pacientes de disponer de medicamentos contra la diarrea».

Para hacer la transición con éxito, debes captar el interés rápidamente. Una ardilla tiene un período de atención de alrededor de un segundo. La capacidad de atención de una carpa dorada es de nueve segundos. Se dice que el período de atención de un humano es de entre diez y doce segundos (aunque en esta era de Instagram y TikTok probablemente sea menor). Además, deberás recordar la regla de los ocho segundos, de modo que los clientes potenciales estén abiertos a escucharte.

El tiempo es oro, y no disponemos de mucho para acceder a la mente. El que tengamos acceso físico no implica que dispongamos de acceso a la mente. Por lo tanto, si un cliente no escucha, el resto dará igual; y ésa es la razón por la cual captar el interés rápidamente es crucial para hacer que cualquier interacción de ventas sea importante no sólo para nosotros, sino también para nuestro cliente.

Hay cinco principios clave para desarrollar el interés de un cliente potencial:

1. Estudia para dar con formas interesantes de abrir el diálogo. Di que vendes colchones en lugar de poner a tus clientes potenciales a dormir sobre ellos (cosa que, de hecho, no es una mala idea). Sorprende a tus clientes potenciales con una trivialidad como: «Hoy, sólo el 12 por 100 de la gente sueña en blanco y negro: el resto soñamos en color. Antes de la televisión en color, sólo el 15 por 100 de la gente soñaba en color».

2. Usa aperturas que generen un entorno seguro. Por ejemplo: «Hacemos negocios con muchas compañías, estamos orgullosos de nuestros resultados y nuestros clientes consiguen unos resultados sorprendentes, pero eso no significa necesariamente que seamos adecuados para usted. Antes de analizar cómo podríamos ayudarle, ¿puedo hacerle algunas preguntas sobre XYZ?».

3. Aporta valor a la interacción antes de iniciar la conversación de ventas. Digamos que lees un artículo de un periódico sobre los problemas que está teniendo una empresa potencial con que sus vendedores no están logrando ninguna venta y tú tienes este libro en tus manos, así que dices: «He visto en el periódico que puede que tengan ustedes problemas para hacer ventas, y he pensado que quizás les gustaría leer este libro».

4. Establece conexiones que puedan ayudar al cliente. «Me encontré con Elle Woods el otro día y me di cuenta de que podría tener sentido que la conozca usted, poque su compañía…».

5. Sé más claro que el agua con respecto a lo que necesitas saber y empieza a buscarlo. Prepárate para cada conversación de ventas preguntándote: «¿Qué quiero saber y qué quiero compartir?». Estate preparado para comentar información sobre ti mismo, tu producto, tus servicios y tu sector. «No conseguir prepararte es una preparación para el fracaso», dijo un hombre sabio llamado Benjamin Franklin.

INTENCIÓN, CONTENIDO, CONDICIÓN

La curiosidad *genuina* nos lleva a buscar comprender las cosas. Esto incluye toda la estructura de una gran cuestión: intención, contenido y condición.

La intención consiste, simplemente, en averiguar por qué estás haciendo la pregunta. No es necesario que hagas una pregunta de la que ya conoces la respuesta a no ser que la pregunta vaya a ayudar a tu cliente potencial a aliviar el dolor de su problema. Tu intención es siempre buscar *conocimiento*.

No querrás hacer preguntas capciosas. Haz preguntas para descubrir algo de información que quieras aprender o conocer. Recuerda que el tiempo es precioso y que avanza, así que debes emplearlo con inteligencia.

El contenido consiste en descubrir *qué* es exactamente lo que quieres saber. Hay ocasiones en las que los vendedores se irán por las ramas o infundirán tanta ambigüedad o vaguedad a sus preguntas que confundirán al cliente. Un cliente confundido quizás acabe dejando de ser un cliente. Anota específicamente qué quieres saber. Generalmente, te encontrarás con que lo que anotes puede ser el catalizador de una pregunta bien elaborada.

La condición implica descifrar cómo recibirá el cliente la pregunta. Es como un humorista probando sus chistes en Twitter. Este paso es crucial para mejorar la calidad de tus preguntas. Haz tu pregunta en voz alta, de modo que puedas oír lo que estás diciendo. Si tú fueras el cliente, ¿cómo te haría sentir esa pregunta? ¿Te haría ponerte a la defensiva? ¿Te dejaría sintiéndote confundido? ¿Te haría sentir como si te estuvieran tendiendo una trampa? Si la respuesta a alguna de esas preguntas es afirmativa, deberás revisarlas. Poniéndote en el lugar de tu cliente y *escuchando* tu propia pregunta evitarás fastidiar la venta.

Hacer las preguntas adecuadas genera un entorno seguro porque le das permiso al cliente para sentirse lo suficientemente seguro para abrirse a ti acerca de cuáles son sus problemas reales y sus objetivos. El cliente probablemente compartirá sinceramente contigo qué es lo que le está suponiendo un lastre. Tus preguntas deberían potenciar el pensamiento y el diálogo. Una serie de preguntas te proporcionará mejor un verdadero conocimiento de tu cliente. Las grandes preguntas llevarán al cliente a sacar sus propias conclusiones, y llegar ahí se traduce como tu llegada a una historia de éxito en las ventas.

Observa lo que sucede cuando tus clientes potenciales empiecen a escucharse a sí mismos respondiendo a tus preguntas. Empiezan a procesar la información internamente mientras contestan. Sus respuestas les ayudan a pensar acerca de sus problemas y a admitir la idea de que quieren solucionar esos problemas. Mientras internalizan consciente y subconscientemente lo que te van a decir, sus respuestas les ayudan a fijarse y a retar a sus convicciones relativas a por qué siguen permitiendo que su situación actual prosiga.

Cuando formulas estas preguntas y la gente te explica sus problemas, también se está diciendo a sí misma por qué tiene esos problemas, qué está provocándolos, su origen y lo importante que es para ella cambiarlos.

La gente empezará a decirse a sí misma cosas como: «¿Por qué sigo postergando adquirir un seguro de vida para mi familia?». «¿Por qué sigo invirtiendo mi dinero en esta empresa? Quizás debería echar un vistazo a lo que este tipo está analizando conmigo. Quizás podría obtener un mayor rendimiento». «¿Por qué sigo viajando una hora diariamente al trabajo cuando podría ser como esta mujer y trabajar desde casa?»; o «¡Vaya!, ¿por qué sigo publicitando mi empresa de esta forma cuando podría conseguir mejores clientes potenciales con unas mayores conversiones para mi equipo de ventas?».

Seguirán preguntándose: «¿Qué está evitando que haga esto? ¿Qué me está reteniendo?». Se cuestionarán por qué se permiten permanecer es la misma situación. Entonces empezarán a pensar en hacer algo para cambiar su situación. Cuando tus clientes potenciales lleguen a este punto gracias a tus impresionantes habilidades de hacer preguntas, se empezarán a persuadir a sí mismos de que están listos para hacer ese cambio ya, no en seis meses, sino en ese preciso momento.

En el campo de las ventas debes aprender preguntas *concretas* y *cuándo* y *cómo* hacerlas en forma de una estructura paso a paso que hará que tus clientes potenciales se vendan a sí mismos en lugar de que tú tengas que intentar hacerlo. Es ahí donde entramos nosotros.

Las preguntas a las que nos estamos refiriendo pretenden sacar a relucir las verdades interiores y exteriores de la gente y, más importante: sus emociones. No consiste en que tú les hables. En lugar de ello consiste en que ellos te hablen sobre sí mismos a ti.

Aquí tenemos un fragmento del aspecto que tiene el proceso y sobre en qué se centrarán las preguntas:

1. Preguntas de conexión: Estas preguntas apartan el foco de ti y lo ponen sobre tu cliente potencial.
2. Preguntas de situación: Estas preguntas te ayudan a averiguar cuál es su situación actual.
3. Preguntas de conciencia del problema: ¿Qué problemas tienen (si los tienen), qué los ha provocado y cómo les están afectando?

4. Preguntas para tomar conciencia de la solución: Estas preguntas implican a tu cliente potencial y a su idea, que provoca que se aferre emocionalmente a resolver su problema y a hacerlo *contigo* mientras ve qué aspecto tendrá su futuro una vez que el problema se haya solucionado.
5. Preguntas de consecuencia: Estas preguntas les ayudan a cuestionar su forma de pensar y a explorar las consecuencias de no modificar su situación.
6. Preguntas clasificatorias: Estas preguntas confirman lo importante que es para ellos cambiar su situación.
7. Preguntas de transición: Estas preguntas te ayudan, de forma natural, a hacer la transición para analizar cómo tu solución les ayudará a resolver su problema.

Estas preguntas te proporcionan el espacio adecuado para exponer tu solución en el momento adecuado.

¿Crees que la mayoría de tus clientes potenciales estarían abiertos a escucharte? Oh, sí, por supuesto que lo harán, ¿y sabes qué? Sucederá algo muy interesante. ¿Estás preparado? ¡Agárrate! De acuerdo, ahí va: ¡a tu cliente potencial le gustarás! Empezará a devolverte las llamadas y a andar detrás de ti, para variar. ¡Vaya! Ése es un concepto nuevo que todos respaldaríamos, ¿verdad?

A lo largo de los siguientes capítulos vamos a desglosar el proceso de hacer preguntas y cómo puedes empezar a implementarlo en tus conversaciones sobre negocios y de ventas.

Capítulo 8

VENDER O NO VENDER, ÉSA ES LA CUESTIÓN

«El hombre sabio no proporciona las respuestas adecuadas, sino que plantea las preguntas adecuadas».

CLAUDE LÉVI-STRAUSS, antropólogo francés

Ahora ha llegado el momento de modernizar tu proceso de ventas o de arriesgarte a volverte irrelevante. Viviendo en un mundo en el que las cosas cambian, mejoran, empeoran y evolucionan a cada segundo que pasa, no hay mejor momento que éste mismo para hacerlo, especialmente teniendo en cuenta que en el tiempo que te ha llevado leer este libro, probablemente haya cincuenta nuevas actualizaciones de tu *smartphone*. Sin un patrón fiable y *moderno* que seguir, junto con el conocimiento de las fases de las ventas, tú y tu equipo de ventas tendréis un rendimiento inferior. Es como intentar reproducir un archivo MP3 en el viejo radiocasete portátil de tu tío.

El proceso de ventas actúa a modo de mapa de carreteras y guía. Si el mapa de carreteras que has estado usando te sigue conduciendo hacia callejones sin salida, ha llegado el momento de hacer algo diferente. El método de ventas que te funcionaba en el pasado puede que no genere la misma respuesta en este preciso momento, y lo que funciona hoy puede que no funcione mañana. Ya captas la idea. El juego de las ventas es fluido, así que tú también debes adoptar este enfoque.

Cuando se trata de las ventas, la intención lo es *todo*. Tu intención es tu estado de ánimo en el momento de tu acción. Pregúntate dos cosas: «¿Cuál es mi objetivo?» y «¿Qué planeo hacer?». Brian Tracy, orador motivacional, sugiere: «La primera cosa con la que deberías alimentar a tu mente es el objetivo, la resolución. Los clientes responden a la energía y el entusiasmo generado por el tener un objetivo o propósito». Pero espera un momento. Ese objetivo no puedes ser tú. Debes estar centrado en la otra persona, lo que significa que debes comprender toda la situación antes de sugerir o prescribir tu producto como la solución.

Pongamos que una persona dice que está muerta de hambre y tú vendes unas galletas recubiertas de chocolate y pedacitos de frutos secos que son muy apetitosas y ricas en gluten, y le dices inmediatamente: «Compra mi producto y nunca más volverás a sentir hambre» para luego averiguar que esa persona sufre de alergia al gluten, es diabética y odia los frutos secos de todo tipo. ¡Vaya! Ni siquiera has tenido la oportunidad de explicarle que también puedes ofrecerle una opción sin gluten, sin frutos secos y sin azúcar porque ya has enviado a esa persona al hospital con tu insolente prisa por vender.

La intención adecuada abre mentes (y bocas), mientras que la intención incorrecta las cierra. Las Ocho Normas de la Intención en las Ventas son cruciales para triunfar en nuestro nuevo mundo:

1. Tengo la intención de tener empatía, de ver las cosas desde el punto de vista del cliente.
2. Tengo la intención de centrarme en él, y no en mí.
3. Tengo la intención de encontrar a gente que de verdad quiera lo que estoy ofreciendo.
4. Tengo la intención de ser considerado diferente, único y un profesional consumado.
5. Tengo la intención de dominar los conocimientos que necesito para que me consideren un experto en mi sector.
6. Tengo la intención de prepararme para cada llamada, no porque sea importante para mí, sino porque es importante para mis clientes y para mis clientes potenciales.

7. Tengo la intención de emplear palabras y dar con un lenguaje que sintonice con mis clientes potenciales y sea convincente.
8. Tengo la intención de tener un centro neurálgico interior de control porque comprendo que soy responsable de los resultados de mis acciones.

En cualquier conversación con un cliente potencial, las primeras preguntas que hagas pueden llevarte al éxito o al fracaso. Pueden conminar a la gente a verse atraída hacia ti y a abrirse a lo que estés vendiendo, o pueden alejarla completamente de ti y de tus productos, desencadenando una resistencia a las ventas que, indudablemente, lleve al temido rechazo.

Si quieres asegurarte de que los clientes potenciales se conviertan en clientes propiamente dichos, sigue leyendo. Vas por el buen camino. Internet está repleto de artículos sobre el proceso de ventas y consejos sobre éste. ¿Qué hace que esto sea distinto?: que te proporcionamos un proceso de *formulación de preguntas* que funciona *a favor* del comportamiento humano, y no en su contra.

Lo cierto es que puede que tus ventas no se encuentren al nivel que deseas, basándote en tres conceptos sencillos:

1. Tu definición de las ventas
2. Tu elección del vocabulario
3. Lo que *no* estás preguntando

El último es el más crítico y es interdependiente de los otros dos. Ahora que posees un mejor conocimiento de las ventas y de cómo tus palabras importan, ha llegado el momento de desglosar el proceso de formulación de preguntas.

Preguntas de conexión

Las preguntas de conexión son la clave para generar una primera impresión favorable mientras te centras en tu cliente potencial. Mediante ellas, crearás una conexión emocional que el 99 por 100 de los vendedores sólo podría soñar con alcanzar. Date cuenta de la enorme diferencia en el tono y el flujo y percátate de las tres poderosas preguntas de conexión empleadas justo al principio de la conversación de ventas que atraen al cliente potencial de inmediato como una serie policíaca de HBO con un número predeterminado de capítulos protagonizada por Nicole Kidman o Kate Winslet.

Ser capaz de establecer el control en la conversación desde el principio te empodera para mostrarte abierto frente a tus clientes potenciales y, como tal, puedes ayudar a guiar la conversación de ventas hacia una conclusión lógica para él. Emplear preguntas de conexión también te ayuda a asentar valor en *ti* y en la compañía que representas.

Una vez que hayas aprendido qué son las preguntas de conexión y por qué y cuándo usarlas, será fácil poner el foco en tu cliente potencial y asentar confianza. Al igual que un osito de goma que contenga CBD, estas preguntas, cuando se usan correctamente, eliminan la ansiedad que condena a un discurso de ventas desde el principio.

Ahora veamos cómo usar una pregunta de conexión para iniciar el proceso de ventas cuando alguien te llame después de haber visto un anuncio, en este caso de una compañía de seguros.

Cliente potencial: Le llamo por el anuncio que he visto en Internet. ¿Me podría explicar en qué consiste?

Vendedor que usa el Nuevo Modelo: Oh, ciertamente. Puedo revisar todos los detalles con usted si quiere, pero simplemente siento curiosidad. Cuando leyó el anuncio, ¿qué es lo que le llamó la atención de él?

Ésta es tu primera pregunta de conexión.

¿Por qué querrías hacer esta pregunta? De hecho, hay dos razones.

La primera es porque te lo dirán, pero lo más importante es que se dirán a sí mismos por qué estuvieron interesados, ya para empezar, en ponerse en contacto contigo. Éste es el primer paso para que se convenzan a sí mismos de escucharte atentamente y oír lo que tienes que ofrecerles. Lo segundo es que ahora empezarás a hacerte una imagen de por qué han llamado y qué es lo que necesitan.

Cliente potencial: Sentí curiosidad por… bla bla bla, bla bla bla, bla bla bla…

Después de que te digan por qué han respondido al anuncio, harás una pregunta de conexión adicional.

Vendedor que usa el Nuevo Modelo: ¿Hubo algo más que le llamara la atención? [Y ahí tienes tu segunda pregunta de conexión].

En muchas ocasiones te explicarán más razones por las cuales han respondido al anuncio. Ahora estás haciéndote una imagen de la situación y está empezando a parecerse a una venta. Sigue avanzando.

Vendedor que usa el Nuevo Modelo: ¿Sabe usted lo que está buscando? [Ésa es tu tercera pregunta de conexión].

Entonces podrás proceder con una pregunta de situación, dependiendo de lo que vendas. Así es como podrías enfocar tu primera reunión con un cliente potencial si vendieses, por ejemplo, seguros de vida.

Vendedor que usa el Nuevo Modelo: Dígame, ¿qué tipo de póliza de seguro de vida tiene ahora?, [o] ¿Puedo preguntarle qué tipo de cobertura económica tiene ahora para su familia?

Aquí tenemos el aspecto que podría tener el primer acercamiento a un médico:

Cliente potencial: Encantado de conocerle. ¿Para qué compañía me han dicho que trabaja? De acuerdo, tengo un poco de prisa. ¿Qué vende usted?

Vendedor que usa el Nuevo Modelo: Mucho gusto también. Me estaba preguntando si la razón de que nos reunamos hoy es que haya oído usted hablar de nuestro nuevo chip para piernas fracturadas y enyesadas y quisiera usted saber de él.

Cliente potencial: No. No he oído hablar de ningún producto como el que acaba de describir, pero me ha despertado la curiosidad, eso seguro.

Vendedor que usa el Nuevo Modelo: Supongo, por su curiosidad, que podría ser un buen momento para hacerle un rápido resumen sobre el chip NLE, ya que está usted ocupado. Simplemente tengo que hacerle unas preguntas rápidas, para no hacerle perder el tiempo. ¿Le parece eso bien? Por cierto, nuestra empresa se llama NLE, que significa «No Lo Empeores».

Ahora veamos cómo una vendedora que emplea técnicas de venta tradicionales llama a una clienta potencial de una empresa que se ha puesto en contacto a través de un *e-mail* o el teléfono para venderle servicios de *coaching* usando tanto el método de la vieja escuela como el Nuevo Modelo.

Vendedora corriente: Hola, ¿hablo con Annie? Hola, Annie, soy Lara Craft, de la Compañía XYZ. ¿Qué tal está? Genial. Oiga, ¿dispone de dos minutos para hablar ahora?

Clienta potencial: No, en realidad no los tengo.

Vendedora corriente: De acuerdo, bien. Vi que respondió usted a un anuncio ayer sobre conseguir un *coach* para que le ayude a cerrar más tratos con su negocio, y me han pedido personalmente que la llame para mostrarle cómo podemos ayudarle a conseguir más tratos con su empresa. ¿Cuándo le iría mejor que la volviera a llamar? ¿Más tarde o mañana?

Estás empezando a perseguirlos, ¿y ahora qué pareces? Simplemente otro vendedor corriente intentando venderles algo.

Clienta potencial: Llámeme mañana.

Vendedora corriente: De acuerdo. Genial. Así pues, Annie, permítame hacerle una pregunta realmente rápida. ¿Cuáles son los dos problemas que tiene en este preciso momento que le estén costando tratos y dinero?

Clienta potencial: Me va realmente bien con mi negocio ahora. De todas formas, ¿de qué va todo esto?

Vendedora corriente: Bueno, la estoy llamando porque, con nuestros servicios de *coaching* podemos ayudarle a cerrar más tratos y ayudarle con las necesidades de su negocio. De hecho, nuestros clientes nos han valorado como el servicio de *coaching* número uno del país durante tres años seguidos, y...

Clienta potencial [corta al vendedor]: Bueno, estoy ocupada en este momento. Simplemente vuelva a llamarme mañana.

Vendedora corriente: De acuerdo, bien. Permítame preguntarle de nuevo cuáles son los dos problemas que tiene en este preciso momento que le estén costando tratos y dinero y que si pudiera solucionárselos ya mismo harían que me tomara usted en serio y me dedicara unos minutos.

Fíjate en cómo la vendedora sigue presionando a la clienta potencial para que le explique dos problemas. En este momento la presión de las ventas está aumentando.

Clienta potencial: Mire, señora, en realidad no tengo tantos problemas.

Vendedora corriente: ¿Entonces por qué respondió al anuncio? Dispongo de una solución que le ayudará a hacer un seguimiento a sus clientes potenciales para conseguirle a su empresa tantos tratos que podrían triplicar sus ventas este próximo mes. ¿Cuándo podría darme diez minutos para que pudiera mostrarle cómo esto funcionará para su compañía?

Clienta potencial: De acuerdo, en algún momento de la semana que viene.

Vendedora corriente: Está bien. Podría llamarla el jueves a las dos o el viernes a la una.

A esto se lo conoce con el nombre de «cierre de la prueba». Todos los vendedores lo usan, y los clientes potenciales sienten que los estás presionando para conseguir una cita.

Clienta potencial: Podría el viernes a la una.
Vendedora corriente: De acuerdo. Genial. Sé que le va a gustar de verdad lo que voy a mostrarle el viernes. Estoy muy contenta. Hablamos el viernes.

El viernes siguiente, a la una de la tarde, lo único que la vendedora corriente oye es una voz de un contestador, por lo que deja un mensaje, pero la clienta potencial nunca le devuelve la llamada. Terrible. Una vez más, el agua está mojada. ¿Te ha sucedido esto alguna vez?

Ahora veamos cómo un vendedor que usa el Nuevo Modelo llama a una clienta potencial para venderle servicios de *coaching*.

Vendedor que usa el Nuevo Modelo: Hola, Jane, me llamo Jeff Lebowski. Trabajo para la Compañía de Coaching XYZ, y parece que respondió usted ayer a un anuncio sobre, posiblemente, contar con ayuda externa para mejorar su negocio de *coaching*. Probablemente debería empezar por preguntarle si ha encontrado lo que estaba buscando o si sigue buscando ayuda para mejorar su negocio.

Pregunta *siempre,* porque si ya han encontrado ayuda, te gustaría saberlo desde el primer momento. El 99 por 100 de las veces te dirán que no la han encontrado.

Clienta potencial: No, sigo buscando.
Vendedor que usa el Nuevo Modelo: De acuerdo. Simplemente sentía curiosidad por saber qué cosa en concreto del anuncio atrajo su atención.

Esto le recuerda la razón por la cual respondió al anuncio. Fíjate en que no sólo te está diciendo por qué ha respondido, sino, y más importante, a quién se lo está diciendo: se lo está explicando *a sí misma*. Así es como conseguirás que se persuada a sí misma de querer fijarse en cómo podrías ayudarla.

Ahora estableceremos el marco de la llamada.

Vendedor que usa el Nuevo Modelo: En esta primera parte de la llamada diría que consiste más en que averigüemos qué ha hecho usted en el pasado para mejorar y qué está buscando en realidad ahora, simplemente para ver si, de hecho, podríamos ayudarla, ya que hay algunas personas ahí fuera por las que no hay mucho que podamos hacer.

Pues bien, ¿por qué diría esto al final aquí? Es porque *desarma* al cliente potencial. Cuando dices que todavía no estás seguro de poder ayudarle, ya que hay algunas personas/compañías a las que *no puedes* ayudar, eso provoca que su cerebro empiece a atraerte a su interior.

Recuerda escuchar *atentamente* a la respuesta y toma notas.

Vendedor que usa el Nuevo Modelo: ¿Y sabe qué está buscando?

O:

«¿Y qué esperaba conseguir de la llamada hoy, simplemente para que pueda comprenderlo mejor?».

Tanto si llamas a clientes potenciales, operas B2B, se trata de llamadas en frío o es una red de contactos, es imperativo que te centres en el cliente potencial en lugar de en tu propia agenda. En esta situación, tu agenda es su agenda, así que centrándote en ellos podrás averiguar qué quieren y por qué lo quieren desde el primer momento.

Ahora ha llegado el momento de llevar esto al siguiente nivel: un nivel en el que preguntarás la esencia de la conversación de ventas, que se conoce como *preguntas de situación:* la base sobre la que desarrollarás *toda* tu conversación de ventas.

Preguntas de situación

Para alcanzar el objetivo final, primero debemos saber cuál es la situación actual del cliente potencial, qué problemas está experimentando, la causa de estos problemas y cómo dichos problemas le están afectando (qué emoción está sintiendo). Esto debe llevarse a cabo *antes* de que podamos ofrecer nuestra solución para ver si podemos ayudarle. No podemos cambiar lo que el cliente piensa y cómo enfoca una situación en la que nuestro producto o servicio podría ser la solución adecuada.

Tus clientes potenciales tienen las respuestas. Ellos son los anfitriones de este programa de juegos: el Alex Trebek (RIP), Mayim Bialik, Ken Jennings (y quienquiera más que el programa *Jeopardy!* [recordemos que se trata de un concurso de conocimientos con preguntas sobre numerosos temas] haya escogido para cuando hayas llegado a este capítulo) de tu torneo de campeones de ventas. Todo lo que tienes que hacer para ganar es, simplemente, hacer las preguntas adecuadas y darles tiempo para contestarlas. Te llevarás el bote y el premio gordo por las Estrategias de Ventas Ganadoras antes de que tengan tiempo para irse a la pausa publicitaria comercial.

Fijémonos en cómo telefonear a alguien que haya solicitado que le envíen información. Veremos cómo el vendedor que usa el Nuevo Modelo llama a un cliente potencial al que le han enviado información sobre una compañía o ha obtenido información de la página web de esa empresa.

La mayoría de los vendedores haría esta llamada dando por sentado que el cliente potencial pretende hacer una compra por el mero hecho de haber solicitado que le enviaran información, pero tú sabes hacerlo mejor. Vas a permanecer tranquilo, compuesto y neutro para averiguar si puedes ayudar a esta persona.

Vendedor que usa el Nuevo Modelo: Hola, Mary, me llamo Charles Kane y trabajo para la Compañía XYZ. Hace poco nos pidió que le enviáramos información relativa a nuestras estrategias de *marketing* digital para propietarios de pequeñas empresas, y le devuelvo la llamada para si ver si podríamos ayudarla. ¿Llamo en un buen momento?

Clienta potencial: Sí, me va bien. Dispongo de algunos minutos.

Vendedor que usa el Nuevo Modelo: Probablemente debería empezar preguntándole si ya ha encontrado lo que estaba buscando o si sigue buscando formas de conseguir mejores clientes potenciales.

¿Te has dado cuenta de cómo, al final de la frase, hemos introducido, específicamente, que ella respondió al anuncio para, en este caso, conseguir mejores clientes potenciales? Simplemente introduces el beneficio al final, y ¡bum!

Ahí tienes tu primera pregunta de conexión. Esto abre la conversación de inmediato como un sacacorchos. ¡Pop! Ahora ha llegado el momento de dejar que el vino respire. Tu pregunta es para asegurarte de que no hayan encontrado algo ya o que no hayan firmado un contrato con otra persona, ya que, si lo han hecho, el juego habrá acabado y nadie habrá perdido su tiempo. Dicho esto, como acaban de responder al anuncio, el 99 por 100 de las veces significará que siguen buscando.

Vendedor que usa el Nuevo Modelo: De acuerdo. Simplemente siento curiosidad: cuando leyó el anuncio en el que vio a XYZ, ¿qué fue lo que atrajo su atención de ese anuncio?

Ésta es tu segunda pregunta de conexión. Esto les recuerda por qué contestaron al anuncio en primer lugar y, además de decírtelo, ¿a quién se lo están diciendo? ¡Se lo están diciendo a sí mismos! Ésta es la primera parte de que ellos se persuadan a sí mismos para que quieran que les ayudes. Recuerda que ésta no es la película *Jerry Maguire* y su frase «Ayúdame a ayudarte». Se trata de ti ayudándoles a ayudarse a sí mismos. ¿Me sigues?

Clienta potencial: Bueno, imagino que sentía curiosidad por saber qué hacen ustedes. Ahora tenemos una empresa que nos ayuda con este tipo de cosas, por lo que sentía curiosidad más que nada.

Vendedor que usa el Nuevo Modelo: Ningún problema.

Ésta es una forma sencilla de desactivar la objeción de disponer ya de una empresa.

Vendedor que usa el Nuevo Modelo: Bueno, puedo revisar algunos detalles con usted si lo desea. Podría resultar adecuado que supiera un poco más sobre su compañía y qué hacen para ver si, en realidad y en primer lugar, podríamos ayudarles. Por ejemplo, ¿qué tipo de *marketing* usan para atraer a nuevos clientes potenciales y compradores o consumidores?

Este vendedor que usa el Nuevo Modelo está haciendo algunas preguntas de situación para hacerse una idea de lo que hace la empresa para así determinar si tienen o no problemas que la solución que ofrece el vendedor pueda abordar y solucionar.

Clienta potencial: De hecho, hacemos algo de pago por clic, *banners* publicitarios y algunos anuncios en Facebook.

Vendedor que usa el Nuevo Modelo: ¿Cuánto tiempo llevan haciendo ese tipo de *marketing?*

Ahora va a toda máquina en una conversación bidireccional con el cliente potencial y le está implicando en el proceso. Ya no es ese temido vendedor que simplemente está intentando venderle algo.

Ahora que has visto algunos ejemplos y que hemos hablado de por qué es tan importante generar un diálogo, aquí tenemos un rápido resumen de los pasos que dar al llamar a tus clientes potenciales.

1. Di quién eres.
2. Di para qué empresa trabajas.

3. Haz referencia al anuncio al que respondieron y recuérdales que han sido ellos los que te han pedido que los llamaras.
4. Pregúntales si sigue siendo un buen momento.
5. Indica que no estás sesgado afirmando lo obvio: «Nuestro producto (o servicio) no es para todo el mundo. Ésa no es la cuestión. La cuestión es quién podría beneficiarse de lo que nuestro producto o servicio ofrece y en lo que puede que usted no esté pensando ahora. ¿Tiene sentido que sigamos con la conversación para ver si lo que hacemos puede, de hecho, ayudarle?».
6. Averigua cuál es su situación actual y, usando preguntas de conexión y de situación, pregunta cómo puedes, potencialmente, ayudarles.

¿Qué emociones crees que se despiertan con mayor frecuencia para ti y tu cliente potencial durante el inicio de una conversación de ventas? La ansiedad y el miedo son las emociones más frecuentemente asociadas a las ventas.

Las preguntas de conexión te permiten poner el foco en tu cliente potencial y asentar confianza mientras hacen que se esfumen la ansiedad y el miedo sin esfuerzo alguno. Ya no tendrás que preguntarte qué decir y no tendrás que encontrar algún interés mutuo sobre el que hablar. La charla insustancial es insoportable y es una de las razones por las cuales en la actualidad la gente más bien escribe mensajes de texto que habla por teléfono. Ve al grano y da entrada a los emojis de celebración.

Ahora pasemos a la parte de la situación en la conversación de ventas. Tu objetivo consiste en centrarte en un *vínculo* común potente. Es entonces cuando les mostrarás que tus intereses están en sintonía con los suyos porque te preocupas por lo que les preocupa. ¿Cuál crees que es su interés número uno? Obviamente, su interés es en ellos mismos, su *situación* y cómo dicha situación les está afectando: es decir, su(s) problema(s).

Hacer estas preguntas te empodera para sentirte cómodo y lleno de confianza en lo que estás vendiendo. Tus clientes potenciales pueden sentir tu confianza, y se sentirán cómodos contigo. Recuerda que cuando te centres en tu cliente potencial, eso reducirá tu ansiedad. Estas preguntas también prepararán el camino para que sigas haciéndoles tus preguntas habilidosas a lo largo de la conversación de ventas. Sabiendo cuándo hacer preguntas concretas, sabrás qué es lo que tienes que escuchar y sabrás cuándo y cómo presentar tu solución.

Ellos se cuestionarán por qué se permiten permanecer en la misma situación. Entonces empezarán a pensar acerca de hacer algo para modificar su situación. Cuando tus clientes potenciales lleguen a este punto debido a tus habilidades con la formulación de preguntas, empezarán a persuadirse a sí mismos sobre estar preparados para llevar a cabo ese cambio en ese momento, y no en seis meses ni un año, sino *ahora*.

Las preguntas que haces generan más problemas en su mente, contrariedades que ni siquiera sabían que padecían, lo que los lleva al punto en el que están listos para oír cómo podrías ser capaz de resolver esos asuntos, diciendo: «Oh, ni siquiera había pensado en que tuviéramos estos problemas. Debemos resolverlos porque llegaré hasta aquí si los solucionamos, pero si no me quedaré exactamente donde estoy actualmente».

Como regla de oro general, no deberás hacer más de tres o cuatro preguntas de situación seguidas. Si haces más, tus clientes potenciales puede que sientan que los estás interrogando, como un policía en un episodio de una serie de misterio e investigación. La diferencia aquí es que tienen la completa libertad de largarse, y tú no quieres que pase eso. Aunque las preguntas de situación tienden a ser aburridas y a estar vacías de emociones, siguen siendo muy necesarias.

Te ayudan a conocer cuál es su situación actual, qué están haciendo en este preciso momento y qué han hecho en el pasado. Las respuestas que recibas serán más factuales que otra cosa.

Las preguntas de situación pueden usarse en cualquier sector, independientemente de lo que vendas. Aquí tenemos algunos ejemplos:

Marketing en las redes

En el *marketing* en las redes, lo más probable es que tu objetivo sea reclutar a gente para que se una a tu organización de ventas. Aquí tenemos algunas preguntas que podrías hacer: «Así pues, John, ¿cómo se gana la vida?», o «¿En qué trabaja?». Luego preguntarías: «¿Desde cuándo lleva haciendo ese tipo de trabajo?», o «¿Durante cuánto tiempo ha hecho eso para ganarse la vida?».

Si tu cliente potencial es el propietario de una empresa, podrías preguntarle: «¿Desde hace cuánto es usted propietario de este tipo de empresa?».

Si tu cliente potencial está jubilado, podrías preguntarle: «¿Cuánto tiempo lleva jubilado? ¿Qué hacía antes de jubilarse?».

Luego podrías hacer una pregunta de situación más: «Así pues, ¿qué le hizo implicarse en su trayectoria profesional?», o «¿Qué le hizo implicarse en ese tipo de trabajo?».

Servicios financieros

Supón que tu cliente potencial es una persona con un gran patrimonio neto. Puedes preguntarle: «¿Puedo preguntarle qué aspecto tiene su cartera de inversión en este momento?», «¿Y durante cuánto tiempo ha estado destinando su capital a esos tipos de inversiones?», y «Siento curiosidad por saber qué le hizo implicarse en ese tipo de inversiones».

Ventas de coches

«Así que dígame, Julie, ¿qué tipo de coche conduce ahora?», «¿Y cuánto hace que tiene su vehículo?», y «Siento curiosidad por saber qué le hizo comprarse ese coche hace algunos años?».

Ventas de seguros de vida

«¿Puedo preguntarle con quién tiene contratado su seguro de vida actualmente?», «¿Y qué tipo de póliza tiene con esa compañía?», «Siento curiosidad por saber qué es lo que hizo que escogiera esa compañía/póliza», «¿Qué es lo que tiene pensado ahora para proteger económicamente a su familia cuando fallezca usted?», «De acuerdo, ¿y cuánto tiempo lleva con esa compañía?», o «¿Puedo preguntarle qué hizo que escogiera a esa compañía y no otra?».

Ventas médicas B2B

Jerry tiene su propia idea sobre cómo abordar a los médicos si trabajas en el campo médico B2B y tratas con facultativos. Échale un vistazo a esto:

Vendedor que usa el Nuevo Modelo: ¿Puedo hacerle esta pregunta? Sé que cada consulta es diferente, pero, en la suya, ¿se encuentra con que atiende a más pacientes con la pierna fracturada y que tienen que llevar una bota de los que le gustaría atender; que tienen que ser reprendidos, quizás duramente, por su personal para que se dejen la bota puesta tal y como les han indicado, ya que si no se exponen a fastidiarse de verdad la pierna fracturada?

Siento curiosidad, doctor. ¿Cómo de grave puede ser, potencialmente, para estos pacientes, y de acuerdo con su experiencia, que no cumplan las indicaciones con este tipo de lesión?

Si tuviera que adivinar, ¿cuántas veces en un mes diría que un paciente así acude a su consulta?

Doctor, como este tipo de problema puede tener un impacto muy negativo en la recuperación de un paciente, ¿cómo suele enfocar este problema con los pacientes que cree que no siguen sus recomendaciones relativas a llevar la bota puesta?

¿Ves cómo funciona esto? Dista mucho de ser emocionante, pero es bastante directo. Te estás haciendo una idea de su situación actual para comprender de dónde viene antes de avanzar para averiguar por qué podría querer llevar a cabo un cambio.

Elegir centrarte siempre en tu cliente potencial te proporcionará siempre ventaja en la competición; y no estamos hablando de preguntar cosas sobre su vida personal, cuántos hijos tiene, etc. Nos referimos a centrarte en averiguar cuáles son los problemas de su negocio, qué provocó esos problemas y cómo le están afectando.

Las preguntas de conexión te permiten centrar el foco en tu cliente potencial y asentar confianza, ya que hacen que se esfumen la ansiedad y el miedo sin esfuerzo alguno. Eso nos lleva directamente al siguiente peldaño en el poder del diálogo. ¿Estás preparado? ¡Estamos captando la atención e involucrándonos!

En el siguiente capítulo nos sumergiremos todavía más en la fase de involucramiento con las preguntas de concienciación sobre el problema, de concienciación sobre la solución y de consecuencia, clasificatorias, de tanteo y clarificadoras.

Capítulo 9

LA FASE DE INVOLUCRAMIENTO

«A los clientes no les importan tus políticas. Encuentra la necesidad y enfréntate a ella. Dile al cliente qué es lo que puedes hacer».

ALICE SESAY POPE, oradora motivacional sobre la experiencia de los consumidores

Más que nunca antes, nosotros, los vendedores, debemos implicar a nuestros clientes potenciales como personas individuales (como seres humanos, y no como cifras) antes de poder avanzar con nuestras soluciones. Esto es cierto en nuestras conversaciones de ventas con clientes potenciales, y ahora es igualmente cierto a nivel macro en nuestros empeños publicitarios y de *marketing*.

La fase de involucramiento (la captación de la atención e implicación con el y del cliente potencial) es el núcleo del Nuevo Modelo de Ventas basado en las preguntas de persuasión neuroemocional (PPNE). Aquí es donde se realiza la venta en el proceso de ventas. Es el 85 por 100 del proceso. Te darás cuenta de que tus clientes te comprarán a *ti* (por cierto, esto no tiene nada que ver con que «te compren»), basándote primero en que escuchas, eres comprensivo y luego les haces las preguntas adecuadas en el momento correcto en vuestra conversación.

Tu objetivo consiste en ayudarles a averiguar cuáles son sus problemas (si es que los tienen), qué los provocó (en concreto, la raíz de éstos) y, lo más importante: cómo estos problemas les están afectando a ellos o a sus propios clientes. Además, como ya sabes ahora, averiguarás todo eso haciendo preguntas. Ahora que estáis implicados, ha llegado el momento de husmear en los demonios *de los negocios* más profundos y oscuros de tu cliente potencial (estratégicamente hablando, por supuesto).

PREGUNTAS DE CONCIENCIACIÓN SOBRE EL PROBLEMA

Hacer preguntas de concienciación sobre el problema te ayuda a ti y a tu cliente potencial a estudiar cuáles son sus retos y cómo les están afectando esos problemas.

Cuando respondan a estas preguntas, será como si tuvieras tu propio Waze de las ventas, con un mapa de carreteras detallado sobre cómo llegaron a la situación en la que se encuentran, además de los baches, los radares de velocidad y los accidentes en la ruta. Comprenderás cuáles son sus problemas, por qué sufren esos problemas y qué está provocándoles esos problemas.

¿Cuándo preguntarles? Justo después de hacerles dos o tres preguntas de situación, empezarás a formularles preguntas de concienciación del problema. Empieza siempre preguntándoles si les gusta lo que tienen ahora. Por supuesto, esto se enunciará de forma ligeramente distinta en una venta B2B en la que, digamos, un fabricante de neumáticos esté vendiendo neumáticos a un fabricante de coches o unos mayoristas estén vendiendo sus productos a minoristas, pero te harás una idea con los siguientes ejemplos:

Venta de coches: Así pues, John, ¿le gusta el coche que tiene ahora?

Seguros de vida: Así pues, Mary, ¿le gusta la póliza de seguro que tiene ahora?

Propiedades inmobiliarias: Así pues, Alex, ¿le gusta la casa en la que vive ahora?

Marketing **en Internet/Agencia de contratación:** Así pues, Jane, ¿le gusta lo que hace para ganarse la vida en la actualidad?

Servicios financieros: Así pues, Barry, ¿le gusta la cartera de inversión que tiene ahora?

Servicios de pérdida de peso: Así pues, Drew, ¿le gustan los programas de dieta que usa en la actualidad?

Sector médico: Así pues, doctor, ¿le gusta la forma en la que los pacientes con las piernas fracturadas pueden tomar la decisión de no llevar la bota puesta como deberían sin que usted lo sepa en tiempo real?

O se podría enunciar de la siguiente forma: «¿Quiere que sus pacientes puedan quitarse la bota sin que usted lo sepa?», y cuando te responda y te diga: «¡Maldita sea, no!», tú le harías una pregunta de persuasión neuroemocional (PPNE) de tanteo como: «Pero, ¿por qué?», o «¿Por qué es tan importante para usted saber si se están quitando la bota o no?».

¿Ves cómo funciona esto? Simplemente estás preguntando si les gusta lo que tienen ahora, lo que están usando ahora o lo que están haciendo ahora. En este caso, no hay respuestas correctas ni incorrectas. Tanto si dicen que les gusta como que no les gusta lo que ya tienen, simplemente sigue el camino por el que te lleven con sus respuestas a tus preguntas.

También es igualmente importante averiguar qué es lo que *sí* les gusta sobre su proveedor, servicio, producto u ocupación, porque necesitarás saber qué es importante para ellos sobre su servicio o sobre lo que estén usando, de forma que sepas si tu solución también puede proporcionarles eso.

Por otro lado, si tu conversación de ventas empieza a ir por un camino en el que a tu cliente potencial no le gusta lo que está usando o tiene actualmente, entonces explorarás lo que no le gusta de ello, y por qué y cómo le está afectando. Lo más importante es que aquí debes ser neutro con tus preguntas. Muestra siempre interés tanto por lo que ya les gusta como por lo que no les gusta.

Los beneficios de las preguntas de concienciación de los problemas son numerosos:

1. Animan a tus clientes potenciales a compartir sus opiniones, emociones, sentimientos y preocupaciones. Se sienten seguros contigo, confían en ti y sienten que pueden abrirse.
2. Animan a tus clientes potenciales a compartir lo que les gusta y lo que les desagrada y cómo les están afectando sus problemas.
3. Os proporcionan a los dos un asiento en primera fila para ver cuáles son sus problemas, qué los provocó y por qué es importante que cambien.
4. Te hacen parecer extremadamente inteligente, profesional y considerado. Te convertirás en un experto de confianza y también te convertirás en *la* autoridad de confianza en la mente de tu cliente potencial. Además, generarás una conexión emocional de un valor incalculable que no puede comprarse con un envío gratuito con una entrega a dos días vista de Amazon Prime.
5. Mientras la mayoría de los vendedores sólo conseguirá los datos, tú obtendrás sus emociones y sentimientos. Lo conseguirás todo y hasta algo más. Eres un jefe del Nuevo Modelo.

CONVERTIR TUS AFIRMACIONES EN PREGUNTAS

Consejo profesional: en lugar de *hacer* afirmaciones, transforma tus afirmaciones en preguntas. Cuando se trata del consumidor actual, que está sobrecargado de información, transformar tus afirmaciones en preguntas es absolutamente esencial. Cuando te encuentres con un cliente potencial que tenga una preocupación, no saltes para tratar la preocupación como una objeción. En lugar de ello, aborda sus preocupaciones formulando preguntas para comprender totalmente su preocupación y ayudarle a que se venda a sí mismo el cambio que debe emprender.

Convertir tus afirmaciones en preguntas es fácil, y permite a tus clientes potenciales abrirse a tus ideas mientras, al mismo tiempo, les ayuda a superar sus propias preocupaciones. Considéralo una forma de *multitasking*, si así lo deseas.

Así pues, ¿cómo se hace esto? En primer lugar, no confundamos esto con lo que la revista *Psychology Today* llama «elevación del tono de voz», en el que la gente finaliza sus frases o afirmaciones con inflexiones que suenan como preguntas, pero que no lo son ni remotamente (encuentra un vídeo de YouTube de una Kardashian para ver lo que queremos decir). De lo que estamos hablando aquí es de usar afirmaciones como «¿Y si...?», «¿Qué piensa acerca de...?», «¿Cree usted que...?» y «¿Si pudiera usted...?».

Haciendo esto podrás hacer recomendaciones, pero con una pregunta. Por ejemplo: «¿Qué pasaría si no se tratase de lo que usted pensaba? ¿Estaría abierto a observarlo desde otra perspectiva?», o «¿Y si pudiera usted saber, al instante, si un paciente con una fractura grave de pierna no ha llevado su bota puesta durante algunos días? ¿Le gustaría ver cómo eso, ahora, puede ser una posibilidad?».

Otro consejo profesional: recuerda *no* hablar a tus clientes potenciales sobre lo que sabes y lo que tienes. En lugar de ello, haz preguntas que destapen y descubran primero lo que *ellos* saben sobre el asunto.

Si muestras tus cartas desde el primer momento, es probable que pierdas. Lo mismo se aplica si revelas tu solución de inmediato a tus clientes potenciales. Si lo haces, puede que seas tú el que acabe teniendo el problema y la solución. Esto significaría que tu cliente potencial se sentiría mucho menos comprometido porque no se habría visto implicado en el proceso. Este enfoque es mucho menos persuasivo.

Simplemente fíjate en lo que pasa cuando tus clientes potenciales empiezan a escucharse a sí mismos contestando a tus preguntas. Empezarán a procesar la información internamente mientras están hablando. Sus respuestas les ayudarán a pensar en sus problemas y a *adquirir* la idea de que quieren modificar esos problemas.

Mientras internalizan, consciente y subconscientemente, lo que te están diciendo, sus respuestas les ayudarán a examinar y retar a sus propias convicciones para saber por qué siguen permitiendo que su situación actual continúe.

Cuando hagas estas preguntas y la gente empiece a explicarte sus problemas, por qué los tiene, qué los está provocando y lo importante que es para ella modificarlos, empezará a pensar para sí misma:

«¿Por qué sigo postergando la compra de un seguro de vida para mi familia?».

«¿Por qué sigo invirtiendo mi dinero en esta compañía?».

«Puede que debiera echarle un vistazo a lo que estamos analizando con esta mujer…, quizás podría conseguir unos mayores beneficios».

«Por qué sigo viajando diariamente al trabajo durante una hora en cada sentido cuando podría ser como ese tipo que trabaja desde casa?».

«¡Caramba! ¿Por qué sigo publicitando mi empresa así cuando podría conseguir clientes potenciales con unas mayores tasas de éxito para mi equipo de ventas?».

Hay incontables ejemplos, pero la conclusión es que los clientes potenciales seguirán cuestionándose a sí mismos, preguntando: «¿Qué está evitando que haga esto?», o «¿Qué me está reteniendo?». Se cuestionarán por qué se permiten permanecer en la misma situación, y entonces, ¡bravo!, empezarán a pensar en *hacer* algo para cambiar la situación.

Cuando tus clientes potenciales lleguen a este punto debido a *tus* habilidades en la formulación de preguntas, empezarán a persuadirse a sí mismos de que están listos para hacer ese cambio ya mismo. Simplemente has subido de nivel y los has llevado allá donde ellos y tú queréis estar. ¡Felicidades!

Si tu cliente potencial se convence a sí mismo, basándose en tus preguntas, de comprar ese bonito y caro coche rojo, ¿crees que eso es más poderoso que explicarle las razones por las cuales debería comprarse ese coche? Inserta aquí el «chiste» de que el agua está mojada. ¡Hola! Como la motivación no es externa, a tu cliente potencial la decisión le parecerá natural y también le parecerá que la idea de comprar es suya.

Una fábula de dos verdades

¿Qué sucede cuando tu cliente potencial te dice que le encanta la empresa, el producto o el servicio que ya está usando? Probablemente te sentirás desanimado al instante porque estabas esperando una diatriba de órdago sobre cómo lo odian, cómo apesta, que es peor que el sushi comprado en una gasolinera y cosas por el estilo, pero no te preocupes.

Las buenas noticias son que no importa si están enamorados de lo que ya tienen, porque la mayoría de la gente tiene dos verdades, ya que muy pocas personas aman u odian al 100 por 100 lo que tienen o usan. Siempre hay algo que no les gustará o que les apetecería mejorar. Así pues, ¿estamos diciendo que todos tenemos a una plañidera en nuestro interior con tendencia a quejarse de las cosas? No, ya que, en lugar de preguntar por el gerente, tus clientes potenciales simplemente te pedirán una solución.

Si tu cliente potencial dice que le gusta su proveedor actual, la forma de que difumines eso consiste en preguntar: «Suena a como que las cosas le están yendo bastante bien. ¿Hay algo que cambiaría, si pudiera, sobre los resultados que está obteniendo?».

O podrías reelaborarlo de la siguiente forma si te encontraras en un entorno de ventas más complejo: «Así que, regresando a cuando decidió trabajar con esa compañía (el vendedor actual), ¿cuáles fueron sus criterios de selección, si me permite preguntárselo?».

Permite que *ellos* te lo digan. Luego haz esta pregunta: «Pese a ello, ¿de qué formas ha podido cambiar eso (criterios) mientras se fija usted en sus necesidades actuales?». Esta pregunta te permite ver y comprender por qué su situación actual es distinta a la que era cuando empezaron a trabajar con el otro vendedor. Te abre la puerta a aclarar, indagar y ayudarles a encontrar problemas que no pensaban que tuvieran.

Ésa es la fórmula para destapar la *verdadera* verdad. Simplemente adáptala a lo que vendas.

Si haces esta pregunta en el momento adecuado, contradirán lo que acaban de decirte. El vendedor que usa el Nuevo Modelo sabe que la primera respuesta normalmente reflejará su «historia protegida», pero la segunda respuesta revela lo que *querrían* que sucediera, y tú estás aquí para ayudar a que eso suceda.

Echemos un vistazo a un ejemplo sobre cómo el vendedor corriente y el vendedor que usa el Nuevo Modelo responden cuando el cliente potencial dice que le encanta su proveedor actual y que está contento con el servicio que recibe.

Cliente potencial: Bueno, nuestro proveedor actual nos gusta mucho. Nuestras primas son muy buenas y nuestra cobertura es excelente.

Vendedor corriente: Bueno, sé cómo se siente. Otras personas con las que he hablado se han sentido igual cuando las conocí, pero han visto que podían conseguir un mejor seguro con mi compañía.

Usar la vieja técnica de ventas (el «siente, sentido, encontrado») con el consumidor actual ya no funciona. Ha quedado obsoleto y es *muy* del siglo xx. Todos los vendedores que intentaban venderles algo la han usado con tus clientes potenciales, por lo que desencadena, de inmediato, la presión de las ventas y resistencia. Están hartos de eso y piensan que tú eres como todos los demás. Demuéstrales que están equivocados aprendiendo qué *no* hacer.

Vendedor corriente: Si pudiera mostrarle cómo el seguro de mi compañía es mejor que el de su proveedor actual, ¿no tendría sentido para usted cambiarse?

La frase «Si pudiera mostrarle» sitúa la presión sobre ti para que demuestres que tu producto es mejor, y el cliente potencial sentirá la presión de las ventas cuando digas esto. Lo divertido es que el vendedor también puede sentir la misma presión de las ventas, y esto es algo incómodo.

Cliente potencial: Bueno, mi mujer llegará a casa por la noche. Puedo contarle lo que está ofreciendo usted y devolverle la llamada más adelante esta semana. ¿Por qué no me deja un folleto y le devolveré la llamada si ella está interesada?

Vendedor corriente: Bueno… ¿no querría ella que su familia tuviera una mejor tasa de seguro? Le diré lo que haremos. Déjeme que llame a mi gerente y que veamos si estaría dispuesto a bajarles el precio un poco. Si consiguiera que se lo bajara un poco, ¿podría tomar usted una decisión ahora?, porque después de hoy nuestra promoción acaba por lo que resta de año.

¿Realmente crees que la rutina de «déjeme hablar con mi gerente» sigue funcionando en la era de la posconfianza? En la actualidad, sólo las plañideras quejicosas mencionadas anteriormente hablan con los gerentes, y tanto tú como tu cliente potencial lo sabéis. ¿Crees que también sentirá la presión de las ventas a la que le someten los vendedores? ¡Claro que la siente! Entonces, ¿qué sucede a continuación? Pierde interés, cierra la puerta, cuelga el teléfono o abandona la reunión. Independientemente de la situación, se ha perdido la venta.

Cliente potencial: Tal y como le he dicho, necesito hablar con mi mujer primero. Que pase una buena noche [y el cliente potencial cuelga el teléfono. Adiós, pesado; adiós, plañidera; adiós, venta].

A continuación, tenemos cómo el vendedor que usa el Nuevo Modelo le responde a un cliente potencial que está contento con su producto/servicio actual:

Cliente potencial: Bueno, nuestro proveedor de servicios actual nos gusta de verdad. Han hecho un magnífico trabajo para nosotros.

Vendedor que usa el Nuevo Modelo: Eso no supone un problema. Simplemente siento curiosidad por saber qué le gusta de él.

Cliente potencial: Nos gusta cómo…

Vendedor que usa el Nuevo Modelo: ¿Hay alguna otra cosa que le guste de él?

Cliente potencial: Sí, realmente hacen un buen trabajo con…

Vendedor que usa el Nuevo Modelo: Así pues, a mí me suena a que las cosas le están yendo bastante bien. ¿Hay alguna cosa que cambiaría de su proveedor y de su cobertura económica si pudiera?

Te encontrarás con que el 99 por 100 de las veces, cuando hagas esta pregunta en el momento adecuado durante la conversación, te explicarán algo completamente distinto a lo que dijeron al principio. Sabrás qué es lo que no les gusta y qué es lo que quieren que cambie.

Pues bien, en este ejemplo, digamos que vendes algún tipo de artilugio a compañías en un entorno de ventas B2B más complejo, y que has formulado las preguntas de las dos verdades. Mira cómo contestan:

Cliente potencial: Bueno, nos gusta, pero últimamente hemos notado que están aumentando su coste mensual en alrededor de un 12 por 100, y esto hace que algunos de nosotros estemos preocupados.

Vendedor que usa el Nuevo Modelo: ¿Qué quiere decir con «preocupados»?

Cliente potencial: Bueno, ya sabe, en la empresa estamos intentando recortar nuestros gastos.

Vendedor que usa el Nuevo Modelo: ¿Hay algo más que cambiarían de lo que hacen por ustedes si pudiera?

Cliente potencial: Bueno, otra cosa es que parecen ser mucho más lentos con los problemas de la cadena de suministro, y a veces no obtenemos respuesta de ellos durante días.

¿Puedes ver por qué son dos verdades? Simplemente te han dicho algunas cosas que no les gustan y que les gustaría cambiar. Éste podría ser el punto de inflexión para tu cliente potencial. Ahora seguirás haciéndole preguntas sobre los problemas que está teniendo, por qué los está padeciendo, cómo estos asuntos le están afectando a él y a su compañía y lo importante que es para ellos cambiar su situación. ¡Ánimo, estás en el camino hacia la grandeza en las ventas!

PREGUNTAS DE TANTEO, DE CONSECUENCIA Y CLARIFICADORAS

Una vez que tu cliente potencial revele su(s) problema(s), formularle preguntas de tanteo, de consecuencia y clarificadoras hará que le resulte fácil revivir su experiencia de lo que le ha provocado el problema. Le permite desarrollar la historia con unos detalles muy dolorosos; y aunque no quieres desencadenar el ellos un trastorno de estrés postraumático, querrás que se vuelva profundamente consciente del nivel del problema (o problemas) que tiene realmente.

PREGUNTAS DE TANTEO

Tus preguntas de tanteo invitan a tu cliente potencial a profundizar y sacar afuera sus emociones y sentimientos. Si no haces preguntas de tanteo en el momento adecuado, no sacarás al exterior las emociones de tu cliente potencial, por lo que no sentirá la necesidad de cambiar.

Aquí tienes algunas buenas preguntas que hacer:

«¿Hace cuánto que viene sucediendo esto?».
«¿Ha tenido eso un impacto en usted?».
«¿De qué forma?».
«¿Qué es lo que más le molesta de esto?».
«¿Cómo de difícil fue la posición en la que le puso eso?».

Lo que es genial de las preguntas de tanteo, que son cruciales en este momento de la conversación, es que no invaden la privacidad de tu cliente potencial porque son ellos los que se están abriendo a ti como si fueras un confidente o asesor de confianza.

Consejo profesional: No todo tanteo tiene que ser en forma de pregunta. Éste no es el concurso *Jeopardy!* (¿quién es el presentador ahora?). Puedes probar con un comentario como: «Percibo que puede que esté usted frustrado por [inserta aquí el problema]». Utiliza

169

cualquier cosa que invite a tu cliente potencial a expresar sus frustraciones y a sacar a relucir sus sentimientos. Eso es todo lo que tienes que hacer.

Preguntas clarificadoras

Las preguntas clarificadoras os permiten a ti y a tu cliente potencial profundizar mucho más de lo que haría él normalmente con un vendedor corriente. Esto son ventas a un nivel superior. Al usar estas preguntas verás que hay un aura de intensidad alrededor de su necesidad. Algunos de los problemas que destaparás basándote en las respuestas a tus preguntas no sólo requieren de una solución, sino que la *exigen*. Esta necesidad quedará ahora unida a tu cliente potencial. Reconocerá sus problemas. Ahora los dos estáis conectados y decididos a solucionar sus problemas. Estáis metidos en ello. Hagámoslo.

Aquí tenemos algunos ejemplos de preguntas clarificadoras:

«¿Puedo preguntarle por qué ha dicho eso?».
«¿Qué quiere decir con eso?».
«¿Qué quiere decir?».
«Cuando dice que…, ¿qué quiere decir exactamente?».
«¿Qué siente al respecto?».
«¿Puedo preguntarle por qué quiere eso?».

Es importante darse cuenta de que cuando obtienes respuestas a tus primeras preguntas, la mayoría de las veces se tratará, simplemente, de respuestas superficiales. No son las respuestas reales. Por lo tanto, si aceptas sus respuestas sin más y sigues adelante, te perderás lo que está pasando en realidad. Ésta es una importantísima razón por la que estás perdiendo muchas ventas que podrías conseguir porque no estás profundizando con tus preguntas. Los vendedores que usan el Nuevo Modelo profundizan tanto que encuentran capas que sus clientes potenciales ni siquiera sabían que existieran. Puede que hasta encuentren a Jimmy Hoffa en sus expediciones de exploración debido a lo mucho que profundizan.

Una vez que domines esta habilidad, habrás ascendido al nivel económico más alto en tu trayectoria profesional en las ventas. Si eso no es un incentivo, entonces no sabemos qué lo es.

Aquí tenemos más preguntas para sacar sus emociones a la superficie y pelar más capas de la cebolla:

«Puede explicarme más sobre…».
«¿Podría explayarse un poco más acerca de eso?».
«No estoy seguro de haber entendido…».
«¿Cómo se siente su cónyuge/jefe al respecto?».
«¿Por qué dice eso?».
«Sin embargo, ¿por qué ahora?».
«¿Hay algo más que debiera saber acerca de eso?».
«¿Por qué se siente así todavía?».
«Así que lo que está diciendo es que…».
«¿Puede ayudarme a comprender mejor…?».

Un cliente potencial podría responder diciendo: «Hay mucho en juego aquí…», o «He estado atascado con esta situación»; y tú podrías contestar con una pregunta clarificadora como: «¿De qué forma?», o «¿Qué quiere decir con "atascado"?».

Aquí tenemos un diálogo entre un vendedor que está a cargo de las convenciones en un complejo vacacional y un cliente potencial que quiere elegir el centro turístico adecuado para el congreso anual de su empresa:

Cliente potencial: En el pasado, con los complejos vacacionales que hemos usado, hemos tenido problemas con el *check-in* y el servicio de cenas.
Vendedor que usa el Nuevo Modelo: ¿Qué quiere decir, exactamente?
Cliente potencial: Se trata, en realidad, de la elección del momento adecuado. No puedo llevar en avión a todos nuestros empleados para que hagan el *check-in* entre las 14:30 h y las 17:00 h, de

modo que puedan estar listos para la recepción de bienvenida hacia las 18:30 h. Necesitamos, de verdad, disponer de algunas habitaciones a mediodía o a las 13:00 h. Los empleados se enfadan cuando llegan al mostrador para registrarse y sus habitaciones no están disponibles.

Vendedor que usa el Nuevo Modelo: ¿Puede decirme cómo les afecta esto cuando sucede?

Cliente potencial: Bueno, todos empiezan a llamarme, y luego mi jefe se me echa encima. Me sucedió hace algunos meses, y pensé que podría perder mi trabajo.

Vendedor que usa el Nuevo Modelo: ¿Cómo le hizo sentir esto?

Cliente potencial: Destrozado, cuando menos. Tengo una familia de la que cuidar, por lo que no puedo perder mi trabajo.

Vendedor que usa el Nuevo Modelo: Así que para usted es importante que salga bien, ¿verdad?

Cliente potencial: Oh, ni se lo imagina.

Vendedor que usa el Nuevo Modelo: También ha mencionado que estaba preocupado por el servicio de cenas. ¿Puede explicarme algo más al respecto?

Cliente potencial: Normalmente somos más de quinientas personas en la recepción de bienvenida. Generalmente, a las últimas ocho o diez mesas se les sirve la comida fría. Eso provoca que en estas mesas la gente se enoje de verdad.

Vendedor que usa el Nuevo Modelo: Cuando sucede eso, ¿tiene un impacto sobre usted?

Cliente potencial: Sí, lo tiene. Entonces tengo que entrar en «modo crisis» y ayudar a tranquilizarlos, cuando debería estar dedicando mi atención al evento posterior a la cena.

Vendedor que usa el Nuevo Modelo: Eso tiene sentido. Dígame, ¿qué otras cosas le preocupan?

Cliente potencial: No tengo ninguna otra preocupación, realmente. Sólo necesitamos asegurarnos de que esté bien planeado y luego ejecutado.

Vendedor que usa el Nuevo Modelo: Si lo desea, puedo mostrarle cómo nuestras operaciones hoteleras pueden personalizarse para adaptarse a su programa. ¿Podría ser que eso le quitase algo de presión?

Cliente potencial: ¡Caramba! ¡Sí que me la quitaría! ¿Cuándo podemos hacer eso?

¡Bum! Acabas de hacer la venta, incluso aunque otros complejos vacacionales pudieran satisfacer las necesidades de este cliente potencial. Aquí tenemos el porqué. La realidad sobre las necesidades de este cliente potencial ha sido oída por cada vendedor del sector hotelero con el que ha hablado; y todos sabemos que todo vendedor dice que puede satisfacer esas necesidades y que no habrá preocupaciones en relación con su centro turístico, ¿verdad? Cada vendedor ha prometido eso. Por lo tanto, el cliente se ha vuelto escéptico porque ha oído esta promesa muchas veces.

Sin embargo, los sentimientos y las emociones sobre las necesidades de este cliente potencial sólo han sido escuchadas por ti, el vendedor que usa el Nuevo Modelo. ¿Toman tus clientes decisiones relativas a las compras basándose en la lógica (hechos) o las emociones (sentimientos)? Sabemos que las basan en las emociones y que las justifican con la lógica.

En el caso del complejo vacacional, el vendedor ha oído los hechos relativos a los problemas del cliente potencial y no tenía prisa por involucrarse con una solución instantánea. El vendedor que usa el Nuevo Modelo escucha y hace, intencionadamente, preguntas de tanteo para destapar el lado emocional de este cliente potencial.

Preguntas de concienciación de la solución

Una vez que hayas formulado las preguntas adecuadas de concienciación del problema, de tanteo y clarificadoras, habrás demostrado a tu cliente potencial que eres la antítesis de otros vendedores. Eres una excavadora de las ventas en contraposición con tus competidores, que apenas rascan la superficie. Ahora que eres una autoridad de confianza a ojos de tu cliente potencial, ha llegado el momento de comportarte como un Sherlock Holmes en toda regla e intentar averiguar exactamente qué comprenden tus clientes potenciales sobre lo que están buscando.

Obviamente, conocen su propia historia mejor que nadie. Sabrán cómo están las cosas en su mundo y cómo han llegado a esa situación. Sin embargo, puede que no comprendan plenamente cómo tu producto o servicio encaja en ese panorama de su mundo, y puede que todavía no sepan cómo conectar el pasado y el futuro.

Deberás ayudar a tu cliente potencial a crear una imagen de su situación pasada y actual. En 1902, el periodista Rudyard Kipling, autor de *El libro de la jungla*, escribió: «Tengo seis honrados servidores (me enseñaron cuanto sé). Sus nombres son qué, por qué, cuándo, cómo, dónde y quién». Kipling creía que las respuestas que recibía de sus seis preguntas le proporcionaban historias sobre las que podía trabajar. Este tipo ganó el Premio Nobel de Literatura y posee un récord Guinness todavía vigente por ser el más joven en ganarlo, con cuarenta y dos años. No está nada mal, pero ahora regresemos a esas preguntas.

Esas mismas preguntas pueden usarse hoy en día con tus clientes potenciales para averiguar qué han hecho para cambiar su situación, y más importante todavía, para descubrir cómo se sentirían con respecto a resolver sus problemas y avanzar. Las respuestas que te den les ayudarán a ver, consciente y subconscientemente, que emprendiendo acciones pueden hacer cambiar su situación y resolver sus problemas. Empezarán a percibir los beneficios de que su situación cambie mientras escuchan sus propias palabras. Llamamos a esto su *estado objetivo:* el aspecto que tendrá su futuro una vez que estos problemas que tus preguntas le han ayudado a ver, se acaben por solucionar y obtengan lo que quieren. Es sorprendente, ¿verdad? Tú también disfrutarás de este autodescubrimiento, pero no metas el champán en hielo todavía.

Éste es el poder que yace tras las preguntas de concienciación de la solución que formules. Estas preguntas ayudan a tu cliente potencial a dar con la solución ellos mismos en lugar de que tú les digas cuál es la solución. Habrá un lugar para que menciones tu solución y cómo puedes ayudarle durante la fase de presentación del proceso, pero todavía no.

Los vendedores que usan técnicas de venta tradicionales sienten que como disponen de todo el conocimiento sobre su producto o servicio, deben demostrar eso a su cliente potencial rápidamente para parecer inteligentes. No tan rápido.

Tu entusiasmo por decirle a tu cliente potencial lo que sabes demasiado pronto durante la conversación evitará que descubras lo que tu cliente potencial ya sabe. La revelación prematura es un movimiento de principiante. La clave consiste en usar tu habilidad para hacer preguntas habilidosas, y no para decirle a tu cliente potencial lo que sabes. Explicar no es vender. Pon la letra de esa canción en autotune. Nunca permitas que tu necesidad de explicar se meta en el camino de permitir que tu cliente potencial te proporcione las respuestas sobre lo que está buscando.

De hecho, puedes hacer preguntas de concienciación de la realidad en cualquier momento durante vuestra conversación de ventas. Tienen distintas formas y pueden usarse en distintas situaciones.

Aquí tenemos las dos versiones básicas:

1. «¿Qué ha hecho con respecto a cambiar su situación?».
2. «¿Qué haría si pudiera?».

Date cuenta de que muchos de tus clientes potenciales están buscando formas de resolver sus problemas. Puede que hayan explorado distintas formas de hacer eso, pero que no obtuviesen resultados, o que probaran otras cosas y no tuvieran éxito a la hora de resolver sus necesidades.

La forma de que averigües qué es lo que han hecho, si es que han hecho algo, es formular variaciones de la siguiente pregunta:

«¿Ha buscado usted algo ahí fuera que le proporcionara lo que desea?».

Todo lo que harás es conectar con lo que te han dicho que están buscando y los resultados que desean. En este ejemplo, imaginaremos que vendes servicios financieros.

> «John, antes de que habláramos hoy, ¿buscó ahí fuera distintas inversiones que le proporcionaran unos mayores rendimientos que los que está obteniendo actualmente?», o «¿Qué ha estado haciendo con respecto a intentar encontrar algo que le proporcionara una mayor tasa de rentabilidad?».

En este siguiente ejemplo, vendes franquicias de negocios, y Amy ya te ha dicho que quiere tener un negocio con el que gane más que con su trabajo.

> «Amy, antes de que nos encontrara aquí en Franquicia XYZ, ¿estuvo ahí fuera buscando un negocio con el que pudiera empezar a ganar más dinero que el que gana con su empleo?», o «¿Qué ha hecho con respecto a encontrar su propio negocio?».

También podrías preguntar lo siguiente:

> «¿Qué ha hecho con respecto a cambiar esto, si es que ha hecho algo?».

En otro ejemplo, imaginaremos que vendes seguros y que tu cliente potencial se llama Stuart y que ya tiene una póliza. Basándote en las preguntas que le has hecho anteriormente, has descubierto que su mujer le estaba presionando para incrementar el valor de la póliza. Has averiguado, profundizando en la conversación, que cuando su mujer era niña, su padre falleció y les dejó a su madre y a ella con muy poco dinero, y debido a ello siente un gran miedo de que eso pudiera volver a suceder. Por lo tanto, haces la siguiente pregunta:

«Así pues, Stuart, ¿qué ha hecho usted en el pasado con respecto a obtener una mayor cobertura que proporcionara a su familia una mayor protección económica si le sucediese algo?».

Si tu cliente potencial te dice que ha intentado solucionar sus problemas en el pasado o que está ahí fuera buscando soluciones ahora, pídele que se explaye al respecto. *Debes* profundizar más si quieres situarte en la cumbre en el sector de las ventas.

Cuando le preguntes qué ha hecho en lo relativo a cambiar su situación en el pasado, pregúntale cómo se implicó con esa compañía, producto, etc., qué funcionó, qué no funcionó, qué hubiera cambiado si hubiera podido, qué criterios emplearía, y si le gustaría hacer alguna otra cosa o hacer negocios con alguien diferente.

Consejo profesional: en la era de la posconfianza, como tus clientes son más escépticos que nunca, puede que hasta teman que una vez que te hayan transferido su dinero para obtener tu solución los puedas dejar tirados. Se preguntarán a sí mismos: «¿Qué pasa si este producto o servicio no resuelve mi problema?». Si sucede eso, introduce de inmediato lo que llamamos «preguntas de simulación» para provocar que el cliente potencial tome decisiones más pequeñas que le hagan avanzar en el proceso de venta.

Aquí tenemos la evolución de una pregunta de simulación:

«¿Cómo se imagina de diferente su vida con respecto a como es ahora?».

Ésta es una pregunta genérica, y simplemente conectaremos con lo que nos han dicho que quieren que cambie. Entonces les preguntarás: «¿De qué forma sería diferente para usted si hiciera ese cambio?», y luego: «¿Cómo le haría sentir eso?».

Las preguntas habilidosas que estás aprendiendo eliminarán la presión de tu cliente potencial y harán que se sienta cómodo contigo. Es mucho más fácil para tu cliente potencial contestar a tu pregunta de una forma que simplemente consista en una pregunta de tipo «imaginemos, por un momento». Eso significa que lo que conteste ahora no cuenta en realidad, sino que sólo consiste en ver las cosas en su imaginación. Simplemente se trata de imaginar. Tal y como dijo Mr. Rogers: «Imaginar no requiere de juguetes caros». Simplemente asegúrate de imaginar aplicando estas tres normas en tu conversación:

Norma de simulación número 1: Usa un lenguaje condicional

Haz que la decisión sea condicional. Tu pregunta podría ser algo así como: «Si tuviera que seguir adelante con esto, ¿cuándo haría eso?». Esto significaría que, simplemente por un momento, imaginarías o harías ver que seguirías adelante con una decisión final. La primera parte de esa pregunta es lo que llamamos una «introducción». La última parte de la pregunta hará salir a la luz una decisión concreta, como:

«Si tuviera que seguir adelante con… ¿cuándo haría…?».
«¿Dónde haría…?».
«¿Qué tipo…?».
«¿Cuántos…?».

La parte genial sobre las preguntas de simulación es que son muy fáciles de responder. ¿Por qué? Porque no presionan ni suponen ningún riesgo para tu cliente potencial.

Norma de simulación número 2: Elimina al vendedor

De forma agradable, por supuesto, y no al estilo de lo que pasa en la serie *Los Soprano*.

Debes abandonar la palabra «yo» y centrarte en tu cliente potencial y su mundo. Reduce la sensación de riesgo de tu cliente potencial usando un lenguaje neutro.

Aquí tenemos cómo *no* hacerlo: «Si pudiera hacer que estuviera de acuerdo en que mi oportunidad de inversión es una buena idea…», o «¿Cuándo podría conseguir que firmara usted el contrato?».

Usar «yo» y «mi» le dice a tu cliente potencial que estás centrado en ti mismo y que no estás ahí para él, lo que probablemente hará que se ponga a la defensiva y que termine directamente contigo.

Prueba con algo así: «Si hubiera una forma en la que pudiéramos ayudarle a obtener una tasa de rendimiento muy superior a la que tiene actualmente, ¿es eso algo que pudiera estar usted buscando?».

Norma de simulación número 3: Elimina la compañía y el nombre del producto

No des todavía por sentado que el cliente potencial ha decidido comprar. Por lo tanto, excluye siempre del asunto el nombre de tu compañía y el de tu producto o servicio. Mantén tu pregunta muy neutra.

Una vez más, aquí tenemos cómo *no* hacerlo:

«Si se pasa usted a nuestro Programa de Servicios de Internet XYZ...».

Cuando le pides a tu cliente potencial que tome una decisión condicional y le unes el nombre de tu compañía o de tu marca, a tu cliente le da la impresión de que estás dando por sentado que hará una compra. Eso es demasiado presuntuoso. El nombre de tu compañía genera presión de ventas, especialmente si el cliente ya está usando el servicio/producto de otra empresa, así que no lo uses. Prueba con algo como esto:

«Si tuviera que iniciar un nuevo programa de servicios de Internet...».

PREGUNTAS DE CONSECUENCIA

Así pues, has tanteado, aclarado, puntuado (les has ayudado a descubrir un problema o, mejor todavía, *múltiples* problemas), y ahora tu objetivo consiste en hacer que el cliente potencial revele qué sucederá si no hace nada con respecto al nuevo problema desvelado. Aquí es donde usarás la pregunta «¿Y si...?».

«¿Y si no hace usted nada con respecto a este problema y su situación empeora todavía más?».

«¿Y si el producto o servicio en el que está pensando no consigue los resultados que desea?».

Simplemente estás tomando un problema que te han dicho que sufren y que quieren resolver y tú les haces una pregunta relacionada con ese problema que les permita pensar en las posibles consecuencias de no hacer nada para resolverlo.

Nota: A los vendedores corrientes les gusta usar los problemas del cliente de forma manipuladora para «acosarle» para que compre un producto o servicio. Los vendedores que usan el Nuevo Modelo no toleran el acoso. Tu objetivo no consiste en forzar algo, sino más bien en empoderar al cliente para que se dé cuenta de que tiene el poder de cambiar su propia situación.

Las preguntas de consecuencia pueden estructurarse en forma de dos formatos:

1. Haz una pregunta que haga que el cliente potencial piense en problemas que ni siquiera sabe que tiene. A veces, la experiencia en tu sector procedente de clientes a los que ya has ayudado te permite ver problemas que puede que ellos no vean. Digamos, por ejemplo, que uno de tus clientes actuales está pensando en abandonar tu compañía e irse con un competidor. Podrías preguntarle algo como:

«¿Ha pensado lo que podría suceder si se cambiase a otra compañía que no le consiga los resultados que ha dicho que quiere?».

Entonces podrías continuar con algo así como:

«Si hubiera alguna forma de que pudiéramos conseguir los resultados que desea sin que tenga que hacer usted todo el trabajo de cambiarse de compañía, ¿estaría abierto a considerarlo como una posibilidad?».

A continuación, relájate y permite que reflexione y responda sobre su decisión de iniciar una conversación que te permita mostrarle cómo podrías ayudarle a conseguir lo que ha dicho que quiere.

2. Haz estas preguntas después de haber formulado algunas preguntas de concienciación de la solución, en las que entraremos en mayor profundidad más adelante. Tu objetivo es conseguir que imagine lo que sucederá si no toma ninguna acción proactiva. Las preguntas de consecuencia te ayudarán a generar el apremio de hacer algo con respecto a su situación lo antes posible.

Aquí tenemos algunos ejemplos de este formato:

«¿Ha pensado usted en las posibles ramificaciones de no hacer nada en relación con su situación?».
«¿Ha pensado en lo que sucedería si no hiciera nada al respecto?».

Una pregunta de consecuencia de cinco estrellas, porque es la más potente, consiste en preguntar: «¿Qué pasaría si no hiciese usted nada en lo tocante a esto y siguiera haciendo lo mismo durante los próximos tres, seis o doce meses?», o dependiendo del sector, podrías añadir esto al final: «cinco, diez, quince o más años» para poner más énfasis en la longevidad de sus problemas.

Aquí tenemos una chuleta con más preguntas de consecuencia geniales:

«¿Qué pasaría con usted si no fuera capaz de conseguir lo que está buscando?».
«¿Qué pasaría si no funcionase para usted?».
«¿Qué sucedería si no hiciera usted nada al respecto?».
«¿Hace esto que esté usted preocupado?».
«¿Ha pensado en las consecuencias de no hacer algo?».
«¿Qué sucedería si perdiera…?».
«¿Qué le provocaría, personalmente, no resolver este problema?».
«¿En qué cambiaría su vida con respeto a ahora?».

«¿Qué pasaría si no obtuviese lo que está buscando?».

«¿Cómo le haría sentir no ser capaz de solucionar esto?».

Pregunta qué es lo que está buscando. Qué quiere: qué tipo de productos, servicios, características, aplicaciones, etc.

Pregunta cuántos o cuánto quieren. Cuantifica la necesidad del producto o servicio.

Pregunta cuándo se va a usar el producto o servicio, lo que implica una fecha para los preparativos para la puesta en marcha, la fecha de entrega, la fecha de implementación o una fecha en un acuerdo firmado.

Pregunta durante cuánto tiempo o con qué frecuencia se va a usar el producto o servicio. La frecuencia, la duración, el período de tiempo, etc.

Pregunta quién está implicado en tomar la decisión, en usar el producto o servicio. Pregunta dónde se va a entregar o usar el producto o servicio. ¿Entra la ubicación en la conversación?

PREGUNTAS CLASIFICATORIAS

Los lectores de una cierta generación (X) recordarán el videojuego de coches de carreras *Pole position*, que iniciaba cada carrera con las palabras «Prepare to qualify» («Prepárate para clasificarte»). Aunque esto no es una carrera, ésta es la parte en la que clasificas a tus clientes potenciales en tres áreas principales de la conversación:

1. Al principio de la conversación de ventas (si captas que quizás no dispongan de fondos para hacer negocios contigo).
2. Durante la conversación de ventas.
3. Antes de presentar tu solución.

Tus preguntas clasificatorias ayudan a la gente a comprometerse. Muchas de estas preguntas la clasificarán subliminalmente. Muchas de sus respuestas te permitirán saber que ya está preparada o clasificada. El proceso de clasificación es, de hecho, más importante para tus clientes potenciales que para ti, porque refuerza y graba en su mente la decisión de cambiar su situación contigo.

Recuerda que eres el facilitador que les está acompañando a lo largo de este viaje.

Dato: La mayoría de los vendedores pierden el tiempo por *no* clasificar a sus clientes potenciales. Sin embargo, debes adoptar una delgada línea relativa al tacto, ya que, si vas demasiado fuerte con el proceso de clasificación, acabarás ahuyentando a muchos de tus clientes potenciales.

Si al principio de tu conversación ves que tu cliente potencial se encuentra en una situación económica muy mala, quizás quieras averiguar si podrían conseguir financiación para modificar su situación. Obviamente, si no pueden, estarás haciendo perder el tiempo a todas las partes implicadas, y la realidad será que no podrás ayudarle.

Podrías hacer una pregunta como: «Sra. Kyle, si pudiera encontrar algo que pudiera hacerle conseguir lo que está buscando, ¿qué tipo de financiación tendría que dedicarle?».

¿Te das cuenta de cómo has desplazado el foco sobre ellos alejándolo de ti? Ahora son ellos los que tienen que venderte algo a *ti*. ¿Ves la diferencia en esta estrategia?

Ahora pasemos a la parte en la que les clasificarás *durante* la conversación de ventas.

A continuación tienes preguntas que puedes hacerles. Son preguntas muy ligeras y neutras diseñadas para motivar con tacto que avancen a tu lado:

«¿Por qué es eso importante para usted ahora?».

«¿Cómo le haría sentirse hacer eso?».

«¿Es esto importante para cambiar su situación?».

«¿Cuán importante es para usted resolver este problema?».

«¿De qué forma considera que esto va a ser beneficioso para usted y su compañía?».

«¿De qué formas podría ayudarle esto?».

«Si pudiera…, ¿qué haría eso por usted, personalmente?».

«¿Cómo de importante es esto para usted?».

«¿Es esto lo que puede que esté usted buscando?».

«¿Está satisfecho con esto?».

«¿Estaría de acuerdo con esto?».

«¿Podría esto funcionar para usted?».

«¿Resultaría esto adecuado para su situación?».

«¿Le ayudaría esto?».

«Pero, ¿por qué?».

Nunca sabes cómo va a ir una conversación, y no puedes predecir el orden en el que se revelarán las cosas, pero puedes, ciertamente, intentar dirigirla con todos estos conocimientos.

Hacer preguntas puede ahorraros muchísimo tiempo a ti y a tu cliente potencial, especialmente si tienes que viajar debido a tu trabajo.

Vemos a demasiados vendedores perder un precioso tiempo de ventas conduciendo durante horas para ver a un cliente potencial que puede que ni siquiera esté preparado o no cumpla los requisitos para comprar su solución. Deja de hacer esto ya mismo si quieres estar en la cima en las ventas.

Antes de que hagas un viaje que te vaya a restar una cantidad importante de tiempo de ventas, querrás conseguir, por lo menos, algunos compromisos menores por parte del cliente potencial. Aquí tenemos algunos ejemplos de preguntas clasificatorias que hacer a tu cliente potencial de forma que no pierdas tiempo viajando si tienes que asistir a una cita viajando en coche o en avión.

Cliente potencial: ¿Puede venir a nuestras oficinas en Atlanta y hacer una demostración para que el dueño la vea?

Vendedor que usa el Nuevo Modelo: Es posible. Ahora supongamos que voy a su oficina durante un día y que usted puede reunir al propietario y al resto de las personas que toman las decisiones para que yo haga una demostración en persona y todos ven que podemos resolver este problema del que me ha hablado. ¿Qué vislumbra usted que sucedería a continuación?

Ahora, llegados a este punto, vas a obtener alguna de estas respuestas:

- Haríamos negocios con usted con toda seguridad.
- Tendríamos que debatirlo en nuestro comité/corporación.
- Tendríamos que ver si podríamos conseguir el presupuesto para eso.
- Tendríamos que compararlo con lo que tenemos ahora con nuestro vendedor actual.
- No estoy realmente seguro de lo que sucedería.

Si obtienes la *primera respuesta,* entonces deberías hacer el viaje y la demostración.

Si obtienes cualquiera de las demás respuestas, no deberías dedicar tu tiempo ni tus recursos, porque hay muchos obstáculos en el camino sobre los que no tienes ningún control.

Antes de viajar a ver a ese cliente potencial, deberás *dar con una forma de eliminar esos obstáculos.* Quitar estas trabas hará que te resulte mucho más fácil conseguir un compromiso una vez que te reúnas en persona con el cliente potencial.

De acuerdo, así que estáis cara a cara. Echemos un vistazo a un diálogo a modo de ejemplo para ver la secuencia en todo su esplendor, empezando con una pregunta de clasificación y luego haciendo la transición hacia la presentación mientras incorporamos lo que los clientes potenciales nos han dicho que querían:

Vendedor que usa el Nuevo Modelo: Alex, ¿puedo hacerle otra pregunta?

Cliente potencial: Claro, adelante.

Vendedor que usa el Nuevo Modelo: Y odio tener que preguntarle esto, porque he disfrutado con lo que me ha dicho, pero, ¿qué va a hacer si nada cambia; quiero decir, si sigue obteniendo los mismos resultados que ahora de su generación clientes potenciales durante los próximos dos o tres años?

O:

«¿Qué sucede si no hace usted nada al respecto y sigue consiguiendo esos clientes potenciales de baja calidad para su equipo de ventas y ese equipo sigue estancándose durante otros tres, seis o incluso doce meses?». [Repite aquí el que te dijeron que era su problema].

Cliente potencial: Bueno, no estoy seguro. Realmente tendríamos que hacer recortes en la expansión de nuestra empresa con toda certeza.

Vendedor que usa el Nuevo Modelo: ¿Está dispuesto a conformarse con eso?

Cliente potencial: Oh, de ninguna manera. Tenemos que hacer algo al respecto.

Vendedor que usa el Nuevo Modelo: ¿Cuán importante es para usted cambiar su situación y empezar a conseguir clientes potenciales de mejor calidad de modo que pueda ganar algo de dinero para expandir su empresa?

Cliente potencial: Oh, es muy importante.

Vendedor que usa el Nuevo Modelo: Pero, ¿por qué ahora?

Cliente potencial: Bueno, tenemos que ponernos serios con esto. Estoy cansado de esta otra compañía que hemos estado usando... Simplemente nos siguen diciendo que las cosas mejorarán, pero no lo hacen.

Vendedor que usa el Nuevo Modelo: ¿Está teniendo eso un impacto en su empresa?

Cliente potencial: Sí, ciertamente. Queremos expandirnos, pero la falta de ventas debido a no tener mejores clientes potenciales nos está haciendo daño.

Vendedor que usa el Nuevo Modelo: ¿Puede que haya llegado el momento de un cambio?

Cliente potencial: Sí, ciertamente.

Aquí tenemos el punto de *transición*.

Hacia el final de la fase de involucramiento, después de que les hayas hecho preguntas de consecuencia muy potentes y profundas, sigue adelante y hazles una pregunta de clasificación, especialmente si no han estado muy implicados a lo largo de la conversación de ventas. Por otro lado, si se han calificado repetidamente con las respuestas que ya te han dado, puede que ni siquiera tengas que hacerles preguntas de clasificación. Ésa es la razón por la cual debes escuchar atentamente.

Cuando emplees tus preguntas de la fase de involucramiento, obtendrás una imagen detallada y precisa de su situación: las arrugas, los defectos, las imperfecciones y todo lo demás. ¿Cómo te ayuda eso? Empiezas a ver qué significan sus respuestas, y empezarás a poder ofrecerles los beneficios, características y ventajas adecuados que tu solución les ofrece para resolver sus problemas.

Suceden cinco cosas durante la fase de involucramiento:

1. Empezarás a desarrollar confianza, que en último término fortalecerá vuestra relación.
2. Sabrás exactamente qué es lo que está buscando tu cliente.
3. Ayudarás a tu cliente potencial a pensar en sus problemas y en lo que quiere, para ayudarle a persuadirse a sí mismo de querer llevar a cabo un cambio mediante la adquisición de tu producto o servicio.

Antes de que pasemos a las otras dos cosas relativas a ese cambio, querrán hacer ese cambio (sí, lo has adivinado) ¡contigo! Hacer esto correctamente eliminará a tus competidores porque ahora tú eres la «autoridad de confianza» en tu sector, y nunca acudirán a nadie más.

4. Averiguarás qué emociones están sintiendo, y éstas serán el «porqué» que hay tras lo que están buscando. Harás esto formulando preguntas basadas en las emociones o relativas a los sentimientos, y luego introducirás estratégicamente algo de apremio para ayudar a tu cliente potencial a avanzar.

Y por último, pero no por ello menos importante en absoluto:

5. Averiguarás *si* puedes ayudarles clasificándolos. Debes estar seguro de que, en realidad, quieran cambiar su situación para satisfacer su necesidad de lo que han dicho que querían.

Con las técnicas del Nuevo Modelo, podrás eliminar las objeciones y el rechazo por completo. Sin embargo, si te encuentras con que sigues cosechando varias objeciones o rechazos, probablemente se deba a que sigues regresando al viejo modelo de ventas. Abandonar viejos hábitos es difícil, pero verás lo rápido que los abandonas cuando empieces a perder ventas.

Si sigues usando técnicas de venta tradicionales, los malos hábitos de presentar tu solución o de hablar sobre lo geniales que son tu producto y tu compañía demasiado pronto durante la conversación, te verás rechazado la mayor parte de las veces. Evita hacer esto. Ponte una goma elástica en la muñeca y estírala y suéltala para que te golpee la piel cada vez que regreses al «modo discurso de ventas» en el que hables de ti y de tu producto para presentar tu solución antes de averiguar cuáles son los problemas de tu cliente potencial. Funciona y resulta menos psicótico que abofetearte.

Anota la frase que aparece a continuación y mantenla frente a ti en tu despacho, de modo que puedas verla a diario. Haz un meme con ella con un dibujo de Snoopy, bórdatela en tu funda térmica para las cervezas o hazte una pegatina para el parachoques con ella: lo que sea que te motive; y nunca la olvides: *Vender es el arte de encontrar y resolver problemas haciendo preguntas habilidosas y escuchando las respuestas.*

Tu conversación de ventas debería ser similar a una conversación desenfadada que mantendrías con un amigo, excepto porque también será una conversación muy *habilidosa*. Relajación y habilidad, y ahora pasemos a la fase de transición y de presentación, ¿de acuerdo?

Capítulo 10

LA FASE DE TRANSICIÓN

*«La clave para hacer buenas películas es prestar atención
a la transición entre las escenas».*

STEVEN SODERBERGH

Ahora que dispones de una enorme cantidad de información sobre tu cliente potencial, ha llegado el momento estratégico en el
proceso de ventas en el que estás listo para el cierre: estás
listo para presentar tu solución; pero recuerda que la presentación
sólo supone el 10 por 100 del Nuevo Modelo de Ventas. Es donde
recibes *feedback* y emparejas tus propuestas con lo que te han dicho
que están buscando. Éste es el momento en el que ensamblarás todas
sus necesidades lógicas y emocionales en forma de un rompecabezas
de ventas justificables. Esto te permitirá mostrarles a tus clientes potenciales que posees un verdadero conocimiento sobre lo que quieren.

Justo después de tus preguntas de consecuencia, harás, inmediatamente, la transición hacia tu presentación si te encuentras en un
cierre de una sola llamada; pero si te encuentras en un cierre de dos
llamadas, o en un cierre de múltiples llamadas, u operando en un
entorno más complejo de ventas B2B, entonces seguirás llevando a
cabo la transición, pero lo harás hacia el siguiente paso. Ello puede
consistir en hacer una demostración, bosquejar una propuesta u organizar otra reunión: simplemente depende del sector en el que tra-
bajes y de qué vendas.

Harás la transición con esta afirmación y harás preguntas como ésta:

Vendedor que usa el Nuevo Modelo: Basándome en lo que me ha dicho, Alex, lo que hacemos aquí, en la Compañía XYZ, funcionaría en su caso. **Ya sabe cómo estaba diciendo** que quiere unos clientes potenciales más cualificados, y que en este momento sus ventas han bajado un 37 por 100 porque los clientes potenciales que está consiguiendo no disponen de mucho dinero, y eso está provocando que se sienta... **Creo que ha mencionado que a veces padece algo de estrés.**

Y bien, ¿por qué le restarías importancia al estrés del que ha hablado diciendo «un poco de estrés»?

Porque tu cliente potencial contraatacará diciendo: «Oh no, no tiene ni idea de cuánto estrés me está provocando». Esto hace que sienta su dolor todavía más. No es que quieras hacerle daño, pero quieres que te revele lo doloroso que es, de modo que puedas involucrarte y ayudarle a aliviar ese dolor. ¿Ves hacia dónde nos encaminamos con esto?

Si, por otro lado, dijeses: «Esto le está provocando mucho estrés», ciertos tipos de personalidad se pondrían entonces a la defensiva y dirían: «Bueno, no es para tanto» y dirían todo lo contrario, especialmente si tienen una personalidad de tipo A que no quiere parecer débil.

Así que siempre querrás restar importancia a estas cosas con un lenguaje como «un poco de estrés», «un poco frustrado a veces», «un poco preocupado a veces» o «un poco de ansiedad». ¿Ves cómo funciona esto? ¿Un poco, verdad?

Cliente potencial: ¿Un poco de estrés? No tiene ni idea de cuánto estrés. Es tan estresante que ahora ni siquiera puedo dormir por las noches.

Vendedor que usa el Nuevo Modelo: ¿Qué está provocándole eso?

Cliente potencial: De hecho, siento como si fuera a tener un ataque al corazón. Mi mujer está muy preocupada.

Vendedor que usa el Nuevo Modelo: Ya veo. Así que entonces es importante para usted hacer algo al respecto.

Cliente potencial: Ciertamente, amigo.

Vendedor que usa el Nuevo Modelo: Bueno, con su permiso, lo que hacemos en la Compañía XYZ es…

Así que echemos un vistazo a cómo llevarás a cabo la transición. Recuerda decir:

> «Basándome en lo que me ha dicho, lo que hacemos puede que, de hecho, funcione para usted…».
> «Porque ya sabe usted cómo dijo…».
> «… y debido a ello le está haciendo sentir…».
> «Esto es lo que hacemos…».

Aquí tenemos un ejemplo más concreto:

> «Amy, **basándome en lo que me ha dicho,** lo que hacemos puede que, de hecho, funcione en su caso **porque ya sabe usted cómo dijo** que quería encontrar una vivienda en un mejor vecindario, y en este preciso momento le gusta su casa, pero algunos robos recientes en su barrio **han provocado que sienta,** creo que dijo usted, **un poco** de preocupación a veces…».

Mantén la conversación orientada alrededor de ellos y de la resolución de sus problemas.

DESARROLLAR TU PROPUESTA Y TU PRESENTACIÓN

Ahora que tienes la atención de tu cliente potencial centrada en que él resuelva sus problemas, deberás estar seguro de que tu propuesta y tu presentación hagan lo mismo con una estructura en tres pasos que funcione independientemente de lo que vendas.

No tienes por qué ser el mago David Blaine o David Copperfield para sacar adelante una propuesta. No es magia y no es, ciertamente, una ilusión: es completamente real. Ahora bien, si vendes coches, seguros o alarmas puerta a puerta, no harás propuestas a tus clientes potenciales: esto es principalmente para las ventas B2B más complejas. Una vez que superemos la parte de la propuesta, avanzaremos por la fórmula de tres pasos para armar una presentación ganadora independientemente de lo que vendas.

Regla número 1: Nunca le ofrezcas una propuesta a un cliente potencial sin comprender cuáles son sus problemas y sin saber si dispone del presupuesto/financiación/dinero para resolver el problema.

Deberías guiarte por esta regla, que no tiene excepciones, incluso aunque tengas un cliente potencial que te diga: «¿Puede simplemente enviarme una propuesta con su tarifa en ella?». Nunca debes caer víctima de esto con un cliente potencial. Si un cliente potencial te pide una propuesta por adelantado y al principio de la llamada, antes de que hayas averiguado en qué situación se encuentra, simplemente responderás:

«Estaría dispuesto a configurar una propuesta para usted, pero, para ser sincero, todavía no estoy seguro del todo de que podamos siquiera ayudarle. ¿Podría hacerle algunas preguntas sobre su situación para poder ensamblar algo para usted que pudiera ser de utilidad? ¿Le parecería eso bien?».

Entonces empezarás a formular tus preguntas de situación para averiguar más sobre su situación actual. ¡Es tan fácil como eso!

Regla número 2: Tus propuestas deberían exponer los dos o tres problemas clave que te han comentado durante la fase de involucramiento de la conversación de ventas. Esto les recuerda los asuntos que quieren resolver y reintroduce el dolor que sienten debido a esos problemas. Quieres que evoquen ese dolor. Hace daño, lo sabemos, pero, una vez más, es su dolor, y no es un dolor que tú les estés infligiendo.

La propuesta también debería contener la clave para dos o tres objetivos que quieran conseguir como compañía o, si estás vendiendo más de empresa a consumidor (B2C), deberías asegurarte de incluir qué es lo que quieren conseguir personalmente para algunos sectores.

Esto genera una propuesta que muestra que el vendedor estaba atento durante la conversación, mostrando así al cliente potencial que comprendes perfectamente su situación y cómo resolverla para ellos. Es inteligente, ¿verdad?

La propuesta itera al cliente potencial el valor de alcanzar sus objetivos mediante la resolución de sus problemas.

La iteración del valor te ayuda a proporcionar contexto para la venta, de modo que el precio de tu solución parezca calderilla en comparación con que sean capaces de alcanzar sus objetivos mediante la resolución de el/los problema(s) que les estén suponiendo un lastre.

Siempre querrás que el valor de resolver los problemas del cliente potencial y de que alcance sus objetivos sea de por lo menos diez veces el coste de tu oferta. Esto es algo que tiene un valor incalculable.

Para una compañía que resuelva un problema que le esté costando 15 millones de dólares anuales en ingresos, una solución que cueste 250 000 dólares le parecerá un coste bastante pequeño si la estás posicionando adecuadamente. Analizar este valor con el cliente potencial durante tu presentación y la propuesta hace que un paso siguiente lógico sea que haga negocios contigo. Además, dispón siempre de más de una opción para él para que alcance sus objetivos.

Cada propuesta que expongas debería proporcionar por lo menos tres opciones para que alcancen sus objetivos. La mayoría de las propuestas que hemos visto suelen ofrecer sólo una opción. Esto hace que se pierdan muchos clientes potenciales, ya que incluso con las mejores preguntas seguirás sin ser capaz de adivinarle el pensamiento al cliente potencial al 100 por 100. Ésa es la razón por la cual es importante que proporciones tres opciones para que trabajen con tu compañía. Rebobina hasta tu época en la escuela en la que los exámenes de opción múltiple siempre eran mejores que aquéllos en los que tenías que llenar el hueco con una palabra o frase corta, ya que tenías unas mayores probabilidades de acertar. Lo mismo se aplica para tus propuestas.

Opción número 1: Es una opción básica, de menor precio que sigue siendo rentable para tu empresa.

Opción número 2: Es una opción intermedia que constituye tu oferta medular que eligen la mayoría de los clientes potenciales.

Opción número 3: Es una opción de precio más elevado que es la elección de máxima calidad.

Establecer la propuesta con estas opciones ayuda a tu cliente potencial a tomar una decisión bien informada. El poder de la opción de máxima calidad no es sólo que es muy rentable para tu empresa o que algunos clientes potenciales la escojan, sino que también hace que la opción intermedia representada por tu oferta medular le parezca un gran chollo a tu cliente potencial. Esto te ayudará no sólo a conseguir más ventas, sino unas ventas más abultadas, porque, sinceramente, ¿a quién no le gusta un buen chollo?

HAZ QUE LA PROPUESTA SEA UN CONTRATO/ ACUERDO BÁSICO

Puedes matar dos pájaros de un tiro y además hacer que tus propuestas sirvan a modo de preacuerdo para echar el balón a rodar mientras esperas a que el acuerdo se redacte, cosa que a veces puede llevar una semana o más.

Recuerda que cuantos más pasos añadas al proceso de ventas, más probabilidades habrá de que se desmorone.

Si alguien de la organización debe aprobar la propuesta y luego lleva una semana o dos redactar el contrato, hay más probabilidades de que el cliente potencial cambie de parecer y se vaya en una dirección distinta.

Siempre deberías hacer que el proceso de compra sea fácil para tus clientes potenciales. Dale a tu cliente potencial la oportunidad de firmar la propuesta como primer paso para hacer negocios contigo. Asegúrate de que tus propuestas sirvan a modo de contrato. No tienen por qué ser legalmente vinculantes, pero se trata de un pequeño compromiso para ayudarles a empezar con el proceso.

Elaborar una presentación ganadora

Tal y como dijo Lilly Walters, autora de *Secrets of successful speakers:* «El éxito de tu presentación se juzgará no por los conocimientos que transmitas, sino por lo que el oyente reciba». Sigue la estructura de tres pasos sobre cómo organizar una presentación ganadora que haga encajar las piezas para cada cliente potencial con el que hables y estarás bien encarrilado para asegurarte de que tu oyente reciba el mensaje de que tú eres el camino que seguir.

Pero primero la regla más importante y crucial: *Nunca nunca jamás* envíes la propuesta por *e-mail* al cliente potencial antes de llevar a cabo la presentación, ya que, si no le gusta algo de la propuesta, estarás muerto al llegar. ¿Por qué? Porque no estás ahí para aclararles cosas ni para ayudarles a superar cualquier preocupación. *Siempre* debes exponer la propuesta y la presentación en persona, por videollamada o por teléfono.

Las dos mejores opciones en este caso son llevar a cabo la presentación en persona o por videollamada, de modo que puedas ver su lenguaje corporal y estar presente física o virtualmente mientras analizáis las opciones y abordáis cualquier preocupación que pueda tener el cliente potencial. Si puedes hacer eso, tendrás una oportunidad *mucho* mayor de cerrar esa venta.

Aquí tenemos algunas normas generales que seguir:

1. Expón la presentación alrededor los problemas/retos/asuntos que el cliente potencial ha mencionado en el proceso de involucramiento. Muchos vendedores intentan embutir toda la solución en una presentación. Así es como se producen las propuestas de cincuenta páginas y de noventa minutos. Hacer eso desmotivará a la mayoría de tus clientes rápidamente. Les entrará por un oído y les saldrá por el otro mientras pierden la

concentración y empiezan a enviar mensajes de texto a sus colegas preguntando qué van a almorzar o cuándo es la hora feliz.

En lugar de ello, tus clientes potenciales quieren saber *si* puedes resolver sus problemas. Simplemente les preocupa que resuelvas los desafíos clave que están evitando que consigan resultados. Así pues, deja de presentar todas las características y los beneficios que no tengan nada que ver con resolver los problemas de los clientes potenciales. Expón directamente tu presentación sobre los problemas que el cliente potencial te ha mencionado sólo durante la fase de involucramiento de la conversación de ventas.

Debes personalizar cada presentación para los retos de cada cliente potencial. Nunca hagas presentaciones cortadas por el mismo patrón, ya que eso hará que tu cliente potencial sienta que no comprendes sus necesidades, porque, sinceramente, si estás cortando y pegando presentaciones, claramente no las comprenderás.

2. Usa ejemplos prácticos para reforzar cómo tu solución resuelve los problemas de tus clientes potenciales. Esto se aplica, principalmente, a las presentaciones B2B. Si vendes coches, barcos, seguros de gastos funerarios, o te encuentras en muchos otros sectores, en realidad y seguramente no usarías casos prácticos. Los casos prácticos se usan principalmente más para una venta B2B, pero a veces pueden usarse en las ventas B2C.

Usar casos prácticos es algo poderoso si se lleva a cabo correctamente. Puedes mostrar ejemplos reales de otros clientes que se encontraban en una situación similar y cómo tu solución fue capaz de resolver sus problemas. A la gente le encantan las fotografías del antes y el después, literal y figuradamente.

El caso práctico debería mostrar los problemas a los que se enfrentó el cliente potencial, qué hizo tu solución para resolver esos problemas y cuáles acabaron siendo los resultados del trabajo para ese cliente potencial.

Incluye cifras reales que puedan cuantificarse objetivamente. Recuerda que lo que más le preocupa a tu cliente po-

tencial son los resultados, no las características ni los beneficios. Quiere saber qué hará tu solución por él y cómo le
ayudará a llegar a donde quiere ir. Las tonterías superfluas
sólo le proporcionarán más tiempo para pensar sobre los otros
vendedores a los que pueden llamar para que le ayuden a resolver sus problemas mientras tú estás ocupado divagando.

3. Haz «preguntas de comprobación de la sintonía» a lo largo de
la presentación. La mayoría de las presentaciones de ventas
consisten en un monólogo de una hora o más en el que el vendedor habla durante la mayor parte del tiempo sobre todas las
magníficas características y beneficios de su solución y sobre
cómo él trabaja para la mejor compañía, tiene el mejor servicio
al cliente, la mejor calidad, la mejor entrega y el mejor esto o
aquello. ¿Sigues ahí? Exacto. Si a estas alturas tus ojos no han
empezado a ponerse en blanco y has caído en un profundo
sueño, sólo es cuestión de tiempo. Estas tonterías relacionadas
con las ventas son como el coche mediocre por excelencia en el
campo de las ventas. Es como un limón, y no puedes añadirle
vodka para conseguir una limonada con alcohol. Además, esto
es básicamente lo que todos los vendedores dicen de su producto o servicio. ¿A cuántos vendedores conoces cuyo discurso
de ventas incluya la incómoda verdad de que su producto/ser-
vicio sólo es el cuarto o quinto mejor del mercado? En cuanto
a esta afirmación, estamos oyendo el cri-cri de los grillos, ya
que la respuesta es que nadie, ¿cierto? Todos dicen que son los
mejores, por lo que los clientes potenciales han construido mecanismos defensivos cuando oyen este tipo de charla de ventas
rancia. Hacer esto es un desastre si quieres tener un rendimiento estrella en el sector de las ventas.

Para evitar que se dé este fracaso épico en las ventas, deberás hacer
preguntas de comprobación de la sintonía. Estas preguntas implican al cliente durante la presentación y generan *feedback* y participación. Multiplican por diez la eficacia de tus presentaciones. A sus
ojos, te hacen parecer creíble y más como una autoridad.

Aquí tenemos algunos ejemplos:

«¿Tiene sentido esto?».
«¿Estamos de acuerdo?».
«¿Qué piensa al respecto?».
«¿Coincide conmigo en cuanto a esto?».
«¿Ve cómo funciona eso?».
«¿Ve cómo eso podría ayudarle?».
«¿Cómo imagina que eso podría ayudarle más?».
«¿Tiene alguna pregunta sobre eso?».
«¿Hay algo más que yo debiera añadir?».

Estas preguntas te ayudan a tomarle el pulso a cómo está yendo la presentación con el cliente potencial. Sirven a modo de diálogo que mantiene al cliente potencial implicado en la conversación.

Hacen que el cliente potencial sienta que forma parte de proceso y que sea mucho más probable que compre. *¿Ve cómo funciona eso?* (Oye, sólo hemos hecho una pregunta de comprobación de la sintonía, y es de esperar que asintieras con la cabeza o que pronunciaras un empático «¡Caramba, sí!»).

Durante la presentación deberías hacer por lo menos entre cinco y diez de estas preguntas para asegurarte de que el cliente potencial está en sintonía contigo.

La mayoría de los vendedores presentan el 50 por 100 del proceso de ventas. Esto es demasiado, es excesivo. La fase de presentación debería constituir sólo el 10 por 100 de la venta. Debería consistir en volver a presentar los retos y los problemas que te han comentado durante la fase de involucramiento y volver a exponer cómo tu solución puede resolver esos retos. Ni más, ni menos.

La cantidad de información que el cliente potencial necesita saber siempre será mucho menor que la que cree el vendedor.

Ahora ha llegado el momento de revelar nuestra formula de tres pasos ganadora para elaborar esas presentaciones triunfadoras que hacen encajar *todas* las piezas en la mente de tu cliente potencial.

Normalmente queremos abordar entre tres y cuatro problemas clave, cómo los resolvemos para gente como ellos y qué significa eso para ellos.

1. Así pues, vuelve a repetir su problema, cosa que probablemente querrás hacer con el primer y el segundo grupo, o pon problemas en su mente que, ya para empezar, puede que tu cliente potencial ni siquiera supiera que tuviera.

   «¿Recuerda cómo dijo que estaba teniendo este [repite aquí el problema que te revelaron]?».
   «Uno de los mayores problemas que la gente sufre cuando intenta...».

O:

   «Uno de los mayores problemas que la gente tiene cuando acude a nosotros es que [inserta aquí el problema]».

O:

   «Uno de los mayores problemas que la gente tiene cuando acude a nosotros es que no sabe cómo/no es capaz de/no tiene suficiente [inserta aquí lo que sea que estés vendiendo y vuelve a repetir su problema y la consecuencia de cómo el problema les afecta]».

2. Expón cómo tu producto, servicio o programa resuelve una parte concreta de su problema.

   «Así pues, la forma en la que resolvemos eso para nuestros clientes como usted es que nosotros [inserta aquí como puedes solucionar sus asuntos]».

3. Vuelve a repetir las ventajas y los beneficios de lo que hará por ellos o lo que significará para ellos una vez que sus problemas se hayan resuelto.

«Y lo que eso implica para usted es que [repite aquí las ventajas y los beneficios]».

Digamos que vendes formación en bienes raíces que enseña a la gente cómo invertir en inmuebles.

En el caso de cada sector habrá pequeños cambios y diferencias en la forma en la que dirías lo siguiente, pero aquí tenemos un guion de muestra de una presentación:

«¿Recuerda cuando mencionó que en este preciso momento querría adquirir su primera propiedad para invertir, pero que su capital es limitado, por lo que tendría que avanzar realmente despacio? Uno de los mayores problemas a los que la mayoría de la gente se enfrenta cuando quiere invertir en bienes raíces es que no comprende sus distintas opciones de financiación y cómo conseguir una propiedad con poco o nada de dinero a modo de anticipo».

[Repite aquí lo que les provoca el problema] y continúa:

«Así pues, se quedan encallados ahorrando y sólo son capaces de adquirir una propiedad cada uno o dos años, por lo que les lleva décadas convertirse en un inversor a tiempo completo.

»La forma en la que resolvemos eso para nuestros clientes es que les enseñamos ocho estrategias distintas sobre cómo aprovechar cualquier trato que tengan delante entre las que se incluyen: cómo vender al por mayor, llevar a cabo alquileres tradicionales, opciones de arrendamientos, hipotecas envolventes, tomar la hipoteca del vendedor para rehabilitar la vivienda y venderla, hogares comunitarios, Airbnb y alquileres a corto plazo.

»Lo que esto implica para usted es que no permitirá que ningún trato se le escurra entre las manos, y no va a tener que usar su propio dinero, solicitar unos préstamos cuantiosos ni tratar con préstamos bancarios personales. Así, de esa forma, podrá hacer crecer su cartera de inversión/negocio rápidamente y no se verá limitado por el dinero.

»¿Está conmigo en esto?».

Echemos un vistazo a otro ejemplo en un sector completamente distinto. Este ejemplo procede del sector de los matrimonios o las relaciones que vende terapia matrimonial y de cimentación de las relaciones (¡uf!). No obstante, es perfectamente factible. Jeremy trabajó con una clienta en este campo que pasó de cerrar un 30 por 100 de las ventas a cerrar un 61 por 100 en sesenta días. Duplicó sus ventas en *dos* meses. ¡Maravilloso!

Aquí tenemos ese guion de muestra:

«¿Recuerdan cuando dijeron que querían sentirse conectados y respaldados en su matrimonio; y en este preciso momento parece como si estuviesen ustedes atrapados en una rueda de hámster en la que usted y su marido explotan, se cierran y discuten todo el tiempo, lo que está provocando que se sientan ustedes desconectados y se cuestionen si deberían seguir casados?

»**Uno de los mayores problemas con el que se encuentran los clientes** cuando acuden a nosotros es que no saben cómo cambiar el modelo de relación reactivo que están experimentando en su matrimonio.

»**Así pues, la forma en la que resolvemos esto** en el programa "Sana tus relaciones de dentro afuera" del doctor Sun consiste en empezar con "La valoración de desencadenantes de los conflictos".

»Cada pareja tiene un danza singular. En este primer pilar del programa les ayudaremos a acotar cada parte de su baile de modo que puedan ver las cosas incluso antes de que sucedan, y luego les enseñaremos pequeños cambios personalizados que modificarán la trayectoria de su danza.

»**Y lo que esto implica para ustedes es que** una vez que puedan ver toda la danza y ponerle un nombre, comprendan a ambos de sus personajes conflictivos y cómo funcionan juntos y sepan qué cambio del 1 por 100 usar en qué momento para sanar sus desencadenantes, toda la danza de su conflicto cambiará. Llegados a ese punto, la conexión juguetona empezará a regresar y será como la que tenían cuando empezaron a salir juntos, por lo que su matrimonio empezará a sanar para ustedes y su familia.

»¿Tiene sentido esto?».

Esta presentación es tan buena que no sólo tiene sentido, sino que le hizo doblar sus ventas en dos meses. ¡De eso es de lo que estamos hablando aquí!

Estas presentaciones ganadoras son clave, pero no siempre son un triunfo seguro inmediato. Cualquier vendedor exitoso es consciente de que se encontrará de frente con objeciones y resistencia. No te preocupes. Las superarás con el dominio del Nuevo Modelo de Ventas.

COMPRENDER LA TEMIDA «OBJECIÓN»

Así que lo has bordado con tu presentación, pero, pese a ello, tu cliente potencial sigue teniendo dudas (legítimas) que pueden dar la impresión de ser objeciones, pero démosles el nombre más amable y suave de *dudas* o *preocupaciones,* de modo que puedas seguir adelante positivamente. Recuérdate que no se trata de nada personal y que no te están rechazando. Cuando escuches estas dudas, refrena tu deseo de reaccionar. Llegados a este punto, la mayoría de los vendedores pierden los estribos en lugar de trabajar para desvelar qué significa realmente la objeción (bueno, la duda o preocupación).

Date cuenta de que éste no es el momento de regresar al «modo de ventas» para intentar persuadir al cliente potencial con información lógica sobre por qué tu solución es buena para él. Yo también he estado ahí, lo he hecho y casi me dan la medalla. Quédate un minuto conmigo. Ya casi hemos llegado.

Ha llegado el momento de usar los mismísimos principios y métodos que has aprendido del sistema de preguntas de persuasión neuroemocional (PPNE) del Nuevo Modelo de Ventas. Si has hecho tus deberes correctamente y has profundizado en la conversación con tu cliente potencial, entonces, la mayoría, por no decir todas las objeciones/dudas/preocupaciones habrán sido eliminadas durante la fase de involucramiento del proceso.

Si te llega una objeción en esta fase, no permitas que ralentice tu ritmo, y simplemente tómatela como una duda o preocupación. Intenta comprender al cliente y ponte en su lugar mientras determina si lo que le estás ofreciendo es sólo una *promesa* vacía para un mejor futuro. Comprende que tiene que asumir un compromiso antes de que le entregues lo que le has prometido. Muy posiblemente su objeción no sea más que una petición de más información.

También existe la posibilidad de que su objeción sea simplemente una petición para que hagas unos pequeños cambios a lo que le has ofrecido originalmente. Puede que simplemente desee algunas modificaciones en los términos de lo que estás ofreciendo. No cuentes con la victoria todavía. Las objeciones, dudas o preocupaciones son a veces peticiones de cualquiera de las siguientes cosas:

1. El precio de la solución que estás ofreciendo.
2. La elección del momento adecuado con respecto a tu solución.
3. El seguimiento, o la forma en la que se llevará a cabo el mantenimiento.
4. La calidad de lo que estás ofreciendo. Quizás quieran que dediques más tiempo o más recursos, como por ejemplo personal, para satisfacer sus necesidades.

En las ventas B2B, el hábito o el «siempre lo hemos hecho así» es una gran objeción. Lo mismo pasa con la satisfacción. Puede que piensen que son felices con lo que están usando y que no sientan que estén en el mercado para probar algo nuevo.

Esto último no es tan difícil de resolver como el misterio de los orígenes de Stonehenge. Todo se reduce a hacer preguntas. Las buenas preguntas que hacer para ayudarles a superar esta forma de pensar son abundantes, e incluyen: «Ya ha alcanzado usted unas cifras e hitos importantes. Dígame: ¿a dónde quiere llegar desde ahí en términos de futuras mejoras en…?», o «¿Puedo preguntarle en qué se parece su situación ideal con lo que tiene ahora con este vendedor que está usando ahora?».

Pero espera. Todavía hay más:

«Regresando a cuando decidió trabajar con esa compañía [vendedor actual], ¿cuál fue su selección de criterios, si puedo preguntárselo? ¿En qué formas ha cambiado eso mientras se fija en sus necesidades actuales? ¿Puedo preguntarle qué cambiaría si pudiera?», o «¿Puedo preguntarle de qué formas podría la compañía que usa hacerlo mejor para usted de lo que lo está haciendo ahora?».

Digamos que tu cliente potencial decide quedarse con su vendedor actual y te dice que se quedará con esa compañía que ya está usando al final de todo tu proceso de ventas. En lugar de, simplemente, rendirte, una buena forma de reiniciar la conversación consistiría en hacer la siguiente pregunta: «¿Cómo podría trasmitirle que quizás esté tomando la decisión equivocada sin que se enfade conmigo?».

No tiene sentido proceder a ayudarle a superar sus objeciones si no comprendes totalmente su objeción. La mayoría de los vendedores creerán que han escuchado todas las objeciones que existen en su universo y darán por sentado que saben, exactamente, qué significa cada objeción *(spoiler:* no lo saben). Entonces proceden a dar una respuesta enlatada.

Si el cliente dice: «Es demasiado caro», el vendedor corriente cree que sabe qué significa eso, pero debe hacerse la pregunta: ¿sabe realmente qué significa esa objeción concreta en la cabeza del cliente? ¿Es este ejemplo una objeción clara?

¿Qué es lo que esta objeción de «Es demasiado caro» significa en realidad?

¿Significa que es demasiado caro para pagarlo *en este preciso instante?*

¿Significa que es demasiado caro en comparación con un competidor?

¿Significa que es demasiado caro pagarlo por adelantado y que necesita un plan de pagos?

¿Significa que no disponen del presupuesto para todo eso?

¿Es demasiado caro en relación con qué?

Cuando no sabes de qué está hablando exactamente tu cliente potencial, tus suposiciones acabarán costándote una venta a diferencia de aquella ocasión en la que intentaste pedir un pargo y te dieron un sargo. Pero eso no son más que tonterías semánticas. En las ventas, asegúrate *siempre* de comprender plenamente la objeción.

Aquí tenemos un ejemplo de cómo la mayoría de los vendedores que usan habilidades tradicionales de ventas reaccionaría ente una objeción:

Cliente potencial: Estos televisores son demasiado caros para que nuestra compañía los compre al por mayor.

Vendedor corriente: ¿Demasiado caros? En realidad no son caros si piensa en los beneficios añadidos que les proporcionarán a sus clientes en su restaurante. A sus clientes les gustará la calidad de imagen en comparación con los televisores que está usando ahora. Querrán venir a su restaurante a ver deportes simplemente por la calidad de la imagen de sus televisores.

Cliente potencial: Bueno, sigo creyendo que su precio es demasiado alto.

Vendedor corriente: Recuerde que tendrá un servicio al cliente las veinticuatro horas con nuestros televisores, así que, si pasa cualquier cosa, estamos a su disposición las veinticuatro horas del día para usted.

Esta conversación seguirá hasta que la pantalla se quede completamente en blanco, no llevará a ningún sitio en absoluto y, ¡ay!, la venta se perderá debido a la forma en la que el vendedor se comunicó.

Independientemente de las características y los beneficios de los que habló el vendedor, la objeción sigue pesando en la cabeza del cliente potencial. El cliente está pensando: «Le he dicho a este tipo dos veces ya que pienso que es demasiado caro y simplemente no me está escuchando».

En el proceso del Nuevo Modelo, debes respetar y valorar lo que digan tus clientes potenciales. Esto significa, indudablemente, que debes comprender lo que tu cliente potencial quiere decir en realidad cuando te lanza una objeción. A no ser que seas un médium, no habrá forma de que sepas lo que el cliente quiere decir si no te ha aclarado su significado; pero si crees que lo sabes, podemos ver tu futuro en las ventas en este preciso momento y lugar, y parece negro.

Para que el diálogo funcione correctamente, debes desprenderte de la suposición de que comprendes la objeción. Cuando tu cliente potencial te lanza una objeción, te está diciendo, básicamente, que eso supone un riesgo para él. Esto debería suponer una señal de alarma en tu cabeza, y llegados a este punto tu trabajo consiste en hacerle superar su propia objeción para hacerle avanzar para comprar tu producto o servicio.

Recuerda ir más allá de esta objeción mediante la profundización:

Cliente potencial: Esto es, simplemente, demasiado caro para nuestra compañía.

Vendedor que usa el Nuevo Modelo: ¿Qué quiere decir con «es demasiado caro»?

Cliente potencial: Bueno, otra empresa en la que me estoy fijando es un 12 por 100 más barata por el mismo producto.

¿Ves cómo funciona esto? El vendedor sabe ahora qué es lo que el cliente potencial quiere decir cuando dice que es demasiado caro.

En otras situaciones eso podría significar algo completamente distinto. Podría querer decir: «Simplemente no disponemos del presupuesto para esto en este preciso momento», «Su presupuesto sería demasiado elevado para nosotros una vez que le sumemos los costes de las reparaciones y el mantenimiento», o «Cuando contratemos a alguien para poner en marcha su equipo, nos iremos por encima de la cantidad que habíamos asignado para esto».

¿Puedes ver cómo cada una de estas respuestas revela una razón distinta para la objeción «Esto es demasiado caro»?

Pero todavía no has terminado. También debes asegurarte de destapar la razón que realmente se oculta tras la preocupación. ¿Qué ha provocado que sintieran esta preocupación? Si comprendes sus objeciones estarás mucho mejor preparado para hacer las preguntas adecuadas para ayudarles a superar sus propias preocupaciones.

Cliente potencial: Esta propuesta es, simplemente, demasiado cara para la compañía.

Vendedor que usa el Nuevo Modelo: ¿Qué quiere decir con que es demasiado cara?, [o] ¿En qué sentido?

Cliente potencial: Bueno, lo más que podríamos pagar por este servicio es unos 10 000 dólares mensuales como máximo, y usted me está haciendo un presupuesto de unos 15 000 dólares mensuales.

Vendedor que usa el Nuevo Modelo: ¿Puedo preguntarle cómo ha llegado a esa cifra de 10 000 dólares mensuales?

Cliente potencial: Eso es lo que nuestro director general nos ha asignado para poder gastar en este tipo de servicio debido a los recortes en nuestro departamento desde la fusión.

¡Ajá! *Ahora* el vendedor puede ver la imagen mucho más claramente que antes. El significado de «Es demasiado caro» es que el director general sólo ha asignado 10 000 dólares mensuales debido a recortes porque la compañía ha pasado por una fusión recientemente.

Puede que con este conocimiento extra el vendedor pueda negociar un acuerdo distinto con respecto al precio, quizás cambiando opciones del servicio en relación con la oferta original o proporcionando al cliente un tipo distinto de servicio que encaje con su presupuesto. Algo de lo que también darse cuenta aquí es que siempre se trata del dinero. El dinero ya existe. Las luces están encendidas, los suelos se están limpiando y los empleados reciben su sueldo. El dinero simplemente se asigna a prioridades. Así pues, tu cuestión no consiste en encontrarles más dinero para que compren tu solución, sino en un asunto de lo bueno que seas para hacerles ver tu solución como una prioridad y a dirigir ese dinero ya existente en algún otro lugar hacia ti.

Por lo tanto, las preguntas de persuasión neuroemocional (PPNE) pueden permitir que tu cliente potencial vea tu solución como la prioridad, y desplazarla de un departamento a otro, de modo que pueda pagar *tu* solución para que resuelva *sus* problemas y hacerle llegar hasta donde quiere estar.

Aquí tenemos algunas preguntas geniales para este escenario:

«¿Siente que el presupuesto que se le ha dado es suficiente para resolver este problema?».

O:

«Siendo el coste lo más importante para su director general, ¿puedo preguntarle cómo casa eso con que su compañía alcance realmente resultados y pueda resolver este problema?».

Estas preguntas provocan que piensen que quizás necesiten conseguir fondos de otro lugar, o recurrir a otro departamento para poder invertir contigo para que resuelvas sus problemas. Probablemente se verán inspirados a obtener los fondos incluso aunque todavía no dispongan de ellos. Los hijos hacen esto con sus progenitores.

Hijo: Mamá, ¿puedo comprar más Robux para jugar a Roblox? No me queda más dinero de mi asignación.
Madre: No.
Hijo: Papá, ¿puedo comprar más Robux para jugar a Roblox? No me queda más dinero de mi asignación.
Padre: Pregúntale a tu madre.

De acuerdo, en los negocios las cosas son distintas, pero ya te haces una idea. Hacer preguntas habilidosas sobre su preocupación te ayuda a obtener una mejor información que aclara sus preocupaciones y te ayuda a encontrar una solución. También estás ayudando a tu cliente potencial a pensar en sus preocupaciones y a superarlas. Estás solicitando que te aclaren su preocupación de modo que puedas comprenderla completamente.

Aquí hay algunas preguntas clarificadoras que puedes hacerles a tus clientes potenciales para comprender mejor y exactamente qué es lo que quieren decir.

«¿Cómo ha llegado a esa conclusión?».
«¿Puede contarme más sobre esto?».
«¿Por qué se siente así?».
«¿Por qué dice eso?».
«¿Puede decirme qué quiere decir exactamente con eso?».
«Cuando dice usted…, ¿qué quiere decir exactamente con eso?»
   [asegúrate aquí de transmitirle exactamente lo que te ha dicho].
«Siento curiosidad. ¿Por qué me ha preguntado eso?».
«¿A qué se refiere exactamente?».
«¿Qué quiere decir con [repite lo que el cliente ha dicho]?».
«Parece usted un poco indeciso. ¿Qué hay detrás de eso?».
«¿Puedo preguntarle de dónde obtuvo esa información?».

Nunca jamás des por sentado que comprendes lo que el cliente potencial quiere decir. No le digas que sabes cómo se siente. Olvídate de la técnica del «siente, sentido, encontrado» usada por tantos vendedores. Es algo que los vendedores usan en exceso. Consiste, básicamente, en contestar a la objeción con una vergonzante respuesta de «Sí, pero…».

Para ser sinceros, no tienes ninguna pista en absoluto sobre cómo se siente. Además, a muchos vendedores se les ha enseñado a manejar las objeciones de esta forma, y muchos de tus clientes potenciales han oído este mismo discurso de ventas antes. Si usas esta técnica obsoleta, la mayoría de las veces perderás la confianza de tu cliente potencial.

Al formular preguntas de persuasión neuroemocional (PPNE) sencillas, tu cliente potencial te contestará y sus respuestas te proporcionarán la orientación que necesitas para continuar con las preguntas adecuadas que harán que supere sus propias preocupaciones. Como has reconocido su preocupación y no has intentado refutarla ni invalidarla, tu cliente notará que eres *muy* diferente a cualquier otro vendedor con el que haya tratado, ya que tú has mostrado interés por su problema. Tú, genio de las ventas, eres una *rara avis*. El éxito llegará.

La mayoría de los vendedores no hacen más que discutir e intentar posicionarse de una forma casi acosadora mientras tratan de esconder la objeción debajo de la alfombra, esperando y deseando que, de algún modo, el cliente potencial se olvide de ella. Noticia de última hora: no la olvidarán. Simplemente se olvidarán de ti y de lo que estás vendiendo.

Llegados a este punto, cuando el cliente potencial te mire, te considerará una autoridad de confianza, el experto que le escuchará y que se preocupa más por su inquietud, y entonces, ¡adivina!, su preocupación empezará a minimizarse. Su objeción seguirá estando ahí, pero debido a tus habilidades avanzadas de escucha y tu capacidad de mantenerte centrado en su mundo y de servirle, en lugar de centrarte en simplemente cerrar la venta, te tratará de forma diferente.

¿Por qué? Porque tratar contigo será mucho menos arriesgado. Estás comprometido a comprenderle y a lo que está buscando. Reaccionar no te hará llegar muy lejos. El 99 por 100 de los vendedores simplemente reacciona frente a la objeción de un cliente potencial. Sin embargo, una reacción no te proporciona un plan para proceder que ayude a tu cliente a superar sus propias preocupaciones. De hecho, suele provocar que te muestre la puerta.

LA PREGUNTA «SUPONGAMOS» O «IMAGINEMOS»

Así que te has abierto camino habilidosamente como un sabueso para superar la primera objeción de tu cliente potencial y la razón

210

subyacente a esa inquietud; pero espera, brillante detective, todavía no has acabado. Ahora debes averiguar si hay alguna otra preocupación que pudiera reprimir que haga negocios contigo. Para determinar esto deberás formular otra pregunta más.

El vendedor que usa el Nuevo Modelo llama a esto la pregunta «supongamos» o «imaginemos». Está diseñada para destapar si hay otras preocupaciones. Por ejemplo:

«Imaginemos que fuéramos capaces de resolver ese problema con usted. Sé que no está resuelto ahora, pero imaginemos que pudiéramos. ¿Hay alguna otra preocupación que pueda tener que quisiera ver resuelta?».

¿Ves la sencillez en esta pregunta? Te dirán que la preocupación original que te han comentado es la única que tienen o te comentarán otras preocupaciones que puedan tener.

Échale un vistazo a esto:

«Imaginemos que pudiéramos resolver ese problema con usted».

Esta pregunta está diseñada para hacer que tu cliente visualice a los dos trabajando juntos para resolver sus preocupaciones. Es un trabajo en equipo, y de ahí las palabras «con usted», y no «para usted». Aquí, tanto tú como tu cliente estáis concibiendo soluciones para resolver sus preocupaciones juntos. Da entrada a la canción *Kumbayá* más o menos ahora. ¡Pero espera, todavía hay más! Hay una continuación a esta fórmula que es mucho mejor que *Tiburón, la venganza*.

Aquí la tenemos:

«Sé que no está resuelto ahora, pero imaginemos que pudiéramos».

Esta parte de la pregunta reconoce que *respetas* su preocupación. También le estás haciendo saber que os ocuparéis de su primera preocupación y que no estás intentando ignorarla. Esto le muestra a tu cliente potencial que estás plenamente presente en la conversación.

«¿Hay algún otro problema que pueda usted tener y que quisiera ver resuelto?».

Esta pregunta te ayuda a ti y a tu cliente potencial a separar la primera preocupación de cualquier otra que pueda tener.

Aquí tenemos tu guion. Asegúrate de memorizar tus diálogos. Cuanto más ensayes, más natural parecerás. No ganarás ningún Óscar, pero lo que obtendrás de ello tendrá un valor tan incalculable como esa estatuilla dorada de un tipo desnudo.

«Supongamos que fuésemos capaces de resolver ese asunto *con* usted. Sé que no está resuelto en este preciso momento, pero simplemente imaginemos que pudiésemos. ¿Hay alguna otra preocupación que pudiera tener que quisiera ver resuelta?».

Cuando haces la pregunta «supongamos» o «imaginemos» de una forma coloquial tranquila y relajada, ayudas a tu cliente potencial a pensar detenidamente en sus problemas. Tu cliente potencial está ahora implicado en el proceso. Te está ayudando a comprender y, más importante todavía, está alcanzando una mejor comprensión de sí mismo al mismo tiempo. Ahora ha llegado a comprender que le has escuchado y que respetas y comprendes sus preocupaciones. ¡Ahora sois un equipo! Ahí es cuando estarás preparado para trabajar con él en la *superación* de sus preocupaciones.

GESTIONAR PETICIONES QUE NO PUEDES SATISFACER

Mira, eres bueno, pero no eres tan bueno… todavía. Habrá, ciertamente, ocasiones en las que tus clientes potenciales tendrán peticiones que queden más allá de tu autoridad o control. Lo que puedes hacer es gestionar estas solicitudes habilidosamente de forma profesional. Sigue estos pasos y saldrás adelante:

Paso número 1: Asegúrate de repetir lo que tu cliente potencial quiere.

«John, permítame asegurarme de comprender lo que quiere».
Paso número 2: Asegúrate de incluir su objeción o interés.

«Deme un segundo mientras le pongo esto en perspectiva...».
Paso número 3: Rechaza su petición dándole una explicación.

«Quiero que sepa por qué eso queda mucho más allá de mis posibilidades».

La frase «Quiero que sepa» es una forma muy neutra de decir no. Este lenguaje respeta a tu cliente potencial y le hace pensar. Con el diálogo adecuado, tú y tu cliente potencial estáis abiertos el uno al otro debido a la confianza que has desarrollado con él mediante el uso de tus preguntas habilidosas y tu capacidad de escucha. Tu cliente potencial necesita saber que estás pensando en su objeción y no sólo en averiguar cómo librarte de ella.

Tu explicación neutra, junto con algunas preguntas estratégicas, puede llevar a tu cliente potencial a comprenderte y a estar de acuerdo contigo la mayor parte de las veces. Te considera la autoridad de confianza para ayudarle a hacer eso, ¿así que por qué iba a querer irse con otra persona?

Llegados a este punto, deberás hacerle preguntas como las siguientes:

«¿Le gustaría examinar conmigo lo que creo que funcionaría para usted?».

«Quizás tenga una posible solución para esto. ¿Le gustaría analizarla conmigo?».

Esto te permite invitar a tus clientes potenciales a resolver sus preocupaciones contigo, de modo que juntos podáis encontrar una solución.

Recuerda que tu cliente potencial *quiere* una solución. Con esta pregunta estáis acordando, los dos, dar con una forma de alcanzarla.

A partir de ahí vas a debatir brevemente sobre sus preocupaciones empleando preguntas de la fase de involucramiento para destapar y explorar soluciones para sus preocupaciones. Tus preguntas de concienciación de la solución son muy potentes. Así pues, puedes proceder haciéndole la siguiente pregunta:

«¿Cómo se ve siendo capaz de resolver su preocupación?».

Y esto mismo te conduce directamente a la parte en la que estás a punto de abrir la barrera entre tú y la venta mientras guías, cual *sherpa,* a tus clientes potenciales hasta la cima de las ventas, que consiste en que ellos averigüen cómo superar sus propias preocupaciones. En esa cima no hay mal de altura, sino sólo el dulce aroma de una venta. Sigue adelante, ya casi has llegado.

AYÚDALES A AYUDARSE

Bienvenido al punto en la conversación de ventas en la que tus clientes potenciales empezarán a decirte cómo creen que ellos mismos pueden resolver su preocupación. ¡Ostras, lo sabemos! Pero tú puedes hacerlo. Te dicen esto porque están emocionalmente implicados con sus problemas en este momento *debido a* las preguntas que les has hecho, y están emocionalmente implicados en querer resolver sus propios problemas. Por lo tanto, después de hablar de cuál es su preocupación, puedes formularles estas preguntas para hacer que resuelvan su preocupación ellos mismos:

«Supongamos que no fuese lo que usted pensaba que era».
«Suponga que pudiera…».
«¿Qué pasaría si pudiéramos…?».
«¿Qué pasaría si usted pudiera…?».

Entonces sólo tendrás que introducir una visión alternativa a la suya. Digamos que vendes servicios de *coaching* y que la preocupación de tu cliente potencial es que ya ha probado programas de pérdida de peso en el pasado, pero que no ha tenido ningún éxito porque sentía que no disponía del apoyo que necesitaba.

Vendedor que usa el Nuevo Modelo: Sr. Jones, si hubiera una forma en la que usted pudiera obtener ese apoyo que ha dicho que necesitaba y dispusiera de un *coach* que le ayudara semanalmente para asegurarse de que usted perdiera realmente peso para poder vivir más años para estar con sus nietos [aquí es donde introducirás lo que ha dicho que quería], ¿se sentiría cómodo trabajando con nosotros para ayudarle a alcanzar ese objetivo?

Aquí tenemos otras preguntas que puedes hacer para asegurarte de que tus clientes potenciales estén en la misma onda y que hayan superado sus preocupaciones. Date cuenta de que llegados a este punto simplemente estás comprobando que existe un acuerdo antes de formular algunas de tus preguntas para alcanzar un compromiso o de cierre para hacer que compren tu solución (es decir, tu producto/servicio).

«¿Se sentiría cómodo con eso?».
«¿Qué le parece esto hasta el momento?».
«¿Funcionaría eso para usted?».
«¿Resultaría eso adecuado?».
«¿Le ayudaría eso?».
«¿Hay algo más que, llegados a este punto, quisiera abordar conmigo?».

Esta última pregunta («¿Hay algo más que, llegados a este punto, quisiera abordar conmigo?») es importante hacerla después de que le hayas ayudado a resolver su primera preocupación; pero recuerda que no debes dar por sentado que su primera preocupación sea su única preocupación.

Cómo abordar la preocupación del «No puedo permitírmelo»

¿Qué pasa si contestan con un conjunto de los grandes éxitos de los clientes potenciales?: «No podemos permitírnoslo», «No disponemos de un presupuesto para eso» o «Su precio es demasiado alto».

Vamos allá:

Cliente potencial: Nos gusta su producto, pero en este momento simplemente no podemos permitírnoslo.

Vendedor que usa el Nuevo Modelo: Dígame, si dispusiera del dinero, ¿sería esto algo que funcionaría para usted?

Cliente potencial: *Sí, ciertamente.*

Vendedor que usa el Nuevo Modelo: ¿Por qué cree que funcionaría?

Cliente potencial: Bueno, nos gusta [tu servicio o producto], pero simplemente no disponemos del dinero para él.

Vendedor que usa el Nuevo Modelo: Puedo comprender que el dinero pueda ser un problema para usted. ¿Cómo cree que podría resolver eso y conseguir el dinero de forma que pudiera…?

Aquí simplemente dejas caer lo que han dicho que querían. Estás vinculando conseguir los fondos/el dinero con obtener lo que han dicho que querían. Si no consiguen los fondos/el dinero, entonces no podrán obtener lo que han dicho que querían.

Como llegados a este punto confían en ti, muchas veces, al hacerles esta pregunta, será a ellos a los que se les ocurrirán formas de conseguir los fondos. Cuando hagas esto correctamente, pensarán en usar una tarjeta de crédito, pedir un préstamo, rehipotecar su vivienda, tomar dinero prestado de sus planes de pensiones, sus inversiones o en hacer que su jefe tome dinero de otro departamento para invertirlo en tu solución.

Sin embargo, si no pueden dar con formas de conseguir el dinero, puedes preguntarles: «¿De qué otras vías dispone para encontrar los fondos, de forma que pueda usted…?». Una vez más, simplemente estás completando lo que han dicho que querían.

Aquí tenemos algunos ejemplos:

- Si vendes sistemas de seguridad para viviendas: «¿De qué otras vías dispone para encontrar los fondos para proteger su hogar y a su familia de la entrada de intrusos?».
- Si vendes *coaching* de salud o suplementos: «¿De qué otras vías dispone para encontrar los fondos para poder perder esos treinta y cinco kilos para, como ha mencionado, poder ver cómo sus hijos crecen?».
- Si vendes propiedades comerciales o para alquilar: «¿De qué otras vías dispone para encontrar los fondos para comprar esta propiedad para alquilar, de modo que pueda conseguir un mayor beneficio por su dinero?».
- Si vendes bienes inmuebles: «¿De qué otras vías dispone para encontrar los fondos para usarlos como entrada, de forma que pueda traer a vivir a su familia a este vecindario seguro?».
- Si vendes servicios de liderazgo o de *marketing*: «¿De qué otras vías dispone para encontrar los fondos para empezar a alcanzar una mayor calidad de liderazgo, de modo que sus vendedores puedan hacer más ventas para usted?».
- Si vendes seguros de vida: «¿De qué otras vías dispone para encontrar los fondos para incrementar la protección económica para su esposa y sus hijos si le sucediese algo?».

Aquí tenemos una pregunta rápida para ti: ¿qué crees que es lo mejor que puedes hacer si tu cliente potencial sigue sin dar con formas de encontrar los fondos? No, no es el momento de abandonar el barco. No tienes que renunciar. La venta está más viva ahora que el rapero Tupac y Elvis Presley cuando estaba gordo. Lo que tienes que hacer son sugerencias.

Comparte con él cómo tus otros clientes han sido capaces de dar con los fondos y luego pregúntales si eso les sería de ayuda o funcionaría en su caso.

«Muchos de nuestros clientes simplemente usan su tarjeta de crédito o consiguen algún tipo de préstamo para obtener los fondos. ¿Sería eso de utilidad para usted?».

«Muchos de nuestros clientes simplemente usan los fondos de su plan de pensiones u otras inversiones para conseguir la financiación. ¿Funcionaría eso en su caso?».

Aquí tenemos un ejemplo concreto de un sector, de modo que puedas ver cómo funciona la estructura para lo que tú vendes. Simplemente introduce tu producto o servicio aquí.

En este ejemplo el vendedor vende formación en comercio electrónico.

«Dígame, si dispusiese de los fondos, ¿es esto algo que funcionaría para usted?» [alerta de spoiler: siempre dirán que sí].

«¿Pero, por qué?» [pon aquí tu mejor voz de actor ganador de un Óscar].

«De acuerdo, puedo ver que ese dinero podría suponer un problema para usted. ¿Cómo cree que podría resolver eso para poder encontrar fondos **de modo que pueda empezar a conseguir beneficios en su negocio en Internet?**» [deja que se les ocurran formas].

Si no pueden averiguar cómo hacerlo:

«¿De qué otras vías dispone para encontrar los fondos para iniciar un negocio de modo que pueda usted ganar dinero?».

Si siguen sin poder dar con formas de hacerlo:

«¿Ha pensado en algún momento en cargarlo a una tarjeta de crédito y sencillamente amortizarlo cuando empecemos a conseguir beneficios después de organizarlo todo con usted?».

Aquí tenemos la versión genérica completa. Una vez más, introduce lo que vendas en esta estructura:

«Dígame, si dispusiera de los fondos/el presupuesto/el dinero, ¿es esto algo que funcionaría para usted?».

«¿Por qué cree que funcionaría?».

«Puedo apreciar que el dinero podría suponer un problema por lo que me ha dicho. Dígame, ¿cómo cree que puede resolverlo de modo que pueda [repite aquí lo que el cliente potencial quiere]?».

«¿De qué otras vías dispone para encontrar el presupuesto/los fondos/el dinero, de modo que pueda [repite aquí lo que ha dicho que quería]?».

«¿Puedo hacerle una sugerencia?».

Y simplemente sugerirás lo que otros de tus clientes hacen para encontrar los fondos para resolver el problema.

Voilà! Todavía no hemos acabado. ¡Pero espera, que todavía hay más!

¿Cómo abordar la preocupación del «Necesito pensármelo»?

¿Cómo superas la preocupación del «Necesito pensármelo»? Al igual que Billy Joel aceptando peticiones para tocar *Piano man,* ésta es una situación con la que te encontrarás con frecuencia. ¿Cómo desarmar al cliente potencial para que no retroceda, para que se abra a ti y te cuente cuáles son sus verdaderas preocupaciones? ¿Qué dice la mayoría de los representantes cuando se encuentra con esta preocupación al final? La mayoría de los representantes dice algo como esto o variaciones similares:

Cliente potencial: Esto nos gusta de verdad, pero necesitamos pensárnoslo.

Vendedor corriente: Estoy confundido. Usted ha dicho [y repiten lo que han dicho que querían]. ¿Qué es lo que quieren pensarse o qué es lo que necesitan pensarse?

¿Sabes qué es? Es una trampa basada en la lógica para hacer que el cliente potencial admita que ha dicho que quería cambiar su situación, ¡pero espera un momento! ¿La gente compra basándose en la lógica o en la emoción? Para ganar elegirás la emoción, por supuesto, y aunque puede que te ganes a algunos con la lógica, estarás perdiendo *toneladas* de ventas que podrías hacer si supieses cómo usar el comportamiento humano a tu favor, y en realidad a su favor también.

Date cuenta de que cuando tu cliente potencial dice «Quiero pensármelo», la mayoría de las veces esto se debe a que no has hecho las preguntas adecuadas en el momento correcto durante la conversación de ventas para ayudarle a ver claramente cuáles son sus problemas, la raíz de éstos y cómo les afectarán si no hacen nada.

Recuerda que no puedes *decirle* eso, que debes hacer las preguntas adecuadas que le permitan *decirse* eso a sí mismo, y cuando se diga a sí mismo por qué necesita cambiar su situación, se persuadirá a sí mismo, y esto generará una enorme necesidad de querer comprar *ahora*, y no dentro de semanas o meses.

Por el otro lado, cuando sienta que su problema no es insuperable porque tu formulación de preguntas fue errónea y no pudiste ayudarle a ver en qué consiste realmente, eso provocará que sienta que puede que el problema que sufre no sea tan malo después de todo, o puede que sienta que no puedes conseguirle los resultados que desea. Tiene que haber una grieta en su mente entre el lugar en el que se encuentra ahora (su situación actual, su estado actual) en comparación con dónde quiere estar, y llamamos a esto el estado objetivo.

¿Qué está evitando que consigas lo que quieren? ¡Todos estos problemas que tus preguntas les han ayudado a descubrir! Cuanto mayor sea la grieta, más apremiante será para ellos comprar ahora, y no más tarde. Además, esa grieta sólo puede generarse en su mente por las preguntas que les has hecho.

Aquí tenemos un ejemplo de cómo resolver esta preocupación:

Cliente potencial: Esto suena bien, pero déjeme pensármelo.
Vendedor que usa el Nuevo Modelo: Ningún problema. ¿Cuál es su horario para volver a ponerse en contacto conmigo en el próximo día o dos simplemente para ver si estaría disponible para usted?

Pero ¿por qué no querrías superar esa objeción en ese mismo momento? ¿Por qué intentarías acordar una segunda llamada? *Porque elimina la presión de ventas de la conversación.* Desarma al cliente potencial y provoca que baje la guardia. También te posiciona como alguien que está ocupado con otros clientes, como si no necesitaras hacer la venta. Te muestras indiferente. ¡Sí! Cuando se trate de este cortejo en una relación, la indiferencia es una muy buena cosa.

Cliente potencial: Imagino que podría llamarle dentro de unos días.

Uhm, no exageres tanto. Necesitas una hora programada, no tonterías.

Vendedor que usa el Nuevo Modelo: Bueno, es posible; *pero* lo que puedo hacer, si tiene su calendario a mano, es que puedo sacar el mío y ver si podemos acordar una hora concreta conmigo, de modo que no tenga que perseguirme y viceversa. ¿Le resultaría eso adecuado?

A esto se le llama compromiso de calendario. Funciona siempre y muestra que no estás desesperado, que estás ocupado y que tienes toneladas de clientes cuyos problemas estás ayudando a resolver como si fueras un genio y estrella de las ventas.

Después de concertar la cita, preguntarás esto:

Vendedor que usa el Nuevo Modelo: Bien, antes de que nos despidamos, ¿qué es lo que quería analizar en su cabeza [ésta es una forma mejor y más elegante de decir «¿Qué es lo que quiere pensarse?»], sólo para saber qué preguntas podría tener usted cuando hablemos mañana?

Ahora agárrate, porque ésta es la clave en este momento. Ésta es la parte en la que te va a decir cuál es su verdadera preocupación. Puede que diga: «Bueno, simplemente estoy preocupado por...», o «Simplemente no entiendo esta parte», o «No estoy seguro de poder conseguir el dinero para esto».

Entonces podrás aclarar su preocupación, hacer una pregunta difusa y luego comentarla como dos personas que están intentando encontrar una solución juntos, y la mayoría de las veces cerrar la venta en esa llamada. ¡Bum!

Cómo abordar la pregunta de «¿Puede enviarme referencias?»

Éste es otro de los grandes éxitos de las objeciones, y si te preguntan esto es porque el 99 por 100 de las veces se debe a que tienen una preocupación, a que no creen que puedas conseguirles los resultados que decían que querían. ¿Por qué? Porque no sabes cuáles son las preguntas correctas que hacer que generen esa certidumbre en su mente en la que te consideren el experto, la autoridad de confianza, y ésa es exactamente la razón por la que te piden referencias.

Pese a ello, no todas las peticiones de referencias se deben a la falta de confianza. Las referencias de clientes satisfechos pueden ser una herramienta genial para ayudar a un cliente potencial a avanzar hacia tu solución. Sin embargo, puede ser, simplemente, una forma de que el cliente potencial se desembarace de ti, el molesto vendedor.

Debes formular *preguntas clasificatorias* para averiguar realmente si este cliente potencial es serio con respecto a modificar su situación, si tiene una preocupación concreta o si simplemente te está haciendo perder el tiempo.

Aquí tenemos algunos ejemplos de preguntas que hacer si hacen la pregunta de «¿Puede enviarme algunas referencias?»:

Cliente potencial: ¿Puede enviarme algunas referencias de otros clientes que tenga?

Vendedor que usa el Nuevo Modelo: Ningún problema. Sin embargo, siento curiosidad. ¿Qué es lo que les gustaría preguntarles cuando los llame?

Esto te ayudará a averiguar si tiene una preocupación.

O:

Vendedor que usa el Nuevo Modelo: Ciertamente, ningún problema. Sólo para poder enviarle referencias de la gente adecuada, ¿qué es lo que le gustaría comentar con ellos exactamente?

Cliente potencial: Bueno, quiero averiguar de ellos...

Vendedor que usa el Nuevo Modelo: Eso tiene sentido. ¿Cuándo piensa llamarlos, para así poder saber si estarán disponibles para usted?

Cliente potencial: Bueno, probablemente podría llamarlos mañana por la tarde si eso les va bien.

Vendedor que usa el Nuevo Modelo: Puedo ponerme en contacto con ellos para ver si les va bien. Ahora imaginemos por un momento que los clientes con los que hable le dicen cosas buenas sobre cómo pudimos resolver el mismo tipo de problemas que su compañía está teniendo. ¿Hacia dónde cree que deberíamos ir a partir de ahí?

ADVERTENCIA: Si simplemente acordamos enviarle referencias a un cliente potencial sin un compromiso para saber cuál será el siguiente paso después de que hayan hablado con esas personas, entonces lo más probable es que no vuelvas a oír de ese cliente potencial.

Cómo abordar la pregunta de «¿Puede enviarme más información?»

¿Qué pasa si, al principio de una llamada, el cliente potencial te hace esta temida pregunta?: «¿Puede enviarme algo de información?». Aquí tenemos cómo la gestionarás:

Cliente potencial: ¿Puede enviarme algo de información a mi *e-mail?*

Vendedor que usa el Nuevo Modelo: Ningún problema. Sólo para que pueda recopilar la mejor información para usted, ¿qué es exactamente lo que está buscando?

Cliente potencial: Bueno, estoy buscando cómo su producto XYZ podría…

Vendedor que usa el Nuevo Modelo: De acuerdo, ¿y qué usa ahora para su [inserta el servicio o el producto aquí]?

Entonces simplemente empezarás a avanzar por la fase de involucramiento con tu primera pregunta de situación. Se trata de una forma muy natural de pasar de simplemente enviar algo de información a ayudar al cliente potencial a destapar sus problemas y a que empiece a implicarse contigo. Estás escarbando aquí y encontrando material que te conseguirá tu sueldo.

Después de hacerle pasar por la fase de involucramiento, hacia el final de la conversación sacarás la pregunta que te ha hecho sobre enviarle más información de la siguiente forma:

Vendedor que usa el Nuevo Modelo: De acuerdo, puedo seguir adelante y enviarle más información sobre cómo podríamos resolver esos desafíos que me ha mencionado. Supongamos que revisa la información y que encaja con lo que está buscando. ¿Cuál querría que fuese el siguiente paso?

ADVERTENCIA: Nunca jamás envíes información a un cliente potencial sin antes averiguar si se trata de una persona seria que quiere cambiar su situación. De otro modo, estarás, simplemente, perdiendo un valioso tiempo para las ventas.

Cómo abordar la respuesta de «Estoy demasiado ocupado en este preciso momento»

Aquí tenemos otra situación muy frecuente:

Cliente potencial: ¿Me puede volver a llamar en otro momento? Estoy muy ocupado ahora.

Vendedor que usa el Nuevo Modelo: Ningún problema. Lo que puedo hacer, si le resulta de ayuda, es darle mi teléfono y puede llamarme más adelante durante el día de hoy para ver si yo podría estar disponible. ¿Sería eso de utilidad? Mi número de teléfono es el 573-578-9872. ¿A qué hora, más o menos, puede llamarme hoy, sólo para ver si estaría disponible para usted?

Consultar para saber una hora aproximada para él simplemente para ver si *tú* estarías disponible para *él* es una pregunta muy potente que te ayuda a posicionarte como una autoridad de confianza en el mercado. Hace parecer que estás *ocupado con otros clientes,* que no estás desesperado ni necesitado. Los clientes potenciales empezarán a considerarte más como un experto *cuyo tiempo es valioso,* en lugar de como otro vendedor más que está intentando venderles algo.

Cliente potencial: Puedo devolverle la llamada en algún momento a finales de esta semana, probablemente.

Vendedor que usa el Nuevo Modelo: Bueno, es posible, aunque puede que resulte más difícil que contacte conmigo si llama inesperadamente. Sin embargo, lo que puedo hacer, si tiene su calendario a mano, es que yo puedo sacar el mío, de modo que pueda **concertar una cita a una hora concreta** conmigo, y de esa forma no tendrá usted que ir detrás de mí ni yo de usted. ¿Le resultaría eso de ayuda?

Esto, además, te posiciona como una autoridad de confianza cuyo tiempo es valioso, en lugar de como un vendedor más de quien pueden desembarazarse en cualquier momento. Ahora, si no te devuelve la llamada a la hora estipulada, espera dos minutos y llámale tú. Es así de sencillo.

Ahora que has pasado por algunas dificultades esperadas y una vez que hayas llegado al punto en el que seas *el* experto y la autoridad de confianza al que tu cliente potencial le ha confiado sus problemas, harás tres preguntas de compromiso o de cierre que te permitirán hacer avanzar magistralmente a tus clientes potenciales contigo en el proceso de ventas. Sí, has llegado a la fase de compromiso. Los alérgicos al compromiso no hace falta que se postulen. ¡Agárrate fuerte! ¡Allá vamos!

Capítulo 11

LA FASE DE COMPROMISO

«A no ser que se alcance un compromiso, sólo hay promesas y esperanzas, pero no hay planes».

PETER F. DRUCKER

Felicidades, has alcanzado la fase de compromiso. Eso está genial. Y no te preocupes: no habrá situaciones de *Novia a la fuga* aquí. Vamos a recorrer todo el camino hasta cerrar la venta; pero primero piensa en los seis principios de pedir un compromiso:

1. La gente es mucho más probable que modifique su comportamiento si le pides un compromiso que si no lo haces.
2. Las preguntas para alcanzar un compromiso deben resultar cómodas para ti *y* para el cliente. Si intentas liberarte, lo mismo hará tu cliente potencial.
3. Los grandes compromisos empiezan con una planificación previa a la llamada. Estate preparado para cualquier cosa, desde resistencia y un interrogatorio hasta retrasos y puro desinterés.
4. Haz que las preguntas para alcanzar un compromiso sean fáciles de hacer.
5. Los compromisos son el final natural y adecuado para una conversación.
6. Preguntar por la seriedad del compromiso después de que alguien haya dicho que se compromete es perfectamente aceptable e incrementará las ventas si lo haces bien.

Fíjate en estas afirmaciones y preguntas. ¿Sabes qué tienen en común todas estas frases?

> «Simplemente le estoy llamado para ver si estaría usted interesado en…».
>
> «¿Puedo pasarme por su oficina y mostrarle lo que podemos hacer por usted?».
>
> «¿Qué tal si programamos otra llamada para hacer que esto avance?».
>
> «¿Puedo reunirme con usted mañana a mediodía o el viernes a las tres? ¿A qué hora le va bien?».
>
> «¿Sigue queriendo que esto avance?».
>
> «¿Cuándo debería retomar la conversación con usted?».
>
> «Al final de la llamada, ¿podemos ver si esto encajaría bien para usted?».
>
> «Al final de la llamada podrá usted tomar una decisión informada».

Sí, son pobres y se han usado en exceso, pero la respuesta que estamos buscando es que *todas desencadenan presión de ventas y resistencia.* Hay ciertas palabras y cierto lenguaje que quizás ni siquiera seas consciente de que usas que desencadenan presión y resistencia en tus clientes potenciales. Debes aprenderte estas palabras y frases y evitarlas igual que evitas a tu vecino parlanchín en el supermercado si quieres alcanzar la cima en el sector de las ventas y, llegado un día, alejarte de ese vecino.

¿Estás preparado? Aquí tenemos una buena, o más bien no una buena, sino una muy mala y horrible. Aquí está:

> «Simplemente firme el contrato aquí».

Nunca jamás digas esto a no ser que quieras que tus clientes potenciales salgan corriendo hacia los botes salvavidas mientras la orquesta (y tu discurso de ventas) tocan para un público inexistente. ¿Por qué? Porque hará sentir a tus clientes potenciales que se están viendo encerrados en algo que quizás no quieran o de lo que se arrepientan más adelante. ¿Así que qué deberías decir en lugar de eso para hacer que la frase sea más neutra?

«Simplemente autorice el acuerdo aquí».

Sí, eso es. Sencillo y neutro. Por supuesto «Autorice el acuerdo aquí» significa exactamente lo mismo que «Firme el contrato», pero es *mucho* más neutro y mucho menos poco atractivo. A tu cliente le parece bien *autorizar* un acuerdo para avanzar con tu solución.

El gobierno hace un trabajo maravillosamente bueno con respecto a esto. Échale un vistazo a la Agencia Tributaria (la Hacienda Pública o Servicio de Rentas Internas). Si se llamara *Servicio de Impuestos Internos,* que significa lo mismo, todos nos indignaríamos, pero el término «rentas» es mucho más neutro y menos amenazador que la palabra «impuestos», ¿verdad?

Si adoptas un tono de voz más natural y neutro con las palabras que uses, eso permitirá que se dé una conexión de mayor «confianza». Recuerda que eres un robot de ventas humano, y no un *humanoide.*

Digamos que estás llegando al final de una conversación con un cliente potencial y que entonces intentas «cerrarle» para conseguir que tenga otra reunión o cita contigo.

«¿Por qué no programamos otra llamada pronto para hablar más sobre nuestra solución para usted?».

¿Pero qué sucedería, en primer lugar, si intentaras «cerrarle» para tener otra cita contigo cuando todavía ni siquiera ha decidido si está preparado para avanzar contigo? ¿Qué pasa, y no te lo tomes como una ofensa, si simplemente no quiere tener otra cita contigo?

Desencadenarías, automáticamente, una resistencia a las ventas en tu cliente potencial, ¿verdad? Te haría retroceder y te pondría objeciones, intentaría impedirlo o lo más probable es que intentara desembarazarse de ti, ¿verdad? En cuanto haya presión y se desencadene la resistencia, esa confianza estará *kaput,* destrozada, aniquilada. Estarás acabado.

Por lo tanto, si quieres acordar una cita, emplea un lenguaje más neutro que signifique lo mismo, pero que elimine la presión de las ventas de las preguntas.

Aquí tenemos algunos ejemplos excelentes:

> «Sra. Prince, con su permiso. ¿Podemos concertar otra cita para ver si lo que estamos haciendo aquí funcionaría para su situación? ¿Resultaría eso adecuado?».
>
> «¿Resultaría adecuado que habláramos de nuevo por teléfono para ver si podríamos ayudarle?».
>
> «¿Tendría sentido que habláramos de nuevo para ver si lo que estamos haciendo encajará con lo que está buscando?».
>
> «¿Cómo quiere proceder a partir de aquí, Sr. Wayne?».
>
> «¿Hacia dónde cree que deberíamos dirigirnos desde aquí?».
>
> «¿Cuál cree que es el siguiente paso aquí?».
>
> «¿Cuál sería el siguiente paso, o cómo le gustaría proceder desde aquí?».
>
> «¿Estaría abierto a que mantengamos otra conversación para ver si sería posible que le ayudáramos?».

Cuando uses preguntas neutras como éstas con tus clientes potenciales, harás que se desvanezca cualquier presión relacionada con las ventas. Es como un masaje de ventas. Le proporciona a tu cliente potencial el mensaje de que estás ahí para él y que de verdad quieres ver si puedes ayudarle. La mayoría de los vendedores sólo masajean su propio ego y a sus necesidades. Esto aparta a tu cliente potencial de ti. Ahora tú eres un asesor de confianza para él, y no una razón irritante por la que necesite no sólo un masaje, sino también un par de aspirinas.

PREGUNTAS DE CIERRE TRADICIONALES

Llegados a este punto probablemente estés empezando a comprender que las técnicas de venta tradicionales fuerzan a los vendedores a jugar a un juego de cifras que simplemente no tiene sentido y que va completamente en contra de la naturaleza humana. Estas técnicas están diseñadas para «empujar» al cliente potencial hacia adelante, en lugar de hacer que el cliente potencial te arrastre hacia él. Estas técnicas giran en torno a examinar las cifras para intentar hacer una venta.

Pregúntate lo siguiente: ¿estás disfrutando del «éxito» con tus técnicas de cierre? ¿Estás siguiendo el ABC del cierre? Aquí tenemos un verdadero jueves para recordar, un viernes de *flashback*, un rebobinado total de un veterano gurú de las ventas: «Debes cerrar para ganar algo de dinero». Archiva esto en el apartado de Nostalgia Anticuada Entretenida junto con tu tarjeta del videoclub, porque eso es todo lo que es.

¿Has pensado alguna vez, en la era de la posconfianza, con la confianza en mínimos históricos, que tus clientes pueden captar cuándo quieres «cerrarlos»? Por muy fríos que puedan parecer, por muy adictos que puedan ser a sus *smartphones,* pueden seguir viendo si se les está haciendo una venta agresiva.

Las viejas técnicas de cierre no hacen más que meter presión a tus clientes potenciales. ¿Cómo te sientes cuando un vendedor está intentando «cerrarte»? ¿Sientes tú mismo la presión? Una vez más, te preguntamos: ¿moja el agua?

Si tú mismo sientes esa presión, ¿no crees que tu cliente potencial también la estará sintiendo? Él siente como si estuviera siendo «cerrado» y cazado por ti. Es irritante y es fútil, porque ¿qué hace la mayoría de la gente cuando se siente perseguida? ¡Huye! ¡Y rápido! Quieren, por naturaleza, alejarse de esa presión de las ventas y, si esa presión procede de ti, huirán corriendo como si fueses Freddy Krueger, Jason Voorhees y Cara de Cuero todo en uno. ¡Un horror!

¿Qué haces exactamente cuando sientes presión procedente de un vendedor? Haces una de estas dos cosas:

1. Ponerte a la defensiva, lanzar objeciones y rechazar lo que te está ofreciendo.
2. Apartarte de él porque te ha agobiado. Le ignoras y no le devuelves las llamadas, *e-mails* o mensajes de texto.

Ahora pregúntate: ¿hacen alguna vez tus clientes potenciales estas dos cosas cuando intentas «cerrarlos»? Si reaccionas de esta forma frente a los vendedores que intentan «cerrarte», ¿cómo crees que los clientes potenciales reaccionarán frente a ti cuando sigas usando estas mismas técnicas tradicionales de cierre?

¿Queremos con ello decir que deberías contactar por teléfono y no hacer ventas? Ejem… ¿Está el agua seca? ¡No! Tu objetivo consiste en hacer una venta en *cada* llamada, pero eso tienes que guardártelo para ti, porque en el momento en el que el cliente potencial sienta que les están vendiendo algo, será el momento exacto en el que empezará a cerrarse.

Pero estás de suerte. El sistema del Nuevo Modelo te enseña cómo evitar la dinámica de tira y afloja que suele desarrollarse entre tú y tu cliente potencial, empezando con una de las principales cosas que siempre debes evitar al cerrar: dar por sentado que has hecho la venta.

En la era de la posconfianza, la venta presuntiva no sólo está muerta a estas alturas, sino que está momificada y en un museo. Cualquier formación que te enseñe a «dar por sentada» siempre la venta y a buscar el cierre es simplemente formación anticuada que enseñaban, en tiempos de los Picapiedra, gurús que tenían dinosaurios como mascotas y que no han trabajado en el sector de las ventas desde hace décadas o, peor todavía, formadores en ventas nuevos y perezosos que simplemente cortaron y pegaron lo que los gurús de Piedradura amigos de Pedro Picapiedra, Vilma, Pablo Mármol y Betty enseñaban en el pasado.

Tu cliente potencial percibe completamente cuándo estás intentando dar por sentada la venta, ¿y qué pasa cuando lo percibe? Empieza a lanzar objeciones, ¿verdad?

Debemos formular la pregunta: si te están llegando todas estas objeciones, ¿qué, exactamente, está provocando esto? Conecta tu modo selfi porque, ¡hola!, eres *tú*, y se debe a la forma en la que te enseñaron a comunicarte.

Digamos que estás cerca del final de tu presentación y que das por sentado, automáticamente, que tu cliente potencial quiere tu producto, así que empiezas a tantear el contrato y sucede lo siguiente:

Vendedor corriente: Bueno, ¿a nombre de quién redactamos el contrato?

Cliente potencial: Bien, imagino que a mi nombre.

Vendedor corriente: De acuerdo. ¿Cuál es su número de teléfono? ¿Su dirección? ¿Sus datos bancarios?

A falta de preguntarle por su número de la seguridad social, sus claves y su tipo sanguíneo, el vendedor corriente más que nada ha asustado al cliente potencial. Llegados a este punto, ¿qué suele hacer el cliente (amable) nueve de cada diez veces?

Cliente potencial: Espere. Nunca he dicho que estuviese preparado para esta compra. ¿Por qué no me deja algo de información y así podré volver a ponerme en contacto con usted una vez que haya tenido la posibilidad de pensármelo?

Pon en marcha el modo de gestión de las objeciones, ya que ahora se trata de tu supervivencia. Esto es algo que nunca ha tenido sentido en las ventas. Las mismísimas técnicas de cierre tradicionales que te enseñan a dar la venta por hecha (que sabes que desencadena resistencia a las ventas), requieren que aprendas técnicas de gestión de las objeciones para intentar superar las objeciones provocadas por la forma en la que te enseñaron a vender.

Espera… ¿Qué? Es muy enrevesado. No mires nunca atrás y leas esa frase. Es sólo mucho trabajo y una pérdida del tiempo para todo el mundo. ¿Por qué no aprender cómo asegurarte de no recibir, ya en primer lugar, la objeción?

¿Y qué hay del tema de estar siempre cerrando las ventas? Está cerrada. Para siempre. ¿Por qué sigues aferrándote a ella como Linus van Pelt a su mantita? Incluso Charlie Brown se está riendo. Ésta es, sin duda, una de las pocas primeras cosas que aprendes como vendedor de los viejos gurús de las ventas. La cuestión es si de verdad sigue funcionando en la era de la posconfianza. Éste es el momento en el que llegas al final de tu presentación y haces tu pregunta de cierre:

El cierre que ofrece una opción: ¿Quiere la roja o la azul?

El cierre invitacional: ¿Por qué no le da una oportunidad?

El cierre presuntivo: De acuerdo, procederé y programaré esto. ¿Quiere recibir la entrega el martes por la tarde o el miércoles por la mañana?

El cierre de elección: ¿Hacemos el contrato a su nombre o a nombre de su compañía?

El cierre de demostración: Si pudiera mostrarle la mejor inversión que pudiera hacer nunca, ¿querría verla?

Cuando usas las palabras «Si pudiera mostrarle», ¿a quién se dirige el foco de inmediato?

El foco se dirige, por supuesto, a *ti,* y ahora te has colocado en una posición en la que tienes que demostrar a tu cliente potencial que tu producto/servicio es el adecuado para él.

Es entonces cuando la mayoría de los vendedores se basan en las estadísticas, los datos y las características para que respalden sus afirmaciones. Pero, una vez más, ¿de quién es esta opinión? Procede de ti, ¿verdad?

Recuerda que todos los vendedores también les están diciendo lo mismo: que ellos son los mejores y que el cliente potencial debería irse con ellos. ¿Puedes ver cómo tus clientes potenciales están acostumbrados a que cada vendedor intente venderles algo afirmando que su producto es el mejor? Ay, si los ojos en blanco pudieran hablar… No es de extrañar que la gente se haya vuelto insensible a oír este tipo de afirmaciones.

Como vivimos en la era de la posconfianza, no es ningún misterio que la confianza está muerta en el mercado. Lo que esto significa es que, si usas técnicas de venta tradicionales, tienes que demostrar tu valor a un cliente potencial escéptico que está intentando probar que estás equivocado. Es agotador, ¿verdad? Así pues, ¿cuál es la solución? Empezamos por cambiar nuestro *uso del lenguaje* (un término acuñado originalmente por Jeremy para que significara, literalmente, creación de lenguaje).

Usando el ejemplo anterior, deberías probar con algo como: «Si hubiera una inversión ahí fuera que pudiera conseguirle los beneficios que está usted buscando, ¿sería eso de posible interés para usted?».

Usando este lenguaje, te encontrarás en una posición mucho más neutra que no genera ninguna resistencia, y no tendrás que demostrar tu valor a tu cliente potencial. Puedes usar esta frase en cualquier sector.

Los vendedores que usan el Nuevo Modelo son *siempre* neutros, mientras que los vendedores corrientes siempre son unilaterales, centrándose en sí mismos y en su mundo en lugar de en el mundo de su cliente potencial. Aunque puede que las técnicas antiguas de cierre suenen bien en teoría, lo mismo pasaba con los sintetizadores en la música pop de la década de 1980. La realidad es que, en el mundo actual, tus clientes potenciales ya no se tragarán este cuento. Han oído el mismo discurso durante décadas. Bosteza y pásanos los auriculares con cancelación de ruido.

Deja de intentar manipular. La gente quiere saber que se la respeta. El cliente actual no quiere que le hablen sin parar ni que le vendan cosas, sino que quiere que le pregunten, le escuchen y le comprendan. Si crees que la forma de cerrar las ventas consiste en ser agresivo y avasallador, y sigues usando técnicas de cierre tradicionales, seguirás perdiendo ventas y decenas de miles de dólares que deberían estar en tu cuenta bancaria.

Y aquí tenemos un concepto novedoso: vender podría ser una experiencia mucho más productiva *y* mucho más satisfactoria para ti y, mucho más importante, para tus clientes mediante el cambio en la forma en la que efectúes el cierre. En el Nuevo Modelo de Ventas, el vendedor ni siquiera usa el término «cierre»: tiene un estigma negativo y puede ser deshumanizador para con tu cliente potencial.

¿Cómo te sentirías si escucharas a un vendedor que te estuviera vendiendo algo hablar sobre cómo te ha «cerrado»? ¡Uf! Suena como si fuera una estafa y algo despreciable, ¿verdad? A la mayoría de la gente esto no le haría sentir bien. El vendedor que usa el Nuevo Modelo prefiere usar la palabra «comprometerse», y nunca «cerrar». Supone un *compromiso* dar el siguiente paso y comprar tu solución.

Es absolutamente crucial que recuerdes que el «comprometerse», o aquello a lo que las ventas tradicionales se refieren como «cierre», sólo supone el 5 por 100 del Nuevo Modelo de Ventas. ¿Por qué? Porque la venta ya estaba hecha en la mente tu cliente potencial durante el proceso de involucramiento, ya que has hecho preguntas habilidosas y usado unas competencias de escucha reales.

En su cabeza, te has convertido ahora en una autoridad de confianza y, por tanto, el siguiente paso más lógico es que te compren tu solución a ti. Llegados a este punto en el proceso de ventas, el compromiso de avanzar supone un paso muy natural después de que les hayas repetido *lo que te habían dicho* que buscaban y cómo tu solución puede ayudarles.

Preguntas para alcanzar un compromiso

El comprometerse, el arte de las ventas conocido anteriormente como «cierre», es la última de las muchas conclusiones lógicas del cliente potencial en la conversación de ventas.

Hasta el momento has:

- Demostrado tu comprensión de los problemas del cliente potencial.
- Encontrado la solución correcta para resolver los problemas de tu cliente potencial.
- Puesto en práctica la solución propuesta.

¡Estás que te sales!, pero no cantes victoria todavía.

El compromiso puede adquirir una de dos formas:

1. Un compromiso para tomar una serie de medidas intermedias que conducirán a la venta.
2. Un compromiso para comprar tu solución y hacer negocios contigo y con tu compañía.

Llegarás a un punto en el que deberás decidir qué movimiento hacer. Pedirás al cliente potencial que te compre o sugerirás *dar otro paso en el proceso de descubrimiento para que avance hacia la toma de una decisión final.*

Fomentar un compromiso sólido requiere de cuatro cosas:

1. Establecer una mentalidad positiva y comprender plenamente lo que debes conseguir para hacer que los clientes potenciales avancen.
2. Planificar y elaborar las preguntas adecuadas, conociendo la forma de hablar para saber cómo formularlas y dando en el clavo con tu discurso.
3. Enunciar tu hipótesis y hacer preguntas de modo que los clientes potenciales consideren esto como la próxima parte lógica de la exposición, de modo que puedan resolver sus problemas y obtener lo que quieren.
4. Escuchar su respuesta. Puede que sea negativa al principio. Eso no supone un rechazo, sino una parte en curso de un proceso.

¿Qué crees, llegados a este punto, que es clave para hacer avanzar al cliente por el proceso? Sólo hay una cosa que hacer: pedir un compromiso para hacer algo. Si tu cliente potencial necesita dar más pasos hacia adelante para tomar una decisión, entonces aquí es donde usarás, de forma selectiva, las herramientas de ventas de las que dispongas.

Harás una afirmación y harás una de las siguientes preguntas *si* crees que necesita dar más pasos antes de comprar tu solución:

«Con su permiso, lo que me gustaría sugerir como el siguiente paso es que...».

Procede y continúa tu frase con una de las siguientes opciones:

«… revisásemos en mayor detalle el plan de negocio que comentó usted».

«… planeáramos una demostración para analizar cómo podemos resolver los problemas que ha mencionado».

«… conociésemos a algunos otros miembros de la compañía».

«… nos fijásemos en mayor detalle en algunos de los problemas que ha comentado».

«… mantuviésemos otra reunión para ver si podemos ayudarle».

«… revisásemos la propuesta sobre cómo podríamos ayudar a resolver esos problemas y hacerle llegar hasta donde quiere estar».

Y completarás tu afirmación preguntando:

«¿Resultaría eso adecuado?».

«¿Estaría usted abierto a eso?».

«¿Se sentiría usted cómodo con eso?».

«¿Funcionaría eso para usted?».

Quieres hacer que tu cliente potencial sienta que forma parte del proceso en lugar de que sienta que estás intentando engañarle como lo hacen el 99 por 100 de los vendedores. Haz que tu cliente potencial se implique en el proceso, de modo que sienta que estás ahí para ayudarle, y no sólo para hacer una venta.

Imagina hacer un curso de cocina en el que todos estéis listos para arremangaros y empezar a picar alimentos, canalizando a tu estrella interior en el canal de televisión Food Network, dedicado a la gastronomía, y que descubres que simplemente estás ahí para ver al profesor hacer las cosas. ¿Cómo es eso de patético? También es una garantía de que tu próxima clase de cocina no será ahí. La participación del público no es diferente cuando se trata de las ventas.

Dicho eso, date cuenta de que las distintas personas se mueven a distintas velocidades. A veces puede llevarles muchos pasos más pequeños antes de dar el paso final en el que te comprarán tu producto o servicio.

Para mantenerlos implicados, también puedes preguntar: «¿Qué le gustaría ver a continuación?», o «¿Qué le gustaría...?», hasta que hayas cubierto todo lo que sea de interés para ellos.

También puedes hacer preguntas para ver si tú y tu cliente potencial estáis en la misma onda, ya que no hay nada peor que hablarle a alguien que ya haya acabado el libro mientras tú sigues en el segundo capítulo. Estas preguntas reciben el nombre de preguntas para verificar la coincidencia, y deberían usarse durante tu presentación para mantener la atención de tu cliente potencial. Entre estas preguntas se incluyen las siguientes:

«¿Le resultaría esto de ayuda?».
«¿Cuáles considera que son los beneficios de todo esto para usted?».
«¿Tiene esto sentido?».
«¿Se siente cómodo con lo que hemos cubierto hasta el momento?».
«¿Estamos en la misma onda?».
«¿Qué piensa al respecto?».
«¿Cómo se imagina que eso puede ayudarle más?».

También puedes hacer preguntas para ver si tiene alguna preocupación, como:

«¿Se sentiría cómodo con esto?».
«¿Cómo le hace sentir esto hasta el momento?».
«¿Qué le parece esto?».
«¿Hay algo que le gustaría abordar conmigo llegado a este punto?».

Si sientes que el cliente potencial está preparado para invertir en tu solución y hacer negocios contigo, aquí tenemos las preguntas para alcanzar un compromiso *más importantes* que nunca aprenderás. Esto es lo que distingue al 1 por 100 superior de los vendedores de los vendedores corrientes, y si se emplean correctamente pueden llevarte de donde te encuentras ahora a ganar la máxima comisión posible. ¡Está a tu alcance! Sigue adelante.

Cuando sabes, al final del proceso de ventas, que ha llegado el momento de hacer que se comprometa a dar el siguiente paso y adquirir tu solución, peguntarás: «¿Siente que ésta podría ser la respuesta para usted?». Otra forma de preguntarlo sería: «¿Siente que esto podría ser lo que está usted buscando?».

Estas preguntas son muy naturales, pero muy poderosas. Si has hecho tu trabajo durante la fase de involucramiento de la conversación de ventas, el 95 por 100 de las veces tus clientes potenciales dirán «Sí, quiero». ¡Bum! ¡Bingo! Pero todavía no has llegado. A continuación seguirás con esta pregunta *de tanteo:* «¿Por qué siente, exactamente, que es así?».

Una vez más, vas a hacer más que una simple pregunta superficial. ¿Por qué? Porque no sólo *te* dirán por qué sienten que tu solución es la adecuada para ellos, sino que también se lo estarán diciendo *a sí mismos.* Se están diciendo por qué tu solución es la mejor. Cuando la gente te dice por qué quiere trabajar contigo, ¿no crees que eso es más persuasivo que el que tú les digas que ellos deberían trabajar contigo?

Imagina a tus hijos emergiendo, como la bestia de la película *La mujer y el monstruo,* con la ropa sucia y el desorden acumulados de dos semanas, y acercándose a ti diciendo: «¿Sabes qué? Creo que debería ordenar mi habitación hoy». Sí, te desmayarías, pero es mucho más fácil y agradable eso que tener que convencerlos de que su cuarto es peligroso para su salud. Lo mismo se aplica a tus clientes potenciales, aunque es de esperar que no se parezcan a monstruos de pantanos ni a adolescentes desordenados.

Después de que tus clientes potenciales te digan que quieren trabajar contigo, entonces preguntarás: «¿Siente como si esto fuera algo que puede hacer/usar/tener que le ayudará a llegar a donde quiere ir?». Esto es poderoso porque, en su cabeza, logran fijarse en tu solución como algo a largo plazo. Es la idónea, que les hará llegar allá a donde quieren ir.

Entonces les volverás a preguntar que lo aclaren formulando *esta* pregunta: «¿Por qué siente que lo es?». Ésta es otra pregunta de persuasión neuroemocional (PPNE) de tanteo. Una vez más, te dirán a ti *y* a sí mismos por qué tu solución es adecuada para ellos. Entonces te abrirás camino para formular una tercera pregunta para alcanzar un compromiso, diciendo algo como:

«Bueno, no tengo nada más que analizar con usted. Parece que hemos cubierto lo que está buscando. En realidad, el siguiente paso consistiría en llevar a cabo algún tipo de acuerdo para su [lo que sea que estés vendiendo]. Puede hacer una transferencia o pagar con tarjeta, y llegados a ese punto haremos…».

Aquí les explicarás los siguientes pasos después de que hayan hecho la compra. Esto se verá seguido de:

«¿Resultaría eso adecuado? ¿Cómo le gustaría proceder a partir de aquí?».

O podrías usar la siguiente pregunta para alcanzar un compromiso:

«¿Hacia dónde deberíamos dirigirnos desde aquí?».

Utiliza esto sólo después de haber aprendido de verdad técnicas de preguntas de persuasión neuroemocional (PPNE) del Nuevo Modelo. Ésta es una PPNE de cinturón negro de la serie de karate *Cobra Kai* que es muy eficaz, pero deberás saber cómo reaccionar si el cliente potencial dice algo que no esperabas.

Ésta es, además, una pregunta para alcanzar un compromiso muy poderoso que usar al final que muestra que los respetas a ellos y sus opiniones. Es importante recordar que ya se han persuadido a sí mismos durante la fase de involucramiento del proceso de ventas.

Por lo tanto, lógicamente, cuando hagas esta pregunta, la mayoría de las veces simplemente responderán con algo así como: «¿Qué necesito para hacer la compra?», o podrían tener algunas preocupaciones o preguntas que podrás abordar. *Eso* es lo que hace falta para alcanzar el compromiso.

Recuerda que el cierre no siempre implica el fin del negocio y que puede ser el catalizador de la continuación de la discusión. El cierre es un proceso, e incluso el mejor proceso de ventas puede mejorarse desarrollando relaciones de negocios positivas.

Capítulo 12

Llevar la relación de negocios al siguiente nivel

«Los negocios se dan a lo largo de años y años. El valor se mide en cuanto al aspecto positivo total de una relación de negocios, y no por cuánto has obtenido con un trato».

Mark Cuban

Algunos dicen que lo importante no es lo que sabes, sino a quién conoces. Estamos en desacuerdo. Debes saber y conocer. Desarrollar unas relaciones de negocios productivas es crucial para tu éxito. El establecimiento de una red de contactos es la savia de las ventas. Gustar no es suficiente en el negocio de las ventas. Debes ser digno de confianza, respetado y valorado. ¿Es eso mucho pedir? Bueno, sí, porque no hay ninguna aplicación que puedas descargarte que haga que seas, mágicamente, valorado. Tienes que dedicarle trabajo. También quieres que el respeto sea mutuo, obviamente. Hacer las preguntas adecuadas te ayuda a impulsarte hacia el territorio en el que quieres estar. Cuando estableces esta confianza y respeto es probable que tus ventas florezcan.

Las preguntas para alcanzar un compromiso son la munición que necesitas para disparar tus comisiones hasta unas proporciones estratosféricas. El poder que tienes una vez que renuncias a lo que *pensabas* que era el poder intentando dar la venta por sentada y «cerrando» a tus clientes potenciales supone el siguiente nivel. Que tus clientes potenciales guarden tu contacto en su teléfono como «Asesor/Autoridad/Experto/Gurú de Confianza» en oposición a que bloqueen tu nombre, número de teléfono o *e-mail* no tiene precio.

¿Qué crees que le sucedería a tus conversiones en ventas si tus clientes potenciales te consideraran la autoridad de confianza, el experto en todo tu sector, en contraposición con, simplemente, otro vendedor molesto, temido e implacable más? Aquí tenemos algunos ejemplos sobre cómo sonarían los *asesores* de ventas del siguiente nivel y que usan el Nuevo Modelo en distintos sectores:

Si vendes *coaching*: «¿Cree que esto es algo que puede hacer para llegar hasta donde quiere ir usted en su vida?… ¿Por qué?».

Si vendes servicios financieros: «¿Cree que esto es algo que puede hacer para llegar hasta donde quiere ir usted con su cartera de inversión o sus inversiones o para obtener una mayor tasa de rentabilidad?… ¿Por qué?».

Si vendes seguros de vida: «¿Cree que esto es algo que podría tener para proteger a su familia si le sucede algo a usted?… ¿Por qué?».

Si vendes bienes inmuebles: «¿Cree que éste es el hogar para usted y su familia? ¿Por qué?».

Si vendes prótesis de rodilla a médicos o trabajas en el sector de las ventas de aparatos médicos: «¿Cree que ésta podría ser la pieza clave que está buscando para conseguirle de verdad a sus pacientes lo que quieren?».

No cierres todavía tu caja de herramientas del Nuevo Modelo. Tenemos algunas herramientas más que añadirle.

El compromiso con el calendario

Aquí es donde pides el compromiso en un cierto momento en el tiempo. Los acuerdos anteriores están a punto y son llevados a lo largo de todo el diálogo, y tu cliente potencial siente su empuje. Ha invertido en ti y ahora se fija en ti como una autoridad de confianza, así que, por lo tanto, acordar hacer negocios contigo es, simplemente, una conclusión lógica.

Este momento es, por supuesto, el momento adecuado para pedir que el compromiso avance.

«Para hacer esto para usted, ¿resultaría adecuado que sacásemos nuestros calendarios y programásemos los siguientes pasos?».

Date cuenta de cómo la frase sobre el calendario se expresa con un «Para poder hacer esto para usted». Esto muestra que *quieres* llevar a cabo el potencial de los deseos del cliente.

Lo cierto es que no hay trucos, ningún movimiento sofisticado, ningún baile viral en TikTok, ninguna técnica especial. Recuerda siempre desprenderte de tus expectativas de hacer una venta y, en lugar de ello, centrarte en saber si, en primer lugar, hay una venta que hacer.

Pero espera. No te pongas muy arrogante aquí. Todavía tienes que ser cauto para no apremiar al cliente potencial y meter tu solución con calzador. Deberás evitar meter presión de ventas de cualquier tipo sobre el cliente potencial, especialmente llegado a este punto, porque, asumiendo que hayas estado prestando atención aquí, te encuentras en el punto en el que sería muy muy difícil que el cliente potencial te dijera que no.

Una vez que hayas llegado a este punto, *puedes* decirle cuáles son los siguientes pasos y puedes pedirle una «decisión condicional» como «¿Si siguiera usted adelante…? ¿Puedo preguntarle cuándo usted…?», «¿Es esto algo que esté usted buscando ahora?», o «¿Cuándo quiere…?». Simplemente añade cómo tu solución resuelve sus problemas.

Entonces vas a sugerir el siguiente paso que debe dar tu cliente potencial, y le informarás del siguiente paso que darás *tú*.

Dispones de cuatro formas de generar siguientes pasos:

1. Acciones que el cliente potencial se ofrezca a emprender.
2. Acciones que el cliente potencial quiere que emprendas tú.
3. Acciones que tú te ofreces a emprender.
4. Acciones que tú quieres que emprenda el cliente potencial.

Dependiendo de tu situación, los siguientes pasos pueden variar, y en muchos casos, el próximo paso es la primera fase de la implementación, y requiere de una serie de tareas por parte tanto del vendedor como del cliente potencial.

Si las preocupaciones bloquean el acuerdo, deberás comprometerte a cualquier próximo paso que te permita mantener el diálogo en marcha mientras ayudas a tus clientes potenciales a resolver sus propias preocupaciones formulando preguntas habilidosas.

Aquí tenemos algunos consejos finales que tener presentes durante esta etapa crucial:

- Evita cualquier presión de ventas: debería haber una presión absolutamente *inexistente* aquí.
- Usa la imitación y el lenguaje corporal positivo, como asentir con la cabeza.
- Sigue haciendo comprobaciones con tu cliente potencial para asegurarte de que cualquier paso siguiente sugerido sea adecuado.
- Has de saber que cualquier decisión condicional puede tratarse como una decisión.
- No uses la palabra «contrato». En lugar de ella emplea «acuerdo».
- Haz averiguaciones ahora sobre cualquier preocupación y abórdalas. Vuelve a preguntar si hay cualquier otra preocupación que tu cliente potencial quiera sacar a la luz.

Mientras sigas el sistema del Nuevo Modelo correctamente, simplemente habrás ayudado a tu cliente a avanzar y habrá un trato prácticamente hecho. Ahora eres aquél a quien esta persona querrá acudir. Te darás cuenta de cómo te tratará y te respetará. En un diálogo de ventas profesional y libre de presiones, cada uno de vosotros compartirá una perspectiva. El cliente potencial ofrece una imagen de sus necesidades, y con tus habilidades de escucha podrás formular preguntas muy habilidosas que te permitirán llegar a una decisión final que supondrá una victoria para ambos.

Desarrollo del negocio

Ahora que estás listo para triunfar ahí fuera, sólo una cosa más. Si planeas estar en el mundo de las ventas hasta que nazca la próxima generación de las Kardashians, no puedes dormirte en los laureles. Tienes que estar desarrollando constantemente tu negocio haciendo cinco cosas clave:

1. Mantén la base de clientes que ya tienes.
2. Haz crecer tus oportunidades dentro de esa base.
3. Echa mano de tu base actual para negocios futuros.
4. Genera nuevos clientes.
5. Y lo más importante, fórmate para conservar lo que tienes.

Tal y como dice siempre Brad Lea, la autoridad líder en la formación basada en Internet y buen amigo de Jeremy: «¿Es la formación algo que llevaste a cabo o es algo que llevas a cabo?». Si quieres ser una superestrella de las ventas y ganar cientos de miles de dólares anuales o más en comisiones, es algo que haces a diario. Si eres el propietario de un negocio y quieres que tus equipos de ventas alcancen su cuota de ventas constantemente *cada* mes y hacer crecer tu compañía hasta un nivel que la mayoría sólo podría soñar, entonces es algo que tus representantes deberían hacer a diario.

Piensa en las grandes estrellas del deporte como Tiger Woods, Michael Jordan, LeBron James, Tom Brady y Patrick Mahomes. ¿Llevaron a cabo *algo* de entreno hace mucho tiempo y luego simplemente pararon? Una vez más: ¿el agua está seca? ¡No! Entrenan cada día, buscando siempre mejorar sus habilidades para prosperar. Saben que si no se entrenan, la competencia los machacará. Lo mismo se aplica a las ventas. Si no te entrenas/te formas, nunca mejorarás, nunca ganarás más dinero y acabarás perdiendo ventas que podrías estar consiguiendo.

Como has visto a lo largo de todo el libro, las técnicas de ventas tradicionales se pasan de moda, se quedan obsoletas y pasan a mejor vida. Debes evolucionar constantemente con los consejos que te hemos proporcionado aquí y adaptarlos a los tiempos. Comprueba contigo mismo de vez en cuando para preguntarte: «¿Dónde se encuentra mi negocio actual?», «¿Dónde hay oportunidades para nuevos negocios» y «¿Dónde necesito dejar de perder mi tiempo?».

Y nunca seas tímido. Nunca. Busca activamente clientes potenciales recomendados por tus clientes satisfechos. Algunos no son siempre muy comunicativos y, tal y como dicen, «Si no pides, no consigues», así que pregunta siempre cuando resulte adecuado. Hay recomendaciones débiles y fuertes. Las fuertes se dan cuando la persona que hace la recomendación lleva a cabo la llamada telefónica o el *e-mail* introductorio. Son mucho más fuertes que eso cuando la persona hace no sólo la presentación, sino que concierta una reunión que os incluya a los tres. Éstos son tus objetivos en lo relativo a los clientes potenciales recomendados.

¿Estás listo para unas noticias geniales de última hora? Si estás siguiendo el Nuevo Modelo, acabarás haciendo cada vez menos llamadas en frío *y*, en lugar de ellas, tendrás un mayor porcentaje de clientes potenciales recomendados. Eso podría depender de tu sector, pero muchas veces, los vendedores formados con este método acaban por no hacer ninguna llamada en frío en absoluto. ¿Y sabes qué es lo genial de eso? Que es *mucho* más fácil vender a los clientes potenciales recomendados que a un cliente aleatorio si dispones de las preguntas adecuadas en tu arsenal, así que presta atención.

Hay una forma correcta de conseguir clientes potenciales recomendados, y aquí tenemos el borrador:

Vendedor que usa el Nuevo Modelo: Le agradezco la oportunidad de poder ayudarle. ¿Puedo preguntarle cómo siente, en su interior, que he podido ayudarle de la mejor forma?

¿Por qué preguntamos esto? Porque se van a decir *a sí mismos* cómo les has ayudado, y cuando hacen eso, lo *reconocen*. El autorreconocimiento es la mejor forma de reconocimiento.

Vendedor que usa el Nuevo Modelo: Teniendo eso presente, ¿quién cree que podría estar teniendo dificultades con [aquí es donde insertarás el problema que acabas de resolverles]?

Un ejemplo de esto podría tener un aspecto similar al siguiente. Digamos que vendes procesamiento de ventas al por menor. «Teniendo eso presente, ¿a quién conoce que pudiera estar teniendo problemas por pagar excesivamente por el procesamiento de ventas al por menor?».

Una vez que te hayan recomendado a un amigo o a un socio comercial, el vendedor que usa el Nuevo Modelo pedirá entonces más información. Nótese la forma en la que se solicita esto o, más en concreto, el tono.

Vendedor que usa el Nuevo Modelo: ¿Puede, por favor, explicarme un poco más sobre esta persona y por qué cree que podría ayudarla?

¿Por qué quieres que te cuenten más cosas? Se remonta a averiguar más sobre la persona antes de llamarla; pero recuerda que también queremos que la persona *merezca* esto. De esta forma, será más probable que se pongan en contacto con esta persona y te respalden.

Vendedor que usa el Nuevo Modelo: Bueno, ¿cuál cree que sería la mejor forma de dirigirse a ellos? ¿Cree que debería usted decirles primero que los llamaré?

¿Por qué íbamos a querer hacer esta pregunta? Porque queremos que la persona que nos hace la recomendación se ponga en contacto con ellos. De esa forma es más potente. Cuando se pongan en contacto con la persona recomendada y digan algo como: «Te voy a enviar a alguien que creo que podría ayudarte», será más probable que te hagas con ellos y que persuadas a ese cliente potencial recomendado.

Vendedor que usa el Nuevo Modelo: ¿Qué cree que debería decir usted?

¿Por qué quieres saber lo que van a decirle a esa persona? En primer lugar, quieres poder evitar que le digan cualquier cosa que pudiera generar resistencia en esa persona: cualquier cosa demasiado técnica, imprecisa o realmente rara. Es clave que prepares esto bien. Así pues, aporta una sugerencia para ayudarles a transmitir lo correcto con las palabras adecuadas.

Vendedor que usa el Nuevo Modelo: ¿Puedo sugerirle algo? ¿Qué tal si le habla de alguno de los desafíos a los que se ha enfrentado y con los que él se está encontrando ahora y cómo hemos podido solucionarlos? ¿Sería eso de más utilidad para él?

En la mayoría de los casos pensarán que es una idea genial.

Vendedor que usa el Nuevo Modelo: Así pues, aparte de X, ¿hay alguien más a quien usted cree que yo podría ayudar?

El uso de las palabras «usted cree que yo podría ayudar» es clave. En primer lugar, has hecho que consista en ellos y en cómo se sienten *ellos* y, en segundo lugar, es más probable que la gente te aporte clientes potenciales recomendados si estás en esto para ayudar a la gente.

Ahora hablemos sobre cómo llamar a tus clientes potenciales recomendados.

En primer lugar, vamos a fijarnos en lo que la mayoría de los vendedores dirían al llamar a un cliente potencial recomendado:

Vendedor corriente: Hola, Mary, soy Michael Scott y trabajo para la Compañía XYZ. Amy me pidió que la llamara y me dijo que estaría usted interesada en los servicios de mi empresa. Me dijo que quiere llevar su negocio al siguiente nivel. ¿Dispone de dos minutos para hablar ahora sobre cómo mi compañía puede hacerle conseguir los resultados que está buscando?

Date cuenta de sobre quién se ha enfocado esto: se ha centrado totalmente alrededor del vendedor y su solución, y no sobre el cliente potencial. Ése ha sido el primer error. Y también tenemos el segundo fallo. Nunca debes asumir que, por el simple hecho de recibir las referencias de un cliente potencial recomendado, éste vaya a estar automáticamente interesado. Volvamos a la escuela primaria y repitamos: «Si das algo por sentado, cometes un…». Lo captas, ¿verdad? ¡No des nada por sentado!

He visto a vendedores fracasar en esto porque cuando llaman, están demasiado entusiasmados, dando por hecho que el cliente potencial recomendado va a estar interesado. Así pues, desde el primer momento debes *desprenderte* del resultado de la venta y centrarte en si puedes ayudarle o no y en si, en primer lugar, se puede hacer una venta.

Recuerda que el mejor 1 por 100 de los vendedores son gente que encuentra problemas y los resuelve, y no traficantes de productos. Si eres un traficante de productos, siempre te verán así, y nunca te tomarán en serio, y mientras estés ocupado dando cosas por sentadas, ellos estarán haciendo una búsqueda en Google para conseguir el mejor precio en algún otro lugar.

Cuando esto suceda, dando tú por hecho que están interesados, la mayoría de la gente desarrollará una cierta resistencia a las ventas.

Continuemos con el escenario anterior:

Cliente potencial: Sí, imagino que es un buen momento.
Vendedor corriente: De acuerdo, genial. Sé que se va a emocionar con lo que mi compañía puede ofrecerle hoy. Verá, aquí, en la Compañía XYZ, llevamos diez años en el negocio y hemos ayudado a más de cuatro mil empresas a tener éxito. Ahora permítame explicarle algunas cosas que podemos hacer para ayudarle a llegar a donde quiere ir, y así podrá tomar una decisión informada al final sobre trabajar con nosotros.

Cuando intentas usar una técnica de cierre desde el primer momento y les dices lo que puedes hacer con un discurso de ventas, y luego les dices que pueden tomar una decisión informada, ¿qué crees que siente esa persona? Esto genera, automáticamente, presión de ventas. Ya hay suficiente presión en el mundo en la actualidad. No querrás presionar a tu cliente potencial a no ser que quieras que salgan huyendo buscando la salida.

Si sigues usando esta frase («y entonces podrá tomar una decisión informada»), debes deshacerte de ella. Quémala. Rómpela en pedazos. Destrúyela. Sencillamente, ya *no* funciona. ¿Por qué los vendedores siguen usando esta técnica?

Piensa en el golf un minuto. Si no eres muy bueno, podrías jugar un hoyo realmente bueno de dieciocho. El resto no irán tan bien, pero te mantendrá motivado para seguir intentándolo, para seguir volviendo a jugar. Tal y como sucede en el mundo de las ventas, si triunfas en una de cada dieciocho llamadas, estarás jugando al juego de las cifras, y diciendo las palabras prohibidas «decisión informada» (estremecimiento), el cliente potencial ya sentirá la presión de ventas procedente de ti.

Debemos desprendernos de la vieja forma de pensar. Si quieres estar en el 10 por 100, el 5 por 100 o el 1 por 100 superior en tu compañía o sector, debes pensar de forma completamente distinta a cómo pensabas antes: alejarte de la escuela de pensamiento que te está proporcionando los resultados, o más bien la falta de ellos que estás experimentando ahora.

Por lo tanto, si empleas el vómito de palabras «decisión informada», los clientes potenciales pensarán: «Este vendedor está intentando "cerrarme". ¿Qué puedo decir o hacer para librarme de él?». Pero, ¡espera! ¡La cosa se pone peor! Probablemente ni siquiera escucharán lo que tengas que decirles. No los estás implicando en el proceso y no les estás haciendo ninguna pregunta para averiguar cuáles son sus necesidades o problemas realmente, así que, ¿por qué deberían escucharte en lugar de a sus estómagos rugientes?

Ahora echemos un vistazo a lo que un vendedor estrella (alguien que entiende el Nuevo Modelo de Ventas) haría, y abrochémonos el cinturón para ver algunas diferencias drásticas. ¿Estás preparado? Oh, espera, una cosa más.

Nunca des por sentado que, por el simple hecho de haber conseguido un cliente potencial recomendado, vaya a estar automáticamente interesado. Tu primer objetivo consiste en averiguar cosas sobre esa persona y los problemas que tiene, si es que tiene alguno. Recuerda: nunca jamás des nada por sentado.

Aquí tenemos qué decir al llamar a clientes potenciales recomendados:

Vendedor que usa el Nuevo Modelo: Hola, ¿hablo con John? Soy Jeremy. Amy, una amiga mutua/socia comercial, me sugirió que le llamara, ya que recientemente la he ayudado con X, que estaba provocando Y, y me mencionó que podría ser que ustedes estén experimentando los mismos desafíos con eso. ¿Es éste un buen momento para hablar?

Date cuenta de que aquí, el vendedor está centrado en resolver problemas. Ésa es la mejor forma de todas de llamar.

¿Qué harás si el cliente potencial recomendado quiere reunirse contigo? Antes de empezar a saltar de alegría, recoge el sedal antes. Aquí tenemos cómo iniciar la conversación:

Vendedor que usa el Nuevo Modelo: John, mucho gusto. Hagamos lo siguiente: para no analizar las cosas de las que ya haya hablado con Amy, quizás podría comentarme lo que piensa sobre lo que ha comentado con ella y después lo que le gustaría examinar, de modo que pudiéramos centrarnos en usted y en lo que pudiera estar buscando.

El poderoso «podría» es el término neutro aquí. Llegados a este punto, la mayoría de la gente no está buscando una solución y, de hecho, la mayor parte ni siquiera sabe que tiene un problema, pero es tarea tuya ser un buscador y solucionador de problemas, y con el Nuevo Modelo esos problemas saldrán a la superficie. *Voilà!*

Lo más importante ahora es que empieces a poner esto en práctica. Una vez que lo hagas verás unos resultados enormes.

Sal ahí fuera. No te vuelvas demasiado complaciente. Habla en conferencias del sector cuando puedas, asiste a eventos de establecimiento de una red de contactos y únete a la cámara de comercio. Sé también un visionario y descubre oportunidades de negocio donde menos las esperes: el tipo vestido como la mascota de tu equipo favorito sentado a tu lado tomando cervezas podría muy bien acabar siendo tu siguiente y mayor cliente. De acuerdo, eso es bastante improbable, pero, en realidad, nunca lo sabes. Sin embargo, aplica el acrónimo ESA: estate siempre atento.

Date cuenta también de que hay gente ahí fuera que nunca jamás nos comprará. No importa si has seguido todo lo que te hemos enseñado aquí al pie de la letra: hay, simplemente, personas con las que nunca conectamos. Eso sucede. Es la naturaleza humana. A veces debes retirarte. Por encima de todo, debes saber lo que quieres conseguir. Anota tus objetivos, desarrolla un plan y sal ahí fuera a por ellos.

NUEVO MUNDO, NUEVO MODELO, ¿QUIÉN ERES?

*«Llevó doce años de prueba y error, de observar
cuidadosamente las reacciones de cada cliente potencial
ante mis palabras, y vi que ciertos términos desencadenaban
resistencia a las ventas y objeciones, por lo que tuve que
eliminar esas palabras y frases».*

JEREMY MINER

*«Los grandes vendedores son clarísimos con respecto a sus
intenciones. Antes de descolgar el teléfono o de entrar en
una oficina, su intención es hacer siempre lo que sea más
beneficioso para sus clientes. Se centran en los clientes
y no en sí mismos ni en sus productos».*

JERRY ACUFF

En un mundo ideal, el papel más importante que desempeña un vendedor es el de abrir la mente de sus clientes en lugar de cerrarla. Deja de actuar como un vendedor y empieza a pensar como un comprador. Las técnicas de la vieja escuela simplemente ya no funcionan. «El mundo está cambiando. Pronto sólo habrá conquistadores y conquistados. Yo preferiría formar parte de los primeros», decía W'Kabi en *Pantera negra*. Ahora dispones de las herramientas para ser un conquistador de las ventas. ¡Úsalas!

Como ya sabes ahora, el viejo modelo de ventas se centra en presentar y cerrar, pero la ciencia del comportamiento nos dice que somos muy poco persuasivos cuando explicamos y presionamos. La gente compra basándose en sus emociones. Ésa es la razón por la cual si sólo estás haciendo las «preguntas adecuadas», pero no sabes cuándo formularlas, o si tu tono de voz suena como el de un robot, tu cliente potencial sentirá que está siendo interrogado.

En lugar de ello, aprende a hacer las preguntas de modo que suenen naturales. Es como si fueras un actor o actriz de Hollywood. Piensa, durante un minuto, en los dos favoritos de Jeremy: George Clooney y Scarlett Johansson. Todo lo que dicen en las películas está guionizado al 100 por 100, ¿pero parece guionizado? No, en absoluto. Parece natural, parece humano, y ésa es la razón por la que te encanta verlos. Si no cumplieran tan bien como lo hacen, acabarían en el suelo de la sala de montaje o directamente en plataformas de *streaming*. En el caso de las ventas debe ser igual: debemos memorizar nuestras preguntas, conocer el tono de voz necesario y comprender cómo trasmitir las preguntas de forma que parezcan espontáneas y naturales en la conversación, pese a que se trate de una conversación bien elaborada, muy perfeccionada y habilidosa. Sin embargo, no todas las conversaciones suenan así. Tu conversación con un cliente potencial puede parecer forzada. En lugar de eso, puedes ser más persuasivo si permites que los demás se persuadan a sí mismos.

El mayor problema en las ventas es siempre el que no sabes que tienes. Sin embargo, una vez que lo identifiques, será responsabilidad tuya resolverlo. Ahora que comprendes el Nuevo Modelo de Ventas y dónde te encuentras en este momento con tu capacidad actual de ventas en comparación con dónde te podrías encontrar, abróchate el cinturón, porque tu vida está a punto de hacer un viaje espacial hacia la estratosfera de las ventas.

La mayor parte de lo que comprendemos sobre las ventas se basa en unos cimientos de supuestos que se han desmoronado. De acuerdo con Payscale.com, el vendedor promedio que usa el viejo modelo de ventas sólo gana unos 49 047 dólares anuales mientras trabaja en contra de la psicología humana.[11] Los clientes potenciales tienden a ponerse a la defensiva, retirarse y evitar al vendedor cuando perciben que éste está centrado en su agenda. Recuerda dejar tu ego y tu agenda guardados en esa estantería con esos libros sobre técnicas de venta de la vieja escuela. Deja aquí también el cotilleo.

El Nuevo Modelo de Ventas no empieza con cotilleos y no obliga a los vendedores a mostrarse siempre entusiasmados. Permite a los clientes potenciales persuadirse a sí mismos, y desarrolla confianza. Tu *Nuevo* Modelo de Ventas dedica la mayor parte del tiempo a capar la atención del cliente potencial. Se centra en transformar a los «vendedores» en autoridades de confianza centradas en ayudar a los clientes potenciales a encontrar lo que están buscando, en lugar de venderles algo. El Nuevo Modelo elimina la presión de las ventas del vendedor y sus clientes potenciales.

Nunca olvides la importancia de centrarte en los problemas de tus clientes potenciales, qué los provocó y si tienen el deseo de modificar su situación; pero controla el ritmo. Si presentas tu solución demasiado pronto durante la conversación, eso puede ir en tu contra, ya que parecerás demasiado ansioso por intentar vender tu solución. Los clientes potenciales captarán esto y pensarán que no los estás escuchando y que, por lo tanto, les estás haciendo perder el tiempo, ya que parece que lo único que te preocupa es venderles algo. Si te desprendes de tu necesidad de hacer la venta y dejas ese 5 por 100 del proceso para el final, ganarás el control de la venta en lugar de perderla cuando estés haciendo tu presentación. ¡Puedes hacerlo!

La diferencia entre un vendedor que está en la cima de su campo y uno que es simplemente mediocre es que el vendedor estrella es un buscador y solucionador de problemas. Tus servicios como vendedor son mucho más valiosos cuando tus clientes potenciales están equivocados, confundidos o no tienen ni idea de sus problemas. Cuando puedes ayudarles a identificar sus problemas haciéndoles preguntas habilidosas, escuchando y haciéndoles sacar sus emocio-

---

11. «Sales representative salary», *Payscale*, fecha de acceso: 12 de octubre, 2022, www.payscale.com/research/US/Job=Sales_Representative/Salary

nes, entonces tu proceso de involucramiento se convierte en una forma de orientar a tus clientes potenciales hacia una solución lógica para esos problemas.

Centrarte en tus clientes potenciales y en lo que quieren también reducirá la ansiedad de todos los implicados. Es como el aceite de CBD de las ventas. Aplícalo generosamente, pero ten paciencia también. No vas a empezar a ganar millones en tu trabajo en las ventas en los próximos doce meses. Logar unos ingresos así requiere de compromiso, trabajo duro y aprendizaje de habilidades de persuasión nuevas y mejores para alcanzar ese nivel.

El primer paso siempre es el más difícil, pero tú ya has dado ese paso decidiendo que estás listo para actualizar tu sistema operativo, que estás preparado para alcanzar un techo ilimitado de ingresos y que estás dispuesto a hacer lo que haga falta para llegar ahí.

A lo largo del camino, nunca te olvides de pensar como un comprador. Además, el comprador actual, como ya sabes, es un graduado en la Universidad de Google de la Omnisciencia del Sillón. En otras palabras, está equipado con lo que cree que es tener pericia en *todo*. Sabe tu segundo nombre, a qué fraternidad o sororidad perteneciste cuando ibas a la universidad y cuál era el nombre de tu primera mascota (no respondas a esas taimadas preguntas de Facebook, muchacho).

Actualmente, en Estados Unidos, un cliente potencial que quiera comprarse un Toyota Camry puede armarse con todo tipo de información incluso antes de entrar en un concesionario. Puede acudir a Internet y encontrar otros concesionarios que ofrezcan el mismo coche y proporcionen una mayor variedad de opciones dentro de un cierto radio de distancia de su casa.

Pueden entrar en sus redes sociales o visitar páginas web para averiguar la credibilidad de cada concesionario y ver si otros clientes anteriores quedaron satisfechos. Ésa es como la versión de las ventas de entrar en una casa encantada. Nunca sabes qué horrores puedes encontrar en Yelp. Los compradores deberían tener cuidado, pero, pese a ello, puede que piensen que si está en Internet debe ser verdad.

Pueden visitar foros de Internet para ver qué les parece su coche a los propietarios de un Toyota Camry. Pueden consultar páginas web de valoración y calificación de vehículos, o de compra y venta de coches nuevos y de segunda mano para averiguar a qué precio se venden los Toyota Camry de segunda mano. Una vez que encuentren un coche que les guste, podrán tomar el número de chasis o bastidor del vehículo y con una búsqueda rápida en Internet averiguar si ha estado involucrado en algún accidente o si se le han hecho reparaciones importantes.

La mayoría de las veces están protegidos de vendedores poco éticos, pero si se ven inmersos en un trato sucio o acaban sintiéndose timados o engañados, pueden hacer mucho más que simplemente quejarse a su mejor amigo. Pueden contárselo a algunos miles de sus amigos en Facebook, seguidores en Twitter, o a los lectores de su blog. Algunos de ellos compartirán sus publicaciones con sus amigos en las redes sociales, minando así la capacidad del vendedor de vender. El mundo es duro.

Ya para empezar, el consumidor actual es más sabio, está más informado y preparado y es menos confiado con cualquier cosa que salga de tu boca. También está armado con las redes sociales, lo que añade una presión extra a los vendedores para acabar consiguiendo una venta y una reseña de cinco estrellas en Yelp. No es fácil, pero los cambios nunca lo son, y tampoco lo son las ventas, pero pueden ser mucho más fáciles y más divertidas si te involucras con la gente en lugar de cargarla con el obsoleto discurso de ventas.

Nunca olvides que vender es ser de ayuda, averiguar lo que quiere la gente y ayudarla a conseguirlo. Consiste en encontrar problemas y solucionarlos; y nunca jamás olvides que el santo grial de las ventas es la credibilidad. Tú sabes más sobre tu producto que Google, y si los clientes potenciales te consideran creíble, digno de confianza y experto, será más probable que reaccionen ante tus sugerencias y consejos y no ante los consejos del vendedor de la vieja escuela que sigue usando un acceso por marcación para entrar en su proveedor de servicios de Internet.

Recuerda siempre las cinco normas de las compras:

1. Venderás mucho más si piensas como un comprador que si actúas como un vendedor.
2. La calidad de tu negocio está directamente relacionada con el deseo de tu cliente potencial de querer mantener una conversación contigo.
3. El tamaño de tu negocio está directamente relacionado con tu habilidad para hacerle a un cliente preguntas que provoquen que piense.
4. Los entornos con una presión elevada tienden a generar poco intercambio, lo que da como resultado una falta de un diálogo significativo.
5. Los entornos con una baja presión generan un mayor intercambio y una mayor receptividad del cliente.

Recuerda también que, con el Nuevo Modelo, el involucramiento (la captación de la atención de tu cliente) y la implicación con él suponen el 85 por 100 de la venta. Ésa es una cifra enorme, pero difícilmente supondrá un obstáculo si recuerdas los pasos para el involucramiento y una implicación exitosa, como sucede con las respuestas del concurso *Jeopardy!* (tiene un nuevo presentador, ¿quién es?). Adoptan la forma de preguntas:

1. Preguntas de conexión
2. Preguntas de situación
3. Preguntas de concienciación del problema
4. Preguntas de concienciación de la solución
5. Preguntas de consecuencia
6. Preguntas clasificatorias
7. Preguntas de transición
8. Preguntas para alcanzar un compromiso

Recuerda que sólo el 10 por 100 del Nuevo Modelo consiste en la presentación. De forma casi igual a una aplicación de citas, pero restándole los silencios incómodos y el darse cuenta de que la fotografía de tu cita era de hace treinta años, simplemente estás tomando las respuestas que te han dado y haciendo encajar las características y los beneficios adecuados para el cliente potencial.

Una mentalidad exitosa diseñada para la grandeza en las ventas consiste en la convicción de que para ser genial frente al cliente es necesario el compromiso de sobresalir en la *transmisión de mensajes,* disponer del dominio de los conocimientos y el lenguaje necesario para que te consideren un experto y desarrollar tu negocio con relaciones valiosas con las que estás involucrándote de esta forma. Estás tratando con seres humanos, y no con números. Les gusta sentirse importantes y escuchados. Tú eres humano. ¿Acaso no es eso lo que a ti te gusta también?

La nostalgia es divertida. Trae recuerdos de los buenos tiempos, la buena música, la comida, los olores, los sonidos, pero no necesariamente de las ventas. Cuando se trata de las ventas, sabes que la nostalgia no tiene un lugar, a no ser, por supuesto, que estés vendiendo colecciones de CD de viejos éxitos, en cuyo caso, bueno, qué te vamos a contar. De forma no tan irónica, Charles Darwin quizás lo expresó mejor cuando dijo: «No es el más fuerte ni el más inteligente el que sobrevivirá, sino el que mejor pueda gestionar los cambios». No sólo puedes gestionar los cambios, sino que también puedes dominarlos. Sigue adelante ahora, avanza hacia el dominio de las ventas con el Nuevo Modelo. ¡Puedes hacerlo!

Enlaces y recursos

Para dar los siguientes pasos, únete a nuestro grupo de Facebook, en www.salesrevolution.group/ y descárgate el minicurso básico de preguntas de persuasión neuroemocional (PPNE) de forma gratuita.

AGRADECIMIENTOS

Aquí queremos darte las gracias a ti, el vendedor, el empresario, el director general, el líder de las ventas, por atreverte a tomar este libro y leértelo.

Esto es lo que te distingue de la gente sin éxito. Los que siguen siendo pequeños dudan de que haya una forma mejor de hacer las cosas, y siguen despreciando el aprendizaje de habilidades avanzadas. Lamentablemente, esta gente acabará quedándose atrás.

Es necesario ser un tipo de persona singular y expansiva que sea seria con respecto a su trayectoria profesional y su conjunto de habilidades para darse cuenta de que quizás no lo sepas todo sobre las ventas; que quizás y simplemente *haya* más cosas que aprender para profundizar tu impacto y ganar más dinero para tu familia y para las compañías a las que representas.

Lo cierto es que, en realidad, somos nosotros, los vendedores, los que somos los catalizadores para que los clientes potenciales puedan modificar su situación y obtener los resultados que quieren en la vida y en los negocios.

Si no aprendemos a comunicarnos más eficazmente, de una forma que funcione con el comportamiento humano en la era de la posconfianza actual, entonces, en efecto, relegaremos a nuestros clientes potenciales a permanecer en su *statu quo*. Sus problemas seguirán siendo los mismos y nada cambiará nunca para ellos. Ciertamente, la responsabilidad para desencadenar el cambio descansa sobre nuestros hombros.

A la luz de esto, aplaudimos tu disposición a crecer y evolucionar. Que Dios te bendiga en la aplicación de la metodología expuesta en este libro. A medida que hagas la transición desde las técnicas tradicionales enseñadas desde hace mucho tiempo (métodos de ventas del viejo modelo) hacia los que están en sintonía con los compradores actuales, que son sofisticados y forman parte de la era de la información (el Nuevo Modelo de Ventas), ten en cuenta que estamos contigo, apoyando tu progreso a lo largo de cada paso del camino.

Acerca de los autores

Jerry Acuff

Jerry es el director general y fundador de Delta Point, en Scottsdale (Arizona) y se graduó por el Instituto Militar de Virginia.

Delta Point trabaja con los líderes de las ventas y el *marketing* para implementar formas innovadoras de vender y promocionar en el atestado mercado actual. Su lista de clientes incluye a dieciocho de las cien principales compañías del mundo.

Jerry dedicó su trayectoria profesional al sector farmacéutico y fue vicepresidente y gerente general de Hoechst-Roussel Pharmaceuticals. Durante su ejercicio a lo largo de veinte años, recibió el galardón de Vendedor del Año dos veces y de Gerente Regional del Año en tres ocasiones.

Jerry ha aparecido en canales de televisión, cadenas de radio, periódicos, revistas y páginas web como MSNB, ABC Radio Network, *Marketing Management Magazine* y *Entrepreneur*, *The Wall Street Journal*, *The Street.com*, *Investor's Business Daily*, *Fast Company*, *Selling Power*, *Readers Digest* y *Selling Power Live*.

Ha estado en la Casa Blanca para compartir su punto de vista sobre la reforma de la atención sanitaria y fue, en dos ocasiones, ejecutivo residente en la Escuela de Negocios Amos Tuck School, de la universidad Dartmouth College. Ha sido ejecutivo residente en la Universidad del Norte de Illinois catorce veces y es conferenciante invitado en la Escuela de Liderazgo Batten de la Universidad de Virginia.

Jerry está actualmente valorado como uno de los mejores seis expertos en ventas del mundo y fue nombrado uno de los mejores cincuenta vendedores de todos los tiempos en una lista que incluye a Steve Jobs, Benjamin Franklin y Warren Buffet.

Jerry es autor de cuatro libros de negocios superventas sobre el desarrollo de relaciones de negocios valiosas y sobre pensar como un cliente. Once universidades usan su primer libro, *The relationship edge in business,* publicado por John Wiley and Sons, en su plan de estudios de Marketing.

Puedes encontrar a Jerry en jerryacuff.com y seguirle en las redes sociales en linkedin.com/in/jerryacuff y facebook.com/JerryAcuffFan/

Jeremy Miner

«La forma más eficaz de vender cualquier cosa a alguien es ser un buscador de problemas y un solucionador de problemas… NO un traficante de productos».

Para Jeremy Miner, la encarnación de esta filosofía le ha convertido en uno de los profesionales de las ventas más ricos del planeta. Durante su trayectoria profesional de diecisiete años en las ventas fue reconocido, en el sector de las ventas directas, como el productor de ingresos número 45 de entre más de 100 millones de vendedores, vendiendo cualquier cosa a nivel mundial. Los ingresos de Jeremy como vendedor que sólo trabajaba a comisión se encontraban en el tramo superior de las siete cifras *cada* año.

Es el fundador y presidente de 7th Level, una empresa de formación en ventas a nivel mundial. 7th Level fue clasificada como la empresa número 1232 de crecimiento más rápido en EE. UU. en 2021; y la compañía número 391 de crecimiento más rápido en EE. UU. en 2022 por la lista INC 5000 Fastest Growing Companies de la revista *INC*. Con respecto a su sector, 7th Level es la compañía número uno de crecimiento más rápido en el sector de la formación en ventas en EE. UU.

La marca particular de formación en ventas de Jeremy lidera el uso singular de la ciencia del comportamiento y la psicología en el proceso de ventas, lo que refleja su profundo estudio sobre la materia desde su época en la Utah Valley University. Este método científico de ventas, creado por Jeremy, ha ayudado, en los tres últimos años, a más de 393 000 vendedores (y la cifra sigue creciendo) en 37 países a multiplicar por 3, 5 e incluso 10 sus resultados de ventas.

Jeremy es colaborador de la revista *INC* y ha aparecido en los medios *Forbes, USA Today, Entrepreneur, The Wall Street Journal* y en varias otras publicaciones hablando del tema de las ventas, la persuasión y el papel de la psicología y el comportamiento humano en el proceso de compra.

Puedes encontrar a Jeremy en 7thlevelhq.com y seguirle en las redes sociales en Instagram: @jeremyleeminer; Facebook: Jeremy Miner y salesrevolution.pro; YouTube: Jeremy Miner; TikTok: @jeremy_miner; LinkedIn: linkedin.com/in/jeremyleeminer, y su pódcast: *Closers are losers.*

ÍNDICE